峥嵘岁月稠

抗联战士乔树贵金善夫妇回忆录

乔树贵 金善 口述
金平 整理

延边人民出版社

图书在版编目（CIP）数据

峥嵘岁月稠 ：抗联战士乔树贵、金善夫妇回忆录 / 乔树贵，金善口述 ；金平整理． -- 延吉 ：延边人民出版社，2024.12.--ISBN 978-7-5750-0362-9

Ⅰ．K827=7

中国国家版本馆 CIP 数据核字第 2024BS6540 号

峥嵘岁月稠：抗联战士乔树贵、金善夫妇回忆录

ZHENGRONG SUIYUE CHOU : KANGLIAN ZHANSHI QIAOSHUGUI JINSHAN FUFU HUIYILU

责任编辑 赵振华
责任校对 丁泰匀
封面设计 郑丽兰
版式设计 郑善淑
出版发行 延边人民出版社
地　　址 吉林省延吉市长白山东路 98 号
邮　　编 133001
网　　址 http://www.ybcbs.com
电　　话 0433-2902107
印　　刷 吉林省吉广国际广告股份有限公司
版　　次 2024 年 12 月第 1 版
印　　次 2024 年 12 月第 1 次印刷
幅面尺寸 153mm×223mm
印　　张 25.25
字　　数 260 千字
ISBN 978-7-5750-0362-9
定　　价 76.00 元

如有印装错误，请与出版社发行部联系调换(电话：0433-2902113)

乔树贵（1909—1984）

1980 年 2 月，乔树贵到吉林省靖宇县祭奠杨靖宇将军，并在杨靖宇烈士纪念塔前留念

乔树贵和金善夫妇荣获东北军区颁发的解放东北纪念章

乔树贵在抗联教导旅期间荣获苏联政府颁发的红星勋章

中组部纪念抗日战争胜利50周年农村老党员座谈会 1995 8 31 9 4
热烈欢迎抗战老党员·老英模！

1995年8月末，金善作为吉林省的三位代表之一，参加了中组部在北京举办的抗战胜利50周年纪念活动，胡锦涛等党和国家领导人接见参加纪念活动的抗战老英模并合影留念。二排左八为金善

乔树贵、金善夫妇全家福，1979年7月摄于吉林省延吉市。这是三代革命烈士之家，是由几个不幸的家庭组合而成的幸福之家，也是由汉族、朝鲜族、回族组成的民族和睦之家

编者的话

为了纪念抗日战争暨世界反法西斯战争胜利80周年，纪念抗联战士们在东北抗战的14年，向东北抗日联军的老前辈们表达崇高敬意，同时深入研究东北抗日联军的历史，我们整理了《峥嵘岁月稠——抗联战士乔树贵、金善夫妇回忆录》。

整理乔树贵和金善两位抗日联军老前辈的回忆录，是我们多年的夙愿。之所以选择乔树贵和金善夫妇的回忆作为东北抗日联军史研究的一个切入点，是因为他们的经历具有一定的代表性。其一，两位老前辈是为数不多的经历了东北14年抗战全过程的抗联战士，从一个侧面反映了东北抗战史的全程；其二，其贫苦百姓的出身和基层指战员的身份颇具代表性。他们都是从普通的工人、农民成长起来的意志坚定的抗联战士，虽然没有在抗日联军部队中担任过高层职务，但以基层指战员的小视角展现的东北抗日战争史，让我们看到了战争全貌的大映像。看似平平淡淡道来的故事里，浸透着革命战士的坚韧与乐观，厚重而生动。正是千千万万个这样的普通指战员，支撑起了中华民族挺拔伟岸的脊梁，重现了在中国共产党领导下抗击日寇 14 年的艰难和苦斗；其三，金善是朝鲜族，参加的是朝鲜族战友占比较高的东北抗日联军第二军第六师，对研究和考证汉族、朝鲜族等多民族团结抗日的历史，以及中朝两国人民风雨同舟、浴血奋战的历史，具有研究价值。

2015 年 7 月 30 日，习近平总书记在中共中央政治局就中国人民抗日战争的回顾和思考进行第二十五次集体学习时指出：同中国人民抗日战争的历史地位和历史意义相比，同这场战争对中华民族和世界的影响相比，我们的抗战研究还远远不够，要继续进行深入系统的研究。要坚持正确方向、把握正确导向，准确把握中国人民抗日战争的历史进程、主流、本质，正确评价重大事件、重要党派、重要人物。要从总体上把握局部抗战和全国性抗战、正面战场和敌后战场、中国人民抗日战争和世界反法西斯战争等重大关系。我们不仅要研究七七事变后全面抗战 8 年的历史，而且要注重研究九一八事变后 14 年抗战的历史，14 年要贯通下来统一研究。

习近平总书记的这些论述，为14年抗战史的研究指明了方向，注入了新的动力，特别是对东北抗战史的研究意义重大。

东北14年的抗战历程艰苦卓绝，为世界战争史所罕见。1982年开始担任新华社社长的穆青，1946年在东北采访过很多抗联战士，他在《东北抗日联军斗争史略》中写道："中国共产党及其领导下的东北抗日联军，十四年来在东北的抗日斗争，是一部用血泪写成的历史，也是中华民族在暴敌侵凌下所显现的光荣与骄傲。"他还在《回忆周保中》一文中写道："在抗日战争期间，我亲身经历了无数苦难，在晋西北吃过黑豆糠皮，在冀中钻过地道，但是比起东北抗日联军遇到的困难，实在算不了什么。我也读过不少中外战争史，看到过不少反法西斯斗争的英雄事迹的报道，但是论战争的残酷性、艰巨性，还没有一个是超过东北抗日联军的。中国人民正是依靠这批伟大的民族脊梁，依靠他们的不屈的抗争精神，才免遭灭亡。"如果我们不把抗日联军这种艰苦卓绝的斗争记录下来传给后人，那就会愧对为民族解放献出宝贵生命的万千先烈，愧对我们的子子孙孙。

2015年，我们到吉林省延边地区收集东北抗日联军的历史资料时，在延边博物馆发现了金善老人于20世纪60年代初捐赠给该博物馆的1941年启用的抗日联军战士学习笔记。本书成稿时，得到延边博物馆授权使用许可，将这册笔记内容完整收录进来。虽然有几页笔迹因褪色无法辨认，但仍不失为研究抗日联军从组建野营到成立抗联教导旅这一阶段历史的宝贵资料。通过这本学习笔记，不但可以研究和考察这个时期的学习内容、教学质量、抗日联军官兵当时的认知水平，还可以分析出抗日联军官兵们当年的精神风貌。相信这本学习笔记的整理发表，会给东北抗日联军史的研究提供一些新的史料。

乔树贵、金善夫妇还保存了不少东北抗日联军首长和战友们的照片，经其子女们同意，我们选择了一部分在本书中发表，以供专家和读者研究、考证。

由于往事久远，时间跨度较大，且两位老人生前年事已高，记忆难免有差误之处。这次整理时，编者参阅了大量东北抗日联军史料，并向研究东北抗日联军史的专家、学者们请教、核实，对回忆录中差误之处进行了修正。

延边朝鲜族自治州人大常委会为纪念抗联战士乔树贵同志 100 周年诞辰，曾组织人员编写了乔树贵老人的抗战回忆录《艰难的岁月》，2009 年 9 月由延边人民出版社出版。延边大学全信子教授受“20 世纪中国妇女口述史丛书”编委会的委托，对抗日联军战士金善进行专访，其撰写的访谈录被 20 世纪中国妇女口述史丛书《让女人自己说话——亲历战争》一书采用，于 2003 年 1 月由生活·读书·新知三联书店出版。这两本书为我们这次书稿的整理提供了有益的参考和借鉴。

在收集整理资料过程中，编者还得到了延边博物馆许永吉主任、延边朝鲜族自治州档案馆黄光春处长等学者、专家，以及延边图书馆等单位的大力支持，特别是得到了周保中将军的女儿周伟的指导和帮助，在此表示由衷感谢！

囿于水平和资料有限，书中差误之处敬请专家和读者批评指正。

编者：金 平

2022 年 7 月

为了铭记（代序）

——深切怀念我们的父亲乔树贵和母亲金善

乔志平

父亲和母亲的抗战回忆录就要出版了，编辑让子女们写一篇怀念父母的文章代为序言，这样一来，不但序言有了着落，而且可以压减父母回忆中很多东北解放后的内容。编辑的想法固然很好，却让我们压力倍增。一来我们都是普通群众，如果不请首长或名人写序，怕给回忆录减彩；二来我们笔拙，怕写不好给父母丢脸。编辑说，群众写序才接地气，写出真情不怕笔拙。我们就斗胆试着写吧。

我的妹妹乔志菊、弟弟乔志水、乔志光，都推举我代表子女们写这篇怀念父母的文章，因为我比弟弟妹妹们年龄大些，可追忆的往事也会多些。

我们的父亲乔树贵，1909 年农历十月初十出生在山东省泗水县大三角湾村的一个贫苦农民家庭。每年父亲生日这一天，母亲都要多炒几个菜，全家人有说有笑地吃一顿饭，为父亲庆贺生日。父亲从不喝酒，因为当年抗日联军经常在敌人很少去“讨伐”的沼泽地带活动，脚在烂泥里泡久了，就染上一种怪病，脱皮、发痒，经常被挠出血。中华人民共和国成立以后，父亲用各种中草药和秘方治疗了很长时间，都疗效不佳，一沾酒，更是奇痒难耐。父亲的生日虽然过得简朴，没有生日蛋糕和蜡烛，也不摆酒席寿宴，但父亲却很喜欢这种其乐融融的家庭生日聚餐。

1931 年 12 月，父亲在九一八事变三个月后就参加了国民救国军，1934 年 2 月被编入由中国共产党直接领导的绥宁反日同盟军，1935 年 2 月参加东北反日联合军第五军（1936 年 2 月被改编为东北抗日联军第五军），1945 年 9 月腿部在战争中受重伤致残，1949 年 1 月转业到吉林省延边专员公署武装科工作。

因家境贫寒，父亲从小就没念过书，参加革命后才在部队里学了一些文化。1952 年父亲被任命为延边朝鲜族自治区[1]中级人民法院第一任院长时，他很担心因为自己文化水平低且

1) 1952 年 9 月 3 日，延边朝鲜族自治区成立。1955 年 8 月 30 日，撤销延边朝鲜族自治区。1955 年 12 月 20 日，延边朝鲜族自治州正式成立。

没有研读过法学而影响工作，就向组织提出要到农场去照看果园，让文化水平高的同志来担任这一领导职务，结果受到了领导的批评。后来，父亲多次在党小组会上为请辞一事做检讨。此后，父亲更加注重学习文化和法学知识，经常让我把一些生僻字写下来，标注上同音字，然后自己反复读、反复写。他也借这个机会教育我们要好好读书："不要再吃我的苦头啦，现在不是战争年代，文化水平低咋为人民服务，咋为党工作？"

父亲一生清廉。我记得，一位女士因家中有特殊困难，想把户口从新疆迁回吉林省延吉市，找父亲帮忙。父亲和有关部门协调，比照相关政策，帮助她解决了困难。父亲与这位女士素昧平生，却能倾力相助，使这位女士非常感激，特地给我家送来半面袋新疆葡萄干。当时正值我国三年严重困难时期，食品十分紧缺，可是父亲说："这是我们应该做的。东西请你带回去，留给你的孩子们吧，别让他们饿着。"我并非着意在此炫耀父亲的品德高尚，而是当时民风淳朴，整个干部队伍也很清廉，父亲只是其中一员罢了。

1960 年是三年困难时期中最困难的一年，吉林省采取了严格的口粮配给措施，每人每天定量只有三两，且大多是粗粮。父亲母亲都享受老红军待遇，每人每月仍按 35 斤细粮的标准供应，但山东老家的叔父因居住地修建水库需要搬迁，全家九口人投奔父亲来到延吉市，在我们家住了将近一年。叔父一家没有城镇户口，得不到供应粮，所以家里的口粮格外紧张。可父亲从没有利用手中的权力多购过一斤粮，他也和大家一样，“少吃粮，瓜菜代”。母亲在家门口的空地上种了苞米、胡萝卜、土豆、地瓜，成为口粮的重要补充。在参加抗日联军战士故地重访活动时，母亲采集了一面袋松树内皮，拿到家中晒干、捣碎、研磨后，兑上一些面粉做成饼给我们吃。母亲在抗日联军部队里担任过司务长，厨艺不错，但这种饼很粗糙，松油子味儿也大，很难下咽。父亲说：“你们真是不知好歹，抗联战士们如果能吃上这样的饼就相当不错了。当年，冬天连野菜都没有，饿死了多少好同志啊！”

父亲很疼爱我们，但不允许我们搞特殊化。我上中学以后，穿的大多是父亲的旧衣服，母亲用缝纫机改一改，补一补，还挺合身。我考上大学时，父母带着我到缝纫店为我量身定制了一套毛料中山装，我珍藏至今。

1965 年，我以全优的成绩从高中毕业，参加了全国统考，被一所空军工程大学提前录取。父亲非常高兴，送给我《毛泽东选集》精装合订本和小说《红岩》作为鼓励。离开延吉市时，我和送行的老师、同学们惊讶地发现，父亲也拄着拐棍到车站为我送行了。我临上车前，父亲在车厢门口把自己的手表摘下来送给我，我含着热泪谢绝了父亲的厚意。我已经长大成人，应该自立了。

父亲在抗日联军部队期间，曾连续七年担任东北抗日联军第五军军长、抗日联军第二路军总指挥周保中将军的副官，父亲的入党介绍人就是周保中将军。父亲跟随周将军出生入死，转战于白山黑水，对周将军的感情很深。1964 年 2 月，周保中将军不幸在京病逝，新华社发布了周保中同志治丧委员会名单，彭真为主任，邓小平、周恩来、陈毅、贺龙、邓颖超等 52 人为委员，父亲的名字也在委员名单之列。噩耗传来，父亲十分悲痛，立即请假要求去北京参加悼念活动，但当时父亲正负责检查延边所辖各市县的森林防火工作，人员和日程已定，工作刚刚铺开，其他领导不便接手，因此请假没能获准。父亲很上火，食不甘、寝不安，心里烦躁，总发脾气，闹得随行的工作人员莫名其妙。

“文革”期间，父亲和很多领导干部一样也经历了“冲击”，被“造反派”宣称是“苏修特务”“周保中和朱德海[2)]的铁杆保皇派”，受尽折磨。1976 年“四人帮”被粉碎之后，父亲才得以平反，恢复了工作，任延边州人大常委会副主任，至 1983 年 1 月离休。

1984 年 1 月 16 日，父亲因肾功能衰竭抢救无效，过早地离开了我们，享年 75 岁。父亲逝世的消息刊于第二天《延边日报》头版。追悼大会在延吉市延边工人文化宫举行，吉林省

2) 时任中共延边州委书记。

和黑龙江省政府有关领导、延边朝鲜族自治州时任领导及州委州政府机关工作人员、抗日联军战友、各界群众代表、亲属等三百多人参加了追悼会。

父亲走了，留给了我们无尽的哀思。

我们的母亲金善，出生于1919年农历十一月十一日，祖籍是韩国江原道襄阳郡。1910年日寇吞并朝鲜半岛后，投身抗日活动的外曾祖父为躲避驻地日寇的缉捕，举家逃亡到中国吉林省和龙县大砬子镇桦甸子村定居。这时，日寇也早已把侵略的魔爪伸进了中国延边地区，外曾祖父组织全家投身抗日，包括外祖父、外曾祖父在内的8位家族成员先后在抗日斗争中献出了宝贵的生命，民政部门还给母亲颁发了外祖父金正植的烈士证书。受家族成员的影响，母亲从11岁起就投身抗日斗争，加入了抗日儿童团，参加站岗放哨、送信、发传单、抗日宣传演出等活动。1935年，母亲加入和龙县农民赤卫队，1936年加入东北抗日联军第二军，1948年被调入东北民主联军[3]，1949年转业到地方工作。

母亲的右胳膊肘上有一块伤疤，我曾问过母亲是怎么落下的，母亲说，这是抗日游击战留下的“纪念”。当时，日本鬼子为了完全割断抗日联军和老百姓的联系，实行残酷的“集团部落”政策，使得抗日联军获取粮食、布匹、棉花等生存物资

3) 1949年3月改编为中国人民解放军第四野战军。

十分艰难，有时甚至要以生命为代价，通过袭击敌人来获得。冬天就更苦，零下三四十度，有时冬装也配不齐。打游击战时要经常在雪地里露营，也没有帐篷，只能在密林的深处找一块空地，拢起一堆堆篝火，战友们围在火堆旁和衣而卧。有一次睡到半夜，母亲被冻醒了，就用双臂抱着头，不自觉地凑近火堆。因为太疲劳，棉衣袖肘被烤焦了也不知道，所以胳膊肘被烤伤，落下了疤痕。母亲说，其实有篝火的露营已经很奢侈了。抗日联军战士曾多次因露营、野炊有烟而暴露目标，与敌人发生激战，导致不少战士牺牲。为了防止敌人发现烟火暴露宿营地，更多的时候露营是不敢点篝火的，因此，很多战士生了冻疮，甚至被冻死。母亲说，刚参加革命队伍时，并没有想到抗日斗争要付出这么多战友的生命，埋葬战死、冻死、饿死的战友多了，便也慢慢地看淡了悲伤和恐惧，只剩下对日本鬼子刻骨铭心的仇恨。母亲性格刚烈，我们很少见到母亲落泪，但我却看到了母亲在讲述战争过往时闪动的泪光。“火烤胸前暖，风吹背后寒”，很多人听过抗日联军老前辈们创作的这首《露营之歌》，诗中描绘的不只是冰雪峥嵘、天寒与地冻，更是血雨腥风、苦斗和牺牲。

在艰苦的抗日斗争中，母亲患上了多种疾病，转业到地方后病情加重，不得不在 1957 年提前办理病休，接受治疗。我记得有一次，母亲正要把洗好的碗放入碗橱里，因关节突然疼痛，一摞碗都摔落在了厨房的水泥地上。经过几年的治疗，母亲的病情才有所缓解。但即使治疗期间，母亲也始终牢记 1949 年组织上的嘱托，精心地照料着左腿有伤的父亲，从不让父亲做家务，还变着花样调剂伙食，让父亲吃得舒心。

1979 年 1 月，母亲当选为第五届延边朝鲜族自治州政协委员；1987 年 3 月，被中共延吉市委、市政府评为“社会主义精神文明建设个人标兵”，颁发了荣誉证书；1995 年国际劳动妇女节前夕，被延边州妇联通报表彰为全州“十大文明家庭标兵”。

1996 年 3 月，母亲到我们部队甘肃省驻地住了几个月。因我和妻子都要上班，儿子也在边远地区部队服役，平时没人陪伴母亲，我就从政治部借了一套革命传统教育影碟，让母亲闲暇时观看。有一天下班回到家，只见母亲躺在沙发上，电视机屏幕依然在闪动。我问母亲是不是身体不舒服，母亲说头晕得厉害，我们赶紧把母亲送到医院，一查，血压 180/110mmHg。我们吓了一跳，因为以前母亲的血压一直偏低。住院治疗一周，母亲的血压才稳定下来。原来，母亲当天在家里看了影碟《党的女儿》，这是一部以第二次国内革命战争为背景的故事片，电影里的故事情节使母亲联想起自己的抗战经历，心情激动，致使血压飙升。医院的医生、护士得知母亲血压突然升高的原因后，都格外精心地给予治疗、护理。此后我们按照医嘱，时刻注意不敢让母亲有情绪波动，以免发生不测。这件事让我十分感慨，步入晚年，沧桑阅尽，应该是回首往事波澜不惊的年龄，但是母亲的情感世界依然这样丰富，可见几十年前抗日烽火中的爱恨情仇，已深深地植入了母亲的生命之中。

虽然有弟弟、妹妹几家人精心照料母亲的晚年生活，我和妻子还是想在退休后把母亲接到我们身边侍奉尽孝，以偿还“欠”了母亲多年的“账”。可是“子欲养而亲不待”，就在我们马上要退休的时候，81 岁的老母亲却走了，风树之悲留给了我们终生的痛悔和自责。

母亲的告别仪式也很隆重。我们本想母亲只是一位普普通通的抗日联军老兵，尽量少烦劳亲友，但亲友们却相互转告，纷纷自发赶来。延边州、延吉市的相关领导和亲戚、朋友、同学、同事、战友等四百多人前来送别母亲。他们对抗日联军老战士的敬重，令我们十分感动。母亲遗像的两侧挂了一副挽联：“精忠报国光昭日月，英烈满门情动山河。”母亲去世的讣闻发表在 2000 年 10 月 20 日《延边日报》头版和 21 日《延吉晚报》头版。

当我和志菊、志水、志光几家人长跪在祭台前向母亲拜别的时候，我们泪流满面，肝肠寸断，但心中有一种自豪感油然而生：我们有一位伟大的母亲！

父母虽然离开我们多年了，但这个曾经幸福的家却始终驻留在我们的心中。我们不仅是幸福的一家，还是民族和睦的一家。父亲是汉族，我的妻子曹凤云和大弟媳董艳秋也是汉族，母亲和小弟媳金惠淑是朝鲜族，妹夫姜来友是回族，我们家曾多次被省、州、市评为“民族团结模范家庭”“五好家庭”，电视台、报社还多次来家中采访。很多人羡慕我们家庭幸福和睦，却没有几个人知道我们这个幸福家庭的成员来自几个不幸的家庭。

我的生父叫于一寿，有“福、禄、寿、喜”兄弟四人。抗战时期，四兄弟都在黑龙江省饶河县加入了东北抗日联军第七军。我的祖父因为是抗日联军家属，又积极支援过抗日联军，遭到万恶的日寇活埋；伯父于一福、于一禄和叔父于一喜相继在抗日游击战中牺牲。抗战胜利后，幸存的父亲被编入东北民主联军，1948 年 3 月，在四平血战中英勇牺牲。为了纪念在解放战争中牺牲的生父，母亲在我的原名于金中增加了“平”字，改叫“于金平”。生父牺牲一年多后，组织上多次出面做母亲的思想工作，希望母亲能够重组家庭，照料重伤在身的父亲乔树贵。最终，母亲听从了组织的建议，背负着组织的重托，带着当年三岁的我来到了年届四十的父亲身边。母亲这一照料，就照料了父亲一辈子。

我妹妹志菊和大弟志水，是父亲长兄于一福的儿女。伯父病逝后，父母收留了这对不幸的姐弟。其实我们四个子女中，只有小弟志光是父亲的亲生子。

父亲和母亲给了我们一个温暖的家，含辛抚养，严格教育，关爱呵护，视同己出，以慈爱之心抚慰我们心灵的创伤。父母恩重如山，我们今生今世都会铭记！

父母生前经常教育我们说，日本为啥敢欺负咱们？就是因为咱们国家太穷太落后了。一定要把咱们的祖国建设成一个强国，让谁都不敢欺负咱们！父母对我们的告诫，正是他们这一代革命前辈一生的追求。

星移斗转，今天我们也迈入了老年，我们这一代人要告诉我们的子子孙孙：祖国富强、民族振兴、人民幸福，应该是我们一代又一代人生生不息的追求，一定要把革命先辈前赴后继打下来的红色江山传承下去，一定要实现中华民族伟大复兴的中国梦，绝不让外敌欺辱我们的悲剧重演！

我们一定要世代铭记！

目　录

抗联战士乔树贵回忆录

抗联战士金善回忆录

抗联战士乔树贵回忆录

1931 年到 1945 年，中国人民经过长达 14 年艰苦卓绝的斗争，以军民伤亡超过 3 500 万人的代价，最终取得了抗日战争的伟大胜利，这是我国近代史上第一次抗击外敌入侵的完全胜利。抗日战争的伟大胜利，不仅洗刷了近代以来中国抗击外来侵略屡战屡败的民族耻辱，赢得了全世界的尊敬，而且开辟了中华民族伟大复兴的光明前景。我非常有幸在东北参加了这场历时 14 年的抗日战争全过程，我想用我的亲身经历告诉大家，没有中国共产党的领导，就没有 14 年抗战的最终胜利。抗战历史的每一页，都是抗日英烈用鲜血和生命写就的，我们绝不能忘记这 14 年屈辱而又光荣的历史。

第一章　苦命惜苦命，谋计出火坑

1909年，我出生在山东省泗水县大三角湾村的一个穷苦农民家庭，一家七口，父母、兄弟四人和小妹。我们家是佃农，租种地主的地，秋粮大部分都给地主交了地租，每年都有几个月青黄不接，填不饱肚子，读书识字更是想也不敢想。我10岁时，就帮父母照看弟妹，13岁就成了家里的整劳力，整天在地里干活。记得有一次在地里干活时，我饿得实在难受，就跑到地主家的苞米地里打“乌米”吃，这是苞米的一种黑穗病，可以充饥。我正吃得满嘴乌黑时，被地主发现了，他追着用拐棍打我，疼得我晚上只能趴着睡。后来，我从县城为村里的一家商铺挑担送货，勉强能填饱肚子。

家里穷，为了少几张嘴吃饭，不得已，大哥闯了关东。1926年我快17岁时，也和二哥一起去闯关东，到大哥干活儿的辽宁本溪南芬铁矿谋生路。

南芬铁矿位于今天辽宁省本溪市南面，当时归属奉天省。由于南芬铁矿是优质富铁矿，日本早就盯上了这块宝地，清朝末年，日本就和清政府签订了“联合开发”南芬铁矿的协定。从那以后，日本人就大量开采南芬的优质铁矿，掠夺我们的资源。1931年九一八事变后，日军还把大批战俘当成无偿劳动力押解到矿上做苦役。仅1942年到1945年，就有17 000多名中国战俘惨死矿中，留下了今天仍然可见累累白骨的“万人坑”！

咱是苦命人，我在矿上干过运矿工、背钎工、打眼工，尝尽了苦的滋味儿。1928年夏天，我和一些工友来到鞍山王家堡子铁矿，在这里又干了三年的打眼工。每天最多能挣两角钱，钱是日本人印的票子，只能在矿上日本人开的店里买东西。这些日本老板心黑，层层扒你的皮。下矿井干活儿工钱少，已经扒了你一层皮；到他的店里买东西，再扒你一层皮。为了省钱，工友们自己搭伙做饭，吃的是苞米面窝窝头、大饼子和高粱米。每天早晨五六点钟就下洞子，晚上出洞的时候已经满天星了，整天见不到太阳。我就这样一直干到1931年。

1931年9月18日，日本悍然发动对我国东北的侵略战争，祖国面临着沦亡的危险。

1931 年 11 月底，有一伙人到鞍山招募修筑铁路的工人，说是给的工钱多，我和矿上的几十名工友就报了名。12 月，我们集中到奉天火车站，就是现在的沈阳火车站。到了火车站一看，我们傻眼了，到处都有日本兵把守，心里有一种不祥之兆，但是想跑也来不及了。我们被赶上了一列闷罐车，满满一车全是我们这样的工人，大概有好几百人。火车开得很慢，走走停停，开了几天几宿。一天傍晚，火车停在一个小火车站，下车一看，周围全用铁蒺藜围着。后来才知道，这里就是吉林省敦化县，当时老百姓把敦化称作敖东城。把我们招募来是为了修筑吉会铁路，从我国吉林通到朝鲜会宁郡，当时已经从吉林修到了敦化。

我们住在一个大席棚子里，屋外四周也用铁蒺藜围着，还有日本兵站岗把守。一块儿来的工友们越来越感到事情不妙，咋把我们当犯人一样看着呢？心里挺害怕。

第二天早晨，大伙儿吃完饭要上工的时候，我的“拜把子”大哥把我叫到跟前小声说：“你别去干活啦，在棚子里装肚子痛。等没人注意的时候，爬到后山去看看什么地方有岗哨，哪儿的铁蒺藜容易逃出去。”我点头答应了。

工友们都出工了，我一个人在棚子里躺着装病。过了一会儿，一个工头过来检查，看到我在棚子里躺着，就用拐棍挑开我的被子，照我的屁股踢了一脚，问："咋不去干活？"

我装出可怜的样子说："拉肚子，痛得厉害，直不起腰。"

他把头一抬，贼眼一转，又问我："吃早饭了没有？"

我趴在地铺上，捂着肚子上气不接下气地答道："吃、吃不下去……"他恶狠狠地说了一句："吃饭就得干活！"说完就悻悻地走了。

我在棚子里躺了一会儿，看到没人，就悄悄跑出去装作上大号。我爬上后山一看，周围全是林子，到处都是白茫茫一片。我把铁蒺藜和几个哨位记清楚后，就回到棚子里继续装病。

中午，干活儿的人都回来吃饭了，"拜把子"大哥到我跟前低声问："你出去看了没有？"我说看了，正想说看到的情况时，他用眼神制止了我。

晚上，劳累了一天的工友们吃完饭后陆续睡了，黑洞洞的大席棚子里睡满了工友，传来高高低低的呼噜声。

半夜，"拜把子"大哥轻轻把我推醒，我赶忙爬起来。他拽着我的手，悄悄出了门。到了棚子外面才知道，还有五个弟兄等着我们呢，老孔、老王、老阎，"双老四"，还有一个叫不上名儿。我带路走在前头，绕过哨兵，来到后山上的铁蒺藜旁，把最下边的铁蒺藜用力拉起来，我们一个接一个从下面爬了出去。晚上黑灯瞎火的，雪地里只有我们几个人的身影，四周全是树林，很难辨别方向。我们几个横下一条心，摸着黑奔着一个方向跑。

跑了没多一会儿，我们就累得一身汗，多亏雪下得不大，要不然根本跑不动。我们很怕日本兵发现我们逃跑，顺着脚印追上来，所以只能一个劲儿地拼命往前奔，离得越远才越放心。

第二章　巧遇救国军，从戎抗倭兵

我们一路奔到天亮，腿儿都跑直了，后来才知道已经到了大川一带，就是现在从长春到图们铁路经过的大川车站附近。我们刚想坐下来喘口气的时候，前边突然出现几个拿枪的人挡住了我们的去路。

他们大声问："干什么的？""是不是探子？"

我们一下子被吓蒙了，闹不懂他们问的是啥意思，所以谁也没回话。这样一来，他们的口气就更严厉了，有个人朝我们大声喝道："就是问你们是不是给日本人干事儿的？"

这句话我们听明白了，"拜把子"大哥给他们回话说："我们是修铁路的工人，刚从日本人那里偷偷跑出来，我们自己也不知道该往哪儿去，就碰上你们了。”

接着就把我们是怎么被日本兵抓到这儿，又是怎么跑出来的，一五一十地给他们说了。拿枪的人听了这番话，才开始和气地对我们说：“我们是救国军，那你们抗日救国不？”我们又被问住了。“抗日救国就是打日本鬼子呗，这还不懂？”另一个拿枪的人给我们解释。

“打日本鬼子，这个懂啊，我们当矿工这么多年，一直受日本鬼子的气，又把我们从矿上骗来修铁道，现在正走投无路呢。”哥儿几个一商量，都愿意参加救国军。

说到日本人把我们骗来要修的这条吉会铁路，是 1909 年日本和腐败的清朝政府签订《图们江中韩界务条款》时强取的特权。修筑吉会铁路不但可以更多地掠夺东北的自然资源，还可以大大缩短从日本和朝鲜向东北运送兵员的时间。日本人的如意算盘理所当然地遭到中国老百姓的强烈反对。1918 年、1922 年、1925 年和 1928 年，延边地区的延吉、龙井、铜佛寺、珲春、敦化等地曾多次爆发大规模群众抗议示威活动，坚决反对日本人修建这条铁路。1928 年以前，铁路西段已经从吉林修到了敦化，东段从朝鲜会宁修到了我国延边地区的天宝山，但迫于中国民众的强烈反对，日本人怕事情被闹大，无奈暂停了铁路的修建。

1931 年九一八事变以后，日本侵占了中国东北，觉得他们可以为所欲为了，便打算尽早启动中断了几年的吉会铁路修建工程，派出满铁测量队测绘修筑路线。测量到当时属于延吉防区的明月沟镇[1]时，不顾我方哨兵的多次警告，想强行进入东北陆军独立第二十七旅第六七七团第三营王德林防区的军事要地瓮声砬子炮台。日本人的野蛮骄横惹怒了值守的哨兵，值日班长史忠恒一声令下，两名日本满铁测量队队员被当场击毙。这一下“娄子”捅大了，第二十七旅旅长兼延吉镇守使、大汉奸吉兴迫于日本人的压力，不但答应向日方赔偿，还要对三营营长王德林兴师问罪，要求他道歉。王德林严词拒绝道歉，痛斥日本人不听我军哨兵的反复警告，强行闯入我军防守的军事要地，指出这是在我们自己国土上的正当防卫，我们一没攻打东京，二没侵占大阪，何罪之有？这就是当时轰动东北的“瓮声砬子[2]事件”。

王德林是我们山东老乡，1874 年出生，沂水县人，早年闯关东来到东北，1900 年参加过抗击俄军入侵的斗争，后来落草为寇。不过他带领绿林弟兄劫富济贫，受到老百姓的欢迎。1917 年，这伙绿林军被吉林督军孟思远收编为第三营，虽几经改编，但其所在营的番号始终是第三营，被百姓称作“老三营”，当时王德林已经是 56 岁的老营长了。

1) 今安图县境内。
2) 砬子，指岩石裸露的山崖。

“瓮声砬子事件”后，王德林当即把部队拉到延吉县小城子，并宣布脱离吉林军，成立救国军。救国军受到社会的广泛欢迎和大力支持，各界爱国人士纷纷加入救国军，包括各路爱国的山林队也带着武器前来，很快队伍就从 400 多人发展到了 1 500 多人。

王德林为人仗义豪爽，有中国人的骨气，他以抗日救国大局为重，主张不问其人、只问抗日，不管是国民党还是共产党，只要抗日就是好样的。他这种朴素的抗日主张，受到了共产党的欢迎和支持。从王德林起义抗日初期开始，中共东满特委和中共满洲省委就派李延禄、李光、胡泽民、孟泾清、刘静安、金大伦、贺剑平等共产党员加入救国军，积极扶持王德林部的抗日斗争，并在一些部队秘密成立了共产党的组织。中共满洲省委还派省委军委书记周保中隐匿身份加入救国军。王德林对周保中的军事才能很欣赏，也很信任，聘他当救国军总参议，并任命他为参谋长。周保中指挥救国军打了多次胜仗。

1932 年 2 月 8 日，在中国共产党的帮助下，“中国国民救国军”在延吉县小城子[3)]宣告正式成立，王德林任总指挥，副指挥孔宪荣，前敌司令吴义成，不久又任命李延禄为前敌司令部参谋长兼第一补充团团长。

“中国国民救国军”正式成立后，先后攻打了敦化、额穆、

---

3) 今汪清县春阳镇。

蛟河等县城，取得了镜泊湖连环战等重大胜利，军心民心大振。1932年3月，救国军扩充到2万多人，编成7个旅，2个骑兵团。此后，救国军又攻打了宁安、东宁、安图、海林，还多次破坏吉会铁路。1932年9月，救国军已经发展到5万多人。快速发展的救国军成为日军的心腹大患，日伪当局不仅采取诱降、离间等政治手段，还纠集了大量兵力，在飞机、坦克、重炮的配合下，反复对救国军进行“围剿”和“讨伐”。救国军寡不敌众，加之武器弹药和军需给养短缺、指挥失误、军纪不严、内部不团结等因素，最终被击垮瓦解。

1933年1月，王德林率部分残部退入苏联，此后取道回中国，继续从事抗日活动，还为东北抗战募集过资金。1938年12月，民族英雄王德林在他的老家病故，很遗憾他没能看到抗日战争的最后胜利。

我刚才讲的这段历史，许多年轻人不大清楚，所以给大家做个简要介绍。下面，继续讲我的故事。

当时，那个拿枪的人领着我们穿山越岭，走了好半天，才到达目的地。在树林里的朝阳坡上有几座房子，像是个农家院儿，院子里还有苞米楼子，里面装满了整穗儿的干苞米。后来才知道，这里是救国军姚振山部的指挥机构临时驻地。

我们一到这儿，就有很多人围上来，想见一见我们这些刚参加救国军的新战友。只见他们背着各式各样的枪，个个都佩戴着救国军上红下白的臂章，上面写了一些字[4]，可惜当时我都不认识。刚起义时的救国军成员都是东北军旧部，受过正规的军事训练，穿着统一的军装。

傍晚时分，来了一位长官，他给我们讲抗日救国的道理，讲日本怎么侵略中国、残杀中国同胞，让我们不要当亡国奴，要起来抗日。最后他问我们愿不愿意参加救国军。我们几个都表示要抗日救国，愿意参加。就这样，我们正式加入了救国军。

第二天，我们几个弟兄问他，是不是应该给我们也发一支枪。可是，他却出人意料地把修铁路用的大铁杠子、钎子、扳子、斧头等工具发给了我们。他看我们的脸上露出失望的表情，意味深长地对我们说："这就是你们打日本鬼子的武器呀！"

我们感到很奇怪，用这么简单粗笨的东西怎么能对付拿枪的日本鬼子呢？我们几个一脸疑惑。

他对我们解释说："你们今天晚上就知道这钢钎子的厉害了，打日本鬼子有很多种武器，没有这钢钎子也不行啊。"

那天晚上，我们跟着班长和二三十个战友一起下了山，走了几个钟头，来到了威虎岭附近的一个山坡上。班长下令，要求我们迅速到铁路上，把固定道轨的钢钉子都拔掉。我们从威

4) 经查阅相关资料，臂章上写着"中国国民救国军"，下方缀着"不怕死，不扰民"6 个小字。

虎岭方向往东拔，拔出来的钢钉都远远地扔在草甸子里，共破坏了将近一百米的铁路。这就是我们参加救国军后的第一仗！

我们参加的是救国军姚振山司令的队伍，开始有两个营，营长一个姓苏、一个姓常。营里有指挥部，下设参谋处，参谋长姓卢。部队使用的武器多半是连珠式、老套筒、金钩、大盖、马连匣，还有两门迫击炮，都是旧式武器。我们几个人都被分配到了参谋处的工兵班。救国军没有稳定的给养和装备来源，主要靠从敌人手里夺取。我们白天跟大伙一起在林子里采冻果、锯木头、劈柈子[5)]，到了晚上就下山扒铁轨、烧枕木、破坏桥梁，颠覆鬼子的军用列车。在黄泥河子、大川、威虎岭一带活动了一段时间后，我们又转移到宁安一带的李家店、尔站、沙兰站，在沙兰站整顿了队伍。

“老三营”刚起义时，姚振山是个连长，由于四方爱国同胞和抗日山林队纷纷加入救国军，救国军迅速扩编，几个月之内，姚振山就当上了团长、旅长，兵力大约有一万多人。他率领部队参加了镜泊湖连环战和镇守额穆、攻打敦化等比较大的作战行动。他作战勇敢，指挥有方，是那种天塌下来也不眨眼的硬汉型人物，他抗日决心坚决，环境再艰难也不动摇。1933年1月王德林退入苏联时，姚振山坚定地表示要留在东北继续

5) 把锯成两尺左右长的原木用斧头劈成大块的木柴，东北人称作“柈子”，可用来烧火取暖、做饭。

抗日。吴义成任救国军代理总司令时，面对强大的敌人有些动摇，周保中做了很多工作，鼓励他以民族大义为重。周保中当时任留在东北坚持抗日的救国军余部的总参谋长，他把打散的救国军残部近万人集结起来，整编为4个路军和1个游击军，由姚振山、柴世荣等担任各路军司令，李延禄担任游击军司令。所以，我们都尊称姚振山为姚司令，就连周保中将军也称他为姚司令。抗日联军编成以后，姚司令带领的队伍经常与抗日联军配合作战，1937年被编入东北抗日联军第二路军，后来还参加了抗日联军西征。从1938年开始，东北的抗日斗争进入十分艰苦的阶段，姚司令仍然率领部队坚持斗争。后来，姚司令率领的百余名义勇军官兵在穆棱九站的南沟被数倍的敌人包围，将士们英勇血战，全部以身殉国。这些有名和更多无名的烈士们，都是我们中华民族的抗日英雄！

当时，姚司令的部队经过沙兰站整顿之后，编制整齐了，纪律严明了，战斗力也提高了，在攻打了黄泥河子和额穆之后，又准备攻打宁安。1932年10月的一天深夜，我部向宁安方向挺进，按计划和救国军的兄弟部队一起攻打宁安县城[6]。我当时在工兵班。工兵班执行作战任务时，往往脱离大部队单独行动，专门破坏敌人的交通要道和通信设施。当时宁安县城驻扎着大批的日军和伪军，还配有骑兵和摩托兵。救国军虽然人数多，

6）今黑龙江省宁安市。

但大多没经过正规训练，武器装备明显落后于日伪军，弹药配备也有限，如果一仗打下来弹药用多了，很难马上补充。这场战斗从半夜打到天亮，很激烈，敌人伤亡惨重，我军损失也很大。后来敌人的援兵到了，火力很猛，日军的几架飞机也飞过来轰炸，我们的部队赶出几百只羊、运出一些军需装备后，迅速退出了战斗，撤到尔站附近的沙兰站、豆腐房、桦罗沟一带驻扎下来。攻打宁安的这一仗，我们部队损失很大，不仅伤亡严重，部分队伍也被打散了。我们这些被打散的部分官兵后来被编入了吉东游击队。

1932 年末到 1933 年初，我们先在敦化、额穆、官地，之后又在石河甸、李家店、塔尔站、桦罗沟、东京城、沙兰站一带活动。1933 年的夏天，我们在大山嘴子附近的黄沟岭打了一次伏击。日本鬼子修筑黄沟岭通往宁安的公路，抓来很多老百姓当劳工，而且每天都有运送军用物资的卡车、马车来来往往。虽然敌强我弱，这次的伏击战没能打垮敌人，但破坏了敌人的筑路计划，鼓舞了士气。

1933 年的秋天，我们还袭击了黄泥河子火车站。火车站有一个伪警察署，有四五十个日本兵和伪警察驻守，还修有碉堡等防御工事，很坚固。但是我们的突袭不但拿下了碉堡，毙伤了一些敌人，而且缴获不少武器弹药。为避免遭到敌人增援部队袭击，我们速战速决，很快撤出了战斗。

1934年2月，周保中按照中共满洲省委和中共吉东局的指示，到宁安开始组建党直接领导的绥宁反日同盟军。绥宁反日同盟军主要由中国共产党直接领导的边区军一、三连和以李荆璞为大队长的宁安工农义务队等为基础，吸收救国军余部柴世荣、王毓峰、傅显明、王汝起、裴振东等部组成，周保中任同盟军军事委员会主席。绥宁反日同盟军组建后，连续打了几场胜仗，士气大振，使我党的影响不断扩大，周保中的威望也不断提升，救国军、自卫军等义勇军的余部和反日山林队逐渐向我党靠拢，为此后东北反日联合军第五军的组建创造了有利条件。

1934年秋到1935年初，我曾跟随陈翰章在莲花泡、穿山头、南湖头、北湖头、长岭子、园宝石、勃拉哈、江北一带活动。陈翰章也是著名抗日联军将领之一，满族，1913年出生于吉林省敦化县。他在读中学时受到进步教师的影响，1928年参加过反对日本修筑吉会铁路的斗争，1932年10月加入救国军，同年冬秘密加入中国共产党。救国军的前方司令吴义成很欣赏他的才干，1933年冬，陈翰章被任命为救国军总部秘书长。1934年春，周保中派陈翰章到关内联络内地中共党组织和募集抗战经费。1934年6月，陈翰章根据党组织的指示，到由我党直接领导的工农义务队任指导员。陈翰章作战有勇有谋，是一位优秀的指战员，指挥打过不少漂亮仗。

1934年4月,中共满洲省委吉东局因遭到敌人破坏而撤销。1935年2月中共吉东特委成立，吴平任书记。

第三章　痛击侵略者，抗联扬威名

1934 年 12 月，吴平作为中共满洲省委吉东巡视员到达中共宁安县委，召开了县委扩大会，传达了中共驻共产国际代表团关于广泛开展反日统一战线工作、积极发展游击战争和拟将党领导的东北抗日武装统一改编为抗日联合军性质的部队等指示。根据这些指示精神，吴平和宁安县委、绥宁反日同盟军党委共同研究决定，把绥宁反日同盟军改编为东北反日联合军第五军，并于 1935 年 2 月发表了成立宣言。由于同盟军党委在同盟军各部队内部提前进行了广泛的宣传解释工作，党的改编计划得到了同盟军各部队首领的一致拥护。“青山”“爱民”“同好”“三合”等反日山林队也积极要求加入东北反日联合军。

东北反日联合军第五军刚组建时，编成了 2 个师、7 个团，周保中任军长兼党委书记，柴世荣任副军长，胡仁任政治部主任，张建东任参谋长，全军 1 000 人左右。第一师师长李荆璞，政治部主任关书范；第二师师长傅显明，副师长姜振荣，参谋长陈翰章，政治部主任李光林。李光林是朝鲜族，1935 年 12 月在对敌作战突围时英勇牺牲。

我被编入东北反日联合军第五军，任第一师三团二营三连二排排长。我们团长是王汝起，政委是伊俊山，营长姓张，连长姓徐，全连有 70 多人，每个排 20 多人。那时，我们的武器大多是从敌人手里夺过来的，有大盖、马连匣、套筒、七九、金钩、九联灯、“老毛”式、六轮子、七星子、老洋炮、老母猪炮等，也有一部分是民国时期制造的。后来，我们从敌人手里缴获的枪支多了起来，就把不用的老枪都用油纸封好后埋在了地下。当时，我们活动的主要区域是宁安、依兰、土城子、勃拉哈、三道通、徐家屯、大东沟、黑山、秃顶子、夹皮沟一带，指挥部设在夹皮沟。我们二营的密营设在南湖头附近的裤裆沟。我们住的房子是用原木修建的两间大木房，为了保暖，原木之间的缝隙用黄泥糊了起来。在密营周围，我们还种了不少土豆和粮食。那段时间，我们打过伪山林警察队、伪自卫团、伪靖安军，还经常截击敌人的军需物资。

1935 年初，我们师连续打了几场胜仗，大家都很疲劳，按照军长周保中的指示，我们一师的3个团全部撤到镜泊湖和宁安西南地区休整，我们三团就驻在东京城附近的园宝石村。当时，春节刚过没多久，大家的高兴劲儿还没完全过去，加上之前的几场胜仗，部队内部滋长了麻痹思想。师部虽然已经得到东京城日军可能出扰的情报，但经分析认为，敌人连续吃了几次败仗，估计不敢轻易出动。

2月27日，驻扎东京城的日军和伪军第二十七团第三营夜间向我军驻地进发，伪骑兵第三十三团则向北湖头出动，准备阻断我军的交通联络。2月28日拂晓，敌人的先头部队开始进攻我团驻地，团长王汝起立刻率领全团迎击敌人。紧接着师部和一团、二团也遭到敌人围攻，我军开始全面反击，战斗十分激烈。我们三团杀出一条血路，冲出了敌人的包围，一直撤到镜泊湖莲花泡的石头甸子里。刚休息不一会儿，敌人就跟上来了。我们和敌人打了整整一天，到了傍晚，日军开始使用化学毒气弹，弄得大家鼻涕一把泪一把，眼睛也睁不开，有一些战友掉进石头甸子下面牺牲了。

我们又退到了甘井子。甘井子西南是尔站，东北是沙兰站，是去宁安的要道。光秃秃的山腰上有两间石块砌成的房子，两个房子相距不到一百米。房子南边七八十米有一条河，再往南是一片白花花的石头甸子，北边是花鹿沟，长着密密的杂树林。

到了甘井子后，我们占据了房后的制高点。三连在东边的房子里休息，二连在西边的房子里休息，一连由团长王汝起带到别的地方去了。因为连续作战，战士们都很疲劳，各连安排好岗哨之后大家就都睡了。

睡到下午，大家被一声枪响惊醒了。开始还以为是谁的枪走火了，但很快就发现是我们的哨兵开的枪。哨兵是个新战士，缺乏经验，发现敌人比较晚。狡猾的敌人是从东边的白虎头沿着我们的脚印，披着白色的伪装服，花了几个钟头匍匐过来的。敌人用猛烈的火力封锁了我们二连、三连休息的两座房子，子弹像雨点儿似的从窗外倾泻进来，窗户棂子都被打碎了，子弹打在石头垒的墙上反弹起来，满屋乱蹦，我们没办法冲出去，当场就有六七个战友牺牲了。

我们排都被堵在房子里，房子小，人多，不赶快冲出去伤亡会更大。我就组织大家一起用力推房屋后墙的墙角，从倒塌的后墙窟窿冲出去，退到猪圈旁，利用猪圈作掩护继续打。那天，我带了 200 多发子弹，一下子就打出去 90 多发，枪管烫得都不敢摸。我们边打边撤。战斗很激烈，敌人的阴谋一时难以得逞，就放出一批凶猛的军犬向我们冲过来。韩副官和一位姓张的战士刚起身准备撤离时，狼狗就上来把他俩扑倒了。遇到这样的突发情况，我下令我们排停止撤退，专门打狗，一下子打死了四五条军犬。

太阳快要平西的时候，王团长带着一连在侧面山岗上吹响了冲锋号。随着一阵喊杀声，子弹密集地向小鬼子猛射过去，敌人顿时被打蒙了，摸不清底细，以为是增援的大部队到了，丢下几十具尸体，马上就撤走了。我们也趁机撤出了战斗。

战斗结束后，我听二团的战友讲述了他们突围反击的经历。在激烈的突围战中，敌人同样使用了毒气弹，大家都感到头昏恶心。师长李荆璞立即下令二团二连、四连掩护大部队突围。等到大部队撤出战场后，四连马连长带领的 19 位战士陷入敌人的包围之中，而且头昏、眼花、恶心，马连长命令战士们立即停止射击，潜伏在树丛中。敌人以为战斗已经结束，日军指挥官中佐森田耀武扬威地指挥日兵搜索战场，这时马连长突然起身连射数枪，击毙了森田中佐。其他战士们也都起身向日寇猛烈射击，当场击毙十几个日寇。最终马连长和战士们在激战中全部壮烈牺牲。这些烈士们的英雄壮举值得我们永远怀念。由于十几个日寇被我军击毙，敌人就肆意损毁我们烈士的遗体，以发泄其兽性，所以战后我军清理战场寻找烈士遗体时，只埋葬了 42 位烈士，这就是后来被传颂的“莲花泡防御战抗联四十二烈士”。实际这次战斗中我军击毙日伪军 70 多人，牺牲近 80 人，损失很大，这就是麻痹轻敌付出的代价。

此后，我们在额穆、塔尔站、烧锅屯、任家沟、朝阳沟、建场沟、红道子一带活动了一段时间，然后又回到了宁安东边的根据地。

1935年春夏之交，组织上给我分配了一项新任务，就是把我调到军长周保中身边，担任他的警卫副官，这让我很激动，我知道这是组织上对我的信任，但同时也让我感到任务艰巨，压力倍增。

我们都非常敬佩周保中。1932年10月救国军攻打宁安城时，指挥攻城的参谋长周保中腿部中弹，没有医生，没有麻药，他全凭着顽强的意志，忍住剧痛用小刀把腿上的子弹头抠出来，再把烂肉刮掉，让大家十分佩服。“关云长刮骨疗伤”的故事千古传颂，但在那以后，“周保中胜过关云长”的故事就在部队里传开了。我能到周保中将军的身边工作，每天同自己仰慕的首长在一起，激动的心情可想而知。

警卫副官的主要任务就是保卫首长的安全，还要执行站岗放哨、通讯联络、外出侦察等任务，有时还帮助秘书印传单。

和周保中将军在一起的日日夜夜里，他坚定不移的革命理想、对党的无限忠诚、高超的指挥能力、无私无畏的奋斗精神、深入扎实的工作作风，都给我留下了深刻印象，也影响了我的一生。

周保中将军始终战斗在第一线，仅在东北的战斗中就曾3次负伤，但是没有一次下过火线。有一次在指挥战斗时，敌人的子弹打穿了他的腹部，肠子流了出来，他没吭一声，硬是自己把肠子塞了回去，坚持指挥战斗，身边的人看着都直掉眼泪。

战斗结束后，他用草药一敷，用绑腿一缠，继续行军、工作，坚强的意志令人敬佩。

1935 年入冬后，日本鬼子在吉东地区发动了冬季“大讨伐”。为了冲破敌人的“讨伐”，周保中将军在宁安、额穆、敦化等地指挥东北反日联合军第五军和东北人民革命军第二军联合作战。其中，规模比较大的战斗有 1935 年 12 月的官地和通沟岗子战斗、1936 年 1 月的黑石屯和额穆索战斗。几次胜仗不但打破了日伪军的“讨伐”，也提振了抗日军民的士气。

1936 年 5 月，我们在额穆县大黄沟与日伪军打了一仗，战斗非常激烈。大家几顿没吃上饭，加上行军疲劳，个个筋疲力尽，便决定打进一个“集团部落”找点粮食。这个部落的南边正是通往宁安的公路，是敌人来往的必经之地。白天指挥部派人进行了侦察，了解到驻扎在部落里的敌人不多。

天黑时，指挥部发出向“集团部落”出发的命令。我们还没摸到部落附近，就遭到敌人的机枪阻击，几挺机枪向我们交错扫射。敌人的火力太猛，我们不能硬拼，就边打边撤，撤到了柞木台子。大家又饿又累，利用敌人没有追上来的间隙，急忙采些野菜、摘些干果吃。什么枪头菜、狗奶子[7]、刺梅果、干蘑菇等，那真是见啥吃啥。我们在柞木台子休息了大概一个时辰，敌人追上来了。大家急忙迎战，猛打一阵后，又退到倒木

7) 即枸杞子。

沟，在倒木沟住了一宿。

第二天拂晓时，我们起来查看方位、观察地形，发现西北方向有几座房子。周保中将军派我们前去摸底。到附近一看，这几座房子都是靠山盖起来的平房，屋里空空的。我们从屋里走出来，正仔细观察房前屋后的地形时，发现房后的山坡上有几棵杂草在动，再仔细观察，发现周围不少地方的杂草都在动。有敌人的埋伏！我们当即给山上的首长鸣枪报信儿。这一枪惊动了敌人，他们开始向我们开枪射击。顿时枪声大作，我们边打边撤，一直撤到山岗上才甩掉敌人。过了一会儿，只见那几间房子燃起了熊熊大火。

为了摆脱敌人，我们一鼓作气，连翻了几座高山，来到裤裆沟，它的东边是松家沟。这时天色已晚，模模糊糊地看见前边好像有房子。几个人上前一瞧，只见房子早就被烧成了残垣断壁。我把情况向领导做了汇报，领导决定就地宿营，并布置好了岗哨。

大家连续几天打仗、行军，没吃一顿饭，那饿的滋味别提多难受了。我们到处寻摸，想找点东西吃，但一个人也看不到，看来老乡都被日本兵撵到“集团部落”去了。为了强迫老百姓搬迁，日本兵把他们的房子都烧了。我们只好摸到原住户荒弃的菜地里找吃的东西。那时候，部队没有照明设备，连手电筒也没有，到了菜地以后，只能黑灯瞎火地用手摸，借着夜色仔细找。摸了好一阵儿，终于有个战士摸到了青菜，高兴地叫起来。大家一听说找到了青菜，也顾不了那么多了，摸索着把青菜薅起来，一把一把地往嘴里塞，吃得差不多了，才离开菜园子回宿营地休息。

第二天天刚亮，同志们起来后准备再吃点青菜继续赶路。可是到菜地里一看，都觉着有点不大对劲儿，有人说："这菜叶上咋长了一层毛儿啊？""哎呀！这不是青菜，是黄烟苗！"大伙都愣住了，昨天晚上饥不择食，吃的都是刚长出来半拃高的黄烟苗。有一个战友刚薅了一把青苗放在嘴里嚼，一听说是黄烟苗，立刻吐了出来，喊着："太难吃啦，又苦又涩！"大伙儿你看看我，我看看你，都哈哈大笑起来。

我们继续赶路，来到宁安附近的松家沟，这里有个黑菜营，就是种植黑木耳的场地。我们到那儿一看，整朵的木耳都已经被主人收走了，只在场地一角扔下了一大堆碎木耳，即便这样，大家也为找到了可以吃的东西感到高兴。我们立即把碎木耳捡拾起来洗干净，加上野菜熬着吃。熬好的稀汤入口非常滑溜，不用嚼，一下子就咽下肚了。临走时，大家舍不得扔掉剩下的一点碎木耳，划拉划拉都带走了。

喝完汤，还得急着赶路。虽然早晨喝了一肚子汤，但是由于行军时出了很多汗，战士们都感到口渴，于是见水就喝，已经喝了不少却还想喝。这下子可出事了，大多数人开始拉肚子。

有的人甚至一个时辰拉好几次，拉得浑身无力，眼前发黑，坐下就不想起来。尽管这样，战士们稍事休息后仍咬着牙继续走。当我们走到一片林子里准备宿营时，发现前面有一些桦树被剥了皮。我们顺着剥了皮的桦树往前走，发现了用桦树枝围成的园子，里面长着半尺高的烟苗。我们在这里停下来，因为有过吃烟苗的经历，大家就又吃了两顿烟苗。

战士们的体力有所恢复后，我们又出发了。赶到宁安二道河子[8]时，有几个伐木工人正在河里放木排。我们为了了解情况，便请他们上岸。伐木工人们说，这里有一个伪森林警察大队，有两挺机枪，还有不少牛和马。战士们一听有仗可打，顿时来了干劲儿，个个摩拳擦掌。指挥部经过研究，决定深夜偷袭，借机搞点粮食。

深夜，我们开始行动了。不料，敌人早有准备，还没等我们摸到跟前，机枪就哒哒哒地响起来，火力很猛。我们打不进去，就在牛圈里牵出几头牛，马上撤退了。敌人摸不清我们的实力，也不敢追我们。我们牵着“战利品”来到宁安的勃拉哈停下来，先解决吃饭问题，开始杀牛。可是牛虽然杀了，却没有大锅煮。洋铁盆太小，煮不烂，怎么办呢？大家绞尽脑汁，最后想出一个好办法：把牛皮剥下来，毛朝下，把牛皮用四根木棍撑起来当锅用。这个办法真妙，火只烧着了牛毛，却烧不坏牛皮。牛

8) 今为黑龙江省牡丹江市海林市下辖镇。

肉煮烂了，大家围在篝火旁谈笑风生地一起吃牛肉。

在那艰难的岁月里，解决填饱肚子的问题有时候比消灭敌人更重要。在空闲的时候，我们就琢磨着怎么解决吃饭问题。比如“烤面扛”，做法比较简单，在木头烧到没有火苗的时候，把和好的面摊在火炭上面，烤好了一面翻过来再烤另一面，这样烤饼很省事，烤出来的饼也很好吃。

在深山里没有粮食吃，不担心被敌人发现的时候，我们就打“黑瞎子”。东北人把黑熊叫作“黑瞎子”，其实它一点儿都不瞎。炖“黑瞎子”肉要先在洋铁桶里加上水和苞米粒儿，把桶用三角木架吊在火上，等苞米快煮熟的时候，再把“黑瞎子”肉扔进去一起煮，这样炖出来的肉吃起来很香。

1935 年 10 月 1 日，中共中央发表了《为抗日救国告全体同胞书》，也称《八一宣言》。为响应《八一宣言》的号召，1936 年 2 月，中共驻共产国际代表团以东北抗日联军各军和各游击队首长的名义发表了《东北抗日联军统一军队建制宣言》。1936 年 2 月到 1937 年冬，抗日联军第一军至第十一军陆续编成。

1936 年 7 月上旬，东北抗日联军第一军组编完成，军长兼政委是著名抗日联军将领杨靖宇，宋铁岩任政治部主任，安光勋任参谋长，主要游击区域在今天的吉林省中部、东南部和辽宁省东部，当时称作南满。

1936 年 3 月，东北抗日联军第二军组编完成，王德泰任军长，魏拯民任政委，李学忠任政治部主任，刘汉兴[9]任参谋长，主要游击区域在今天吉林省东部、东南部和黑龙江省南部。

1936 年 8 月，东北抗日联军第三军组编完成，军长是著名抗日联军将领赵尚志。1937 年 6 月，张寿篯被任命为抗日联军第三军政治部主任，主要游击区域在哈尔滨以北、松花江下游的广大地区。

1936 年 3 月，东北抗日联军第四军组编完成，李延禄任军长[10]，黄玉清任政治部主任，胡伦任参谋长，主要游击区域是吉东地区和松花江沿岸的宁安、穆棱、密山、勃利、依兰、富锦、方正、通河、汤原、宝清一带。

1936 年 2 月，东北抗日联军第五军组编完成，著名抗日联军将领周保中任军长，柴世荣任副军长，胡仁任政治部主任[11]，张建东任参谋长，主要游击区域在吉林省东部和绥宁地区，后来游击范围扩大到吉东、东满和北满。

1936 年 9 月，东北抗日联军第六军组编完成，夏云杰任军长，张寿篯任政治部代主任，冯治纲任参谋长，黄吟秋任秘书长，主要游击区域在汤原、萝北、依兰、桦川、富锦、宝清

9）又名陈龙。

10）李延禄被调离后由其胞弟李延平任代理军长，1937 年 11 月李延平被任命为军长。

11）之后陆续由张中华、宋一夫、王克仁（代主任）、季青继任。

等松花江下游地区。

1936 年 11 月，东北抗日联军第七军组编完成，陈荣久任军长，崔石泉任参谋长，毕玉民任副官长，郑鲁岩[12]任政治部主任，主要游击区域在以饶河为中心的黑龙江省东部地区。

1936 年 9 月，东北抗日联军第八军组编完成，谢文东任军长，滕松柏任副军长，于光世任参谋长，刘曙华任政治部主任，主要游击区域在依兰、方正、延寿、勃利、桦川、富锦一带。1939 年，谢文东、滕松柏叛变投敌，部队溃散。1946 年 11 月，谢文东被我军抓获，公审后被处决。

1937 年 1 月，东北抗日联军第九军组编完成，李华堂任军长，李向阳任参谋长，于祯任副官长，主要游击区域在汤原、依兰、方正、通河、勃利、宝清一带。1939 年 7 月，李华堂被日伪军的“讨伐队”俘虏后叛变投敌，1946 年 12 月，被我军在刁翎击毙。

1936 年入冬，东北抗日联军第十军组编完成，汪雅臣任军长，齐云禄[13]任副军长，主要游击区域在舒兰、五常、珠河、榆树、苇河、延寿、方正一带。

1937 年冬，东北抗日联军第十一军组编完成，祁致中任

12) 1939 年 10 月被日军俘虏后叛变，1949 年被吉林省人民法院公审处决。后由王效明接任。

13) 后因叛变被处决，由张忠喜接任副军长。

军长，金正国任政治部主任，白云峰任参谋长，薛华任副官长，主要游击区域在方正、依兰、延寿、桦川、宝清、汤原、勃利、富锦、海伦一带。

这 11 个军中，第八军和第九军、第十军和第十一军是因贯彻我党统一战线政策、团结抗日力量而编入东北抗日联军的，人员成分复杂，党的领导也薄弱。其他 7 个军都是由我党直接领导的游击队不断发展壮大后组编而成。

粗略统计，抗日联军 11 个军的军职干部中，有四十多人为中华民族的解放事业献出了宝贵的生命，有一百二十多位师职以上干部在对敌斗争中英勇牺牲。在东北抗战的十几年里，先后有 5 万多名抗日志士加入东北抗日联军，其中大部分将士牺牲在抗日战场。他们牺牲的原因不只是战死，因为客观条件恶劣，还有很多烈士是冻死、饿死、病死，甚至被自己人错杀。如果把抗日义勇军牺牲的将士也计算进来，这个数字就要翻几倍了。仅从东北的抗日战场就可以看到，我们中华儿女在抗日战争中付出了多么大的代价！其中只有一小部分烈士留下了姓名，很多烈士牺牲后甚至连尸骨也无法被掩埋，但他们为捍卫民族尊严而献身的浩然正气，就像巍巍长白山一样永世长存！

1936 年到 1937 年，是东北抗日联军迅速发展壮大的时期。到 1937 年末，东北抗日联军开辟了东南满、吉东和北满三大游击区。抗日军民用变化多端的游击战术打击日寇，到 1939

年，共牵制了四十多万日军主力和近二十万伪满军。抗日联军11个军在鼎盛时期的1937年，共有兵力三万多人。虽然与几十万的日军和伪军比起来，抗日联军的数量太少，装备也很落后，但却像孙悟空钻进了铁扇公主的肚子里一样，把日寇搅得鸡犬不宁、惶惶不可终日，有力地配合了全国抗战。

1936年春夏之季，我们第五军主要活动在中东铁路以北和宁安地区。

当时，日寇想把东北变成他们扩大侵华战争的巩固后方基地，可是，东北抗日联军却成了日寇的心腹之患。日寇也知道，抗日联军力量的源泉，在于同人民群众的密切联系，因此，日寇千方百计地隔绝抗日联军同群众的联系，其中最恶毒的伎俩就是实行坚壁清野，归屯并户，构筑“集团部落”。他们在经济上实行严密封锁，断绝抗日联军粮食、食盐、布匹、棉花、药品等生活必需品的来源；在“集团部落”内部实行定量供应制，严防生活必需品流入抗日联军战士手中；在军事上大量增兵东北，进行疯狂“讨伐”，采用“篦梳式”，“踩踏式”，“肃清”一地、“巩固”一地、“前进”一地的战术。日寇加速建立“集团部落”，给抗日联军第五军的活动造成了很大困难。因此，1936年春，五军一师、二师主力向中东铁路以北敌人力量比较薄弱的穆棱、密山、依兰地区转移，准备开辟新的根据地。为了掩护主力部队向北发展，军长周保中率领第五军军部和直属部队，以及第二军第二师暂留在宁安西南地区，以宁安为中心开展游击活动，以牵制敌军的力量。在这期间，我们第五军直属部队打了几场漂亮的袭击战。2 月，副军长柴世荣率军部教导队破坏了卧龙屯“集团部落”，成功夜袭卧龙屯警察署和自卫团，缴获了一批枪支。王效明率部将马莲河自卫团缴械，缴获一批步枪，并处死了罪大恶极的叛徒苗得才。5 月，在宁安烟筒沟伏击了伪森林警察队，毙、伤、俘敌三十多人，缴获不少枪支弹药。6 月，在宁安三道河子缴械伪军一个连，缴获大批枪弹。9 月，在中东铁路穆棱与磨刀石两车站之间的代马沟，多支部队互相配合，颠覆、夜袭日军东行的军列，伏击了一支乘车的日军工程兵部队，经数小时激战，击毙日军九十余人、击伤 35 人，击毙战马七十余匹，缴获很多子弹、步枪、手枪、轻机枪、狙击炮、步兵炮，不能带走的列车、武器、工程器材等全部予以焚毁。1936 年 4 月到 9 月，在中东铁路东线，我军先后 3 次颠覆敌人的军列。加之第五军北上部队也连续多次取得战斗的胜利，使得敌人连连遭受重创。

连续遭受打击的日寇十分恼怒，1936 年 5 月以后，日寇对宁安地区多次发动大规模“围剿”，到处抓捕老百姓，对五军军部密营发动多次进攻。为了避敌锋芒，1936 年 9 月以后，军长周保中率五军主力部队全部转移到中东铁路以北地区。

1937 年 7 月 7 日，日本帝国主义发动卢沟桥事变，从此拉开了中国全面抗战的序幕。

在全国抗战的高潮中，有不少中下级伪军官兵纷纷要求抗日，加上我地下党在伪军内部的策反工作，1937 年 7 月，宁安三道河子伪森林警察大队一百五十多人在大队长李文彬率领下起义，加入抗日联军第五军，被编为第五军警卫旅，李文彬任旅长。8 月，驻依兰伪军第三十八团机枪连一百多名官兵起义抗日，携带武器加入抗日联军第六军。不久，驻依兰的治安警卫队也哗变起义。9 月，伪军第二十九团起义抗日，加入抗日联军第八军。

为适应抗日游击战争新形势的需要，1936 年 7 月到 1939 年 5 月，东北抗日联军的 11 个军按照其活动区域整编为 3 个路军。

1936 年 7 月，抗日联军第一路军由抗日联军第一军、第二军组编完成，杨靖宇任总司令兼政委，王德泰任副总司令，魏拯民任总政治部主任，主要活动区在南满，由中共南满省委领导。

1937 年 10 月，抗日联军第二路军由抗日联军第四军、第五军、第七军、第八军、第十军和姚振山的东北义勇军、王荫武的救世军组编完成，周保中任总指挥，崔石泉任参谋长，1940 年 2 月赵尚志调任第二路军副总指挥，主要活动在吉林以东地区，由中共吉东省委领导。因抗日联军各路军是按抗日游击活动区域划分的，所以抗日联军第二军第五师也加入了第二路军的游击活动。

1939 年 5 月，抗日联军第三路军由抗日联军第三军、第六军、第九军、第十一军组编完成，张寿篯任总指挥，许亨植任总参谋长，1940 年 5 月冯仲云任总政委，活动区主要在北满，由中共北满省委领导。

周保中将军担任第二路军总指挥以后，副军长柴世荣接任抗日联军第五军军长，我仍然跟随周保中将军，担任他的副官。当时第二路军指挥部经常在老黑山、长岭子、沙兰站、尔站、富锦、七星砬子、依兰、三道通、四道河子、徐家屯、勃拉哈、一棵松、夹皮沟、大朱站、大洞沟等吉东的广大地区活动，组织和指挥所属各军开展抗日游击战。

此后，由于敌人“讨伐”频繁，且不断增调兵力，部队几乎天天打仗。为了避开敌人的主力，我们转移到依兰的土城子、勃拉哈和小江沿两岸，灵活机动地打击敌人。不久，我们又转移到松花江附近的一棵松一带开展游击战。

第四章　大智周将军，突围有大勇

1937 年 10 月，第二路军总指挥部成立后，组建了总指挥部直属的警卫队，其主要任务是保卫第二路军的核心领导机构——第二路军指挥部。警卫队的成员大多是朝鲜族，警卫队队长朴洛权也是朝鲜族。这些小伙子都是经过革命战争考验、年轻精干的坚强战士。这期间，我们在宝清的兰棒山区深处建起了游击根据地，修建了密营。兰棒山属于完达山脉，山高林密，不易被敌人发现。抗日联军第五军第二师、第三师和第二路军总指挥部，以及中共吉东省委机关的密营都设在这里。

1937 年 10 月到 1938 年 1 月初，根据中共吉东省委的决定，周保中对抗日联军第四军、第五军、第七军和中共下江特委进行了整顿，总结了经验教训，统一了思想认识，调整充实了领导力量，为下一步进行更为艰苦的斗争打下了组织和思想基础。

1937 年 12 月末至 1938 年 1 月初，中共下江特委扩大会议在抗日联军第七军驻地饶河县十八垧地召开，周保中主持会议。

因为部队不时断粮，周总指挥和我们一样经常挨饿。冬天连野菜也没有，我们经常以树皮、冻果、被大雪掩埋的冻野菜熬汤充饥，能喝上一顿苞米面糊糊就算是美餐了。周总指挥是第二路军的主心骨，心脏和胃又不大好，我们很担心周总指挥的身体状况，怕万一有个闪失，我们这些副官无法向党组织和战友们交代。于是，我们在自己背的粮袋里为周总指挥储备了一些粮食，一旦断粮就可以单独给周总指挥做点稀粥吃。但这件事却受到周总指挥的严厉批评："我们共产党的军队有一条规矩，就是官兵一致，有福同享，有难同当。你们让我搞特殊化，这不是把我给孤立起来了吗？脱离了群众的干部，就不是共产党的干部，就打不了胜仗！"看着周总指挥日渐消瘦，我们都很心疼，却实在拿他没有办法。所以我们很想借这次会议的机会为周总指挥改善一下伙食，补养一下身体。我们向周总指挥请示，让我们到附近的林子里打猎，如果能打上一两头野猪或者是"黑瞎子"、狍子什么的，就可以让与会的领导们改善一下伙食了。但周总指挥不同意，说枪声会暴露目标，招来敌人，影响开会。首长考虑问题就是比我们周全，我们只好作罢。会议期间，七军军长李学福的警卫员白生太和几个战士端着两大盆冻鱼找到了我和陶雨峰，兴奋地说："乔副官，陶副官，这下可以给首长们改善伙食了！这是团里的同志们凿开冰窟窿抓到的鱼，刚刚送过来。你们俩先挑几条留起来，单独做给周总指挥吃，好好给首长补一补身体。"小白的一番话，让我们俩既感动又惭愧。感动的是部队的战士们这么爱戴和关心首长，这是团结一心战胜日寇的无穷力量。惭愧的是我们没有照顾好首长，战士们也看出来首长的身体不如以往，这是对我们当副官的批评。正说话间，上午的会议散了，周总指挥从会场出来，看到了冻鱼很高兴。我把小白的心意向周总指挥一说，周总指挥立刻严肃起来："谁也不能搞特殊，这是共产党军队的纪律，谁破坏了纪律，就处分谁！"平时很机灵的小白吐了吐舌头，不敢再吭声了。我本想为小白的好意解释几句，一看这阵势，也把到嘴边儿的话咽回去了。

当时，有一件很重要的事情困扰着周总指挥，那就是一直联络不到党中央。1934 年 10 月，中共中央和中央苏区红军主力开始长征，从那时起，东北的党组织就同中共中央失去了联系。周保中将军和抗日联军其他各军的几位将领曾多次派人入关寻找党中央的关系，都没能找到。这期间，由中共驻共产国际代表团对抗日联军实施直接领导。1937 年深秋以后，我军与中共驻共产国际代表团的联络也中断了。怎样才能与党中央和中共驻共产国际代表团取得联系呢？周总指挥考虑再三，决定亲自去一趟苏联。1938 年 1 月上旬，周总指挥在饶河主持的中共下江特委扩大会议和整顿抗日联军第七军结束以后，凭借七军与苏方的联络渠道，东渡乌苏里江，到达苏联比金。比金距离乌苏里江大约还有百十里路，由秘书孙绍堂和我护卫首长前行，去程顺利。

这趟比金之行，因为要等待苏方的答复，所以历时一个多月。虽然最终没有达到预期目的，但周保中将军收集到一些刊载中共中央有关消息的报纸，苏联方面还为我们筹措了一些通信器材，也算是有所收获。1938 年 2 月下旬，周总指挥从苏联西渡乌苏里江返回东北，仍然是我和秘书孙绍堂一路护卫随行。归程还算顺利，三天就到了位于饶河十八垧地的抗日联军第七军军部密营。

我们到达饶河时，我的战友陶雨峰已经在这里待命一个多月了。周总指挥进入苏联前就让他留在抗日联军第七军军部，保持和第二路军军部及所属各部队的联系，了解敌我动态。陶雨峰向周总指挥详细汇报了近期的情况，当时日伪军正组织大批兵力向我第二路军军部所在地和五军驻地宝清进行“大讨伐”。周总指挥听完汇报后，感到形势比较危急，决定加快在七军的工作进程，尽早返回宝清。周总指挥抓紧时间展开工作，开会、作报告、找人谈话、写材料，天天忙到深夜。1938 年 3

月中旬，周总指挥打算只带几个随行人员动身返回宝清，但七军代军长崔石泉考虑到首长的安全，坚决不同意，提出要派部队护送，或等五军派部队来接。周总指挥考虑到敌人正在“讨伐”，人越多目标越大，也就越不安全，而且也不能等五军派人来接，因为这种形势下即使派人来接也难以抵达这里。最后，周总指挥还是决定带少量人员立刻动身。

第二天，我们便冒着大雪出发了。随行的有秘书孙绍堂、副官陶雨峰和我、军需卓文义，还有中共下江特委委员徐凤山和战士杨德龙，一行 7 人。其中的徐凤山和卓文义是朝鲜族。我们每个人都骑了一匹七军为我们准备的战马，带了双“家伙”——十四式马盖子枪和匣子枪，马背上还驮着一些粮食、宿营用具、无线电器材和马料。

陶雨峰和杨德龙在最前面当“尖兵”，徐凤山为我们“拉道”当向导，我则紧跟在周总指挥的马后。按原计划，我们第一天晚上应该在一个叫“荒上”的地方过夜。荒上是我们从宝清到饶河往返的必经之地，这里险要偏僻，还有一两里宽的泥潭草甸子，不熟悉情况的人陷进去就出不来，敌人从来没到过这里。我们还在草甸子北边的山坡上盖了一间木板房，路过时可以在这里歇脚过夜。

虽然下着大雪，但一路还算顺利，到了下午雪已经停了，可是寒风刺骨。大约下午四五点钟，我们走进了一片谷地，两侧的山不高，长着密密的松林，远远望去，前面是一片“塔头甸子”[14]，甸子的东边是一片白桦林，再远处就是起伏的群山，这里离荒上已经不到十里路了。

这时，两位尖兵发现前面几百米外有两个骑马的人从东向西一闪而过，就马上向周总指挥报告：“前面有人！”周总指挥立即让大家拉近间距，准备应对突发情况。就在这时，前面不远处的树林里冒出两个人来，向我们喊道：“大部队在后边吗？”

走在前面的陶雨峰反问道：“你们是哪部分的？”

对方回答：“我们是七军教导连的，崔军长让我们来接周总指挥。”

杨德龙接着回答：“是啊，我们是……”

周总指挥这时马上接应道：“我们是护送周总指挥的先遣队，周总指挥率领四军和七军的大部队在后面。”

问话的那两个人愣了一下，转身向山后跑去，可能是报告去了。

对方的行为让我们顿时感到事情大有蹊跷，刚刚离开七军，怎么是七军又派人来接我们呢？一定是敌人探听到了周总指挥的行程，在这里等着围堵我们！气氛立刻紧张起来。我们的判断很快得到了证实，只见一群身着绿军装、手里端着步枪的“军

14) 东北方言，甸子即沼泽地，塔头是沼泽地里多年生成的草丛根部堆积物。

人”正在抢占对面山头，像是伪军，右侧山上的“军人”像是日军。

这时我们已经进入了山谷，周总指挥小声向我们交代了突围方案：“大家要沉着冷静，不要惊慌。前面三个方向都埋伏了敌人，我们差一点就走进了敌人设置的‘口袋’里。大家听我的口令，向草甸子西南方向的山上突围，在山上树林里集合。”

在这么紧急的时刻，周总指挥能这样机智地回答敌人的问话，又冷静地观察了敌人的兵力部署，迅速设计了突围方案，真是令人佩服！

周总指挥用坚毅的目光扫了大家一眼，我们都会意地点了点头。这时，周总指挥拔出手枪喊了一声：“冲出去！”我骑在马上两腿用力一夹，缰绳一拉，和大家一起向草甸子的西南方向奔去。

我们刚跑出去几十米，敌人的枪声就响起来了，先是步枪，马上又加进了机关枪，子弹像雨点似的在我们的前后撒落，枪声在山谷间轰鸣。突然响起的枪声使我们的战马受到了惊吓，我的马嘶叫着直立起来，我使劲拉住缰绳，差一点儿从马背上掉下来。我前边的陶雨峰也险些摔下马。我再回头一看，哎呀，不好！周总指挥从马背上掉下来了！我赶紧喊住陶雨峰，我们从马背上跳下来，扔下缰绳立即向周总指挥奔过去，一边跑一边向山头上和草甸子里的敌人回击，掩护周总指挥。周总指挥也随即站起来向我们这个方向跑过来。我们会合后，周总指挥转过头也要向敌人射击，陶雨峰急得推着周总指挥让他赶快撤，周总指挥这才转过身向山林里跑去。我和陶雨峰轮番向敌人射击，我射击的时候他压子弹，他射击的时候我压子弹。

天色越来越暗，敌人的枪声也渐渐稀疏了，我们回头看了看，已经看不到周总指挥的身影，我们也停止了射击。这时我才看了看四周，我们的马已经不见了，也没有发现其他四位战友的踪迹，不知道惊马把他们带到哪儿去了。我和陶雨峰也转身撤进山林里。

看来敌人并不知道周总指挥就在我们中间，周总指挥说了一句“我们是护送周总指挥的先遣队”，敌人就信以为真了，没再追上来。

天完全黑了，我们到了草甸子西南方向的山脚下，这里的积雪足有蹲裆深，我们深一脚、浅一脚，还有几棵风倒树拦路，要从上面爬过去，一会儿就走出了一身汗。寒风还在刮，不用我们埋“脚溜子”，风吹雪就填平了。

我们两个快爬到山顶时，正巧遇到了周总指挥，就像亲人久别重逢，我们仨都非常兴奋。我们从山顶下到南坡，找了一处背风的树林，坐下来歇一会儿，还要等着几个跑散的战友到这里来集合。

还没坐上一袋烟的工夫，树林里就传来“唰唰”的响声，听脚步声好像不止一个人。

我和陶雨峰立刻站起来隐蔽在大树后面，把枪口对准前方。我猛地问了一声："谁？"

脚步停了，对方并没有答话。我又紧接着问："哪个队的？"

对方可能听出来是我的声音，随后答道："我是徐凤山。"一听到是自己的战友，我心里有说不出的高兴。

"周总指挥也在这儿呢！快过来吧。"陶副官一面说着一面迎向前去。

徐凤山牵着一匹马，和孙绍堂、杨德龙一起走过来。九死一生后的相见，让大家都很激动。现在就差卓文义一个人了，我们又等了有半个时辰，还是没动静，这让我们开始有些焦虑和担忧了。

这里并不安全，天气又太冷，而且大家都很疲惫，不能长久等下去，周总指挥决定先找到住处，再回来寻找卓文义。徐凤山带着我们连夜赶到了第七军地下联络员老李的家。到老李家时已是下半夜了，徐凤山敲开了老李家的门。老李是一位朝鲜族同志，四十来岁。李大嫂也起来了，十分热情，忙着给我们做饭。吃完饭天快亮了，我们都歪在热炕头儿上睡着了。

第二天早晨，我们正睡着，就有村里反日会的乡亲来报告，说在东山脚下发现了几匹军马，可能有敌情。我们几个立刻拿上枪跳下炕来。到了东山一看，正是我们的 6 匹军马，马背上的东西也都在，真是太幸运了。我们牵回军马，向周总指挥汇报了情况。老李说，以前七军的军马路过这里时，在这儿喂过草料，它们是饿了，到这儿找东西吃来了，真是老马识途啊。

吃完午饭，我们留下陶雨峰守护周总指挥，其余几个人去寻找卓文义。到了昨天激战的地方一看，敌人已经全部撤走了。我们分析，一定是敌人听信了周总指挥昨天说的“四军、七军大部队在后面”的话，害怕抵御不了两个军的兵力，所以全都撤走了。周总指挥真是太神了，一句话，就把敌人调动得团团转，不愧是将军！

我们把昨天激战过的地方都找遍了，最后在一棵大树下找到了卓文义，他已经英勇牺牲，风吹雪把遗体埋了半个身子，雪下的血迹依稀可见。上午听陶雨峰讲，我们突围时他隐约听到卓文义在草甸子里大喊大叫，肯定是为了吸引敌人的注意力，掩护周总指挥突围。听陶雨峰这样一说，我十分感动。我们小心翼翼地把卓文义的遗体从雪中抠出来，他的头已经被敌人割走邀功领赏去了。敌人这样亵渎亡者的尊严，让我们怒火中烧。

地冻得像石头一样硬，根本挖不了墓坑。我们流着泪把他的遗体抬到山坡上，在周围垒上石块，横上七八根木头杆子，折来松枝掩盖在上面。永别了，我们的好战友、好兄弟！皑皑白雪向你致哀，苍松翠柏与你相伴，安息吧，这笔血债一定要让敌人用血来偿还！

回到老李家，周总指挥听了我的汇报，一句话也没说，眼睛里闪着泪光。我知道首长很喜欢小卓，他机灵、勇敢、忠心耿耿，跟了首长好几年，首长对他感情很深。

周总指挥召集大家开了个会，表扬了同志们在这次突围中表现出的机智勇敢，并研究了下一步的行动方案，认为还是应该按照原计划尽快返回宝清的第二路军军部和五军驻地。虽然敌人暂时撤走了，但当他们发现上当以后，就会回过头来追堵我们，所以需要改变原定的行进路线，避开敌人的“讨伐”区，“拉山走”。

第二天，我们出发了，进入了人迹罕至的大森林。

由于日寇已经得知了周总指挥返回宝清的路线，他们除了疯狂地派遣大批兵力堵截之外，又重金悬赏捉拿周总指挥。所以我们只能尽量隐蔽行进，在林子里摸索着前行。这样走了有半个多月，身上带的粮食快没了，几匹马也饿得越走越慢。当时是 3 月份，野菜还没长出来，只好杀马吃肉了。吃马肉没有盐很难吃，像啃木头一样，只能硬往嘴里塞，没有办法呀，还得行军打仗，不吃咋行。周总指挥胃不好，一吃马肉就呕吐，我们就把剩下的一点粮食给周总指挥留着做稀饭吃。这一次周总指挥没有拒绝，因为我们还可以吃马肉。那个时候，诸如干蘑菇、干木耳、干刺梅果、干枪头菜叶子等，这些前一年树林里风干了的野菜都是我们充饥的好东西。尽管条件十分艰苦，周总指挥还是保持着革命乐观主义精神，经常风趣地和大家说笑，给我们增添了战胜困难的信心。

现在我们只剩下一匹马了。这是一匹好马，个儿高，跑得也快。我们每个人都明白这匹马的重要性，都尽力想办法照顾好这匹马，给心脏和胃不好的周总指挥用。

一天，我们在一个山沟里发现了一个炭窑，首长让我先去了解一下情况。我进去一看，屋里只有一个老头儿。我向他打听去宝清的路，老头说，这里是宝清的南边儿，离宝清不到一百里路。

那老头儿姓赵，穿着一身破破烂烂的衣服，像个野人。我估计，在荒山野岭的炭窑里长年驻守的人，十有八九是日伪安插的职业特务。我问他是否有盐卖给我时，他说："有一条咸鱼，吃了两年了，不信你看。"我沿着老头儿指的方向，看见房梁上吊着一条已残缺不全的咸鱼。老头告诉我，他每次吃完饭后，去舔一舔它，就算补充盐分了。

我看他挺诚恳，就给了他一块大烟。在那个年代，用大烟可以治病，也可以换钱。他特别高兴，就热情地和我唠起来，坦承自己是职业特务，还把自己了解的一些附近日伪驻军情况告诉了我。

我对他说："你是中国人，中国人不应该给日本鬼子卖命。"

老头儿连连点头说："是，是。"

我回来把这些情况汇报给周总指挥，首长说："可以让他为我们办点事，叫他到宝清摸一摸敌情，同时给咱们买点粮食和盐。"

我回到炭窑，拿出10元钱给老头儿，请他跑一趟宝清，了解一下驻地日伪军的情况，顺便买点粮食、盐、纸张，并告诉他，剩下的钱可以为自己买双鞋。

老头儿不敢接这10元钱，因为票子太大，万一被敌人查到，就有被抓的危险。我提醒他，到亲戚朋友那里换成零钱后再花就没事儿了。他这才松了口气，高兴地接下来，感激不尽地说："你放心，我一定办到，明天晚上回来，最晚后天早晨回来。"

老头儿下山后，为防备万一，我们在离房子很远的地方找了块平地露营住下，等着老头儿回来接头。

第二天凌晨是杨德龙站岗，早晨换岗的时候却发现杨德龙不见了，马也不见了。我们急得到处寻找，一看马蹄印，发现马是顺着老头儿下山的路走的。于是断定杨德龙是奔宝清投敌去了。这是一个多么令人不能容忍的可耻行为呀！为了护卫周总指挥，卓文义献出了年轻的生命，可在这样紧要的关头，我们的队伍里却出了这么个败类，骑着我们留给首长的唯一一匹马跑了。这小子是抗日联军第七军选派到宝清抗日联军第二路军总部教导队参加培训的战士，因为是一路同行，第七军就委派他顺路承担护送首长的任务，没想到这小子这么缺德，竟然去投敌了。

周总指挥分析了情况后，决定立即转移。

我们又走了两天，在隔河与宝清相望的西南山上停住了脚步。这时，我们看见了兰花顶子山，山很高，夏天山上就会开满兰花，这里就是我们的根据地。我用望远镜观察对面山上的地形时，发现一棵大树底下似乎坐着一个人，一动也不动，膝盖上好像放着一杆枪。我怕看走眼了，让其他战友也观察一下，结果大家看到的都一样。

我们等了约两袋烟的工夫，还是不见那个人活动。周总指挥就让我和陶副官过江，上山去探个究竟。我俩过了冰封的小河，爬上兰花顶子，快到那个人身边的时候，那个人突然站了起来，吓了我们一跳，原来是个大活人！是站岗的哨兵，可能太累了。看他的打扮不像敌人，我们就继续朝前走。

这时哨兵厉声道："站住！干什么的？"陶副官回道："是五军交通员。"接着反问，"你们是哪部分的？"

"三军四师的。"当时，三军四师、六军一师和四军所属部队都在宝清、富锦、勃利一带活动，多次与五军协同作战。

我们终于找到了自己的兄弟部队，就像久别后相见的亲人，激动地握着手。陶副官告诉哨兵，后边还有几个人，但没说周总指挥在后面。哨兵给师部报告后，和我们一起过江去接周总指挥。

我们被接到了三军四师。吃完饭后，多天的疲劳一下子涌上来，眼皮直打架，不一会儿就东倒西歪地睡着了。从饶河到宝清，正常情况下几天就可以赶到的路程，可是我们却因为和敌人周旋，足足花了一个多月的时间，历尽艰险，1938 年 4 月中旬才到达宝清。

在三军四师驻地休息了两天，第二路军王效明派人来接我们，我们一起回到宝清的国际台。“围剿”第二路军总指挥部和五军的日伪军已经撤走，周总指挥一个月前的神机妙算，仍然在发挥着作用。国际台是第二路军指挥部的驻地，在国际台里，没有房子，只有用树皮、树枝和草搭起来的棚子，有一顶周总指挥用的小帐篷，算是比较不错的“建筑”了。

第五章　西征转东战，渡江入苏境

自从我被调到周保中将军身边工作以后，周将军的一言一行都深深地影响着我，我的认知能力提高了，眼界也开阔了。周将军身为中国共产党的领导干部、抗日联军的高级将领，运筹帷幄，深谋远虑，不但具有大将风范，而且谦虚稳重，平易近人，受到广大官兵的拥护和爱戴。周保中将军在繁忙的工作之余，还会和我们唠唠家常，一再鼓励我们努力进取。在艰难的革命斗争中，我这个出身贫苦的人能遇到周保中将军，并跟随他投入抗日救国的伟业之中，实在是我人生中的大幸。通过周保中将军，我也进一步认识了中国共产党。

几年的亲身经历，使我逐步悟出了一个道理：只有中国共产党领导的抗日斗争，才有成功的希望，只有中国共产党才能救中国。明白了这些道理，我就主动靠近党组织，党支部也派人和我谈话。找我谈心最多的是卓文义，他是党支部的宣传委员。别看他年龄比我小，又是朝鲜族，但待人热情，聪明机灵，工作勤恳，对革命事业忠心耿耿。谈心时他给我讲共产党是什么样的组织，共产党员为什么要起模范作用，还给我介绍一些共产主义的常识。

1938 年 1 月，我郑重地向党组织提出加入中国共产党的申请。1938 年 4 月下旬，大家在党小组会上讨论了我的入党申请，并把党小组的意见报请支委会研究。随后召开了支部党员大会，讨论、审议我的入党问题。周保中是我的入党介绍人，当时可以由一名党员介绍入党。我还记得当时的支部书记是金京石，组织委员是金光侠，宣传委员卓文义一个月前为掩护周将军和战友们已经不幸牺牲，这三位同志都是朝鲜族。支部大会上讨论通过了我的入党议题，我庄严地进行了宣誓。

中国共产党党员，这不仅是一个光荣的称谓，更是一份神圣的责任，成为一名共产党员，就是要把自己的一生献给中华民族的解放事业。从那时起，我的心里就像有了一颗启明星，觉着前边的路越走越亮堂。我在心里发过誓，不管有多艰难，一定要跟着共产党走，把日本侵略者赶出中国！

从 1938 年开始，东北抗日斗争的形势日趋严峻，东北抗日联军的抗日游击战进入了极其艰难的阶段。

由于日寇越来越感受到东北抗日联军的威胁，1937 年秋冬时节，日伪当局按照 1936 年 4 月开始的“三年治安肃正计划”，调集了日伪军、警、宪、特、自卫团 5 万多人，对以伪三江省为中心的松花江下游地区展开了疯狂的“东北防卫地区特别大讨伐”，也称“三江大讨伐”。

三江地区有广袤肥沃的土地，也有森林茂密的山脉，是进行抗日游击战的天然藏身之地。1937 年前后，抗日联军的第三军、第四军、第五军、第六军、第七军、第八军、第九军、第十一军及抗日联军第二军第五师都藏身在三江及其周边地区进行抗日游击活动。其长处是便于各军协调，组织较大规模的对敌战斗，其风险就是容易被敌人“一锅端”。日伪军 1937 年秋冬展开“三江大讨伐”的目的，就是妄图把三江地区的抗日联军“一锅端”。

1938 年，日伪当局实施的十分毒辣的“集团部落”计划，已在东北全境基本落实，老百姓全部被驱赶到受日伪军监视的“集团部落”里居住，并严格实行“保甲连坐”“户口调查和报告”“发放居民证”“食品定量供应”等制度，把抗日联军和老百姓完全隔离开来。这样一来，抗日联军就很难得到老百姓的支持，后勤补给、兵员补充和情报来源都被阻断，不得不经常冒着生命危险，靠直接袭击日伪军才能获得一些生存必需品。

所以从 1938 年开始，抗日联军因战死、饿死、冻死、病死等原因减员明显增加，革命意志不坚定分子的脱队、甚至叛变投敌事件也时有发生。

1938 年 4 月，为了冲破日伪军的“三江大讨伐”，跳出敌人的包围圈，中共吉东省委决定，抗日联军第二路军主力部队向西边的五常、舒兰进行“西征”，进而开辟新的游击区，联系南满的抗日联军部队，以牵扰敌人后方。参加这次抗日联军第二路军西征的部队有抗日联军第四军，第五军第一师、第二师，第二军第五师，第八军，以及救世军王荫武部、义勇军姚振山部。这次西征的总负责人是中共吉东省委书记宋一夫。后来，由于第八军军长谢文东的阻挠，第八军参加西征的部队大部分没能到达西征部队的集合地。

抗日联军第二路军的这次西征从 1938 年 5 月开始，到 11 月初抗日联军第五军第一师等主力部队返回刁翎后方基地为止，历时半年。西征途中，虽然取得了楼山镇等战斗的胜利，但经常遭到几倍、甚至十几倍于我军的日伪军的围追堵截，征途中自然条件恶劣，加之无法获得军需补给，经常绝粮断炊，不得不杀战马为食，以野菜、树皮充饥，很多官兵战死、饿死在西征的路上。更为严重的是，这次西征的总负责人宋一夫对抗日斗争的前景悲观失望，1938 年 7 月末，他在西征途中投敌叛变，将第二路军的西征计划部署向敌人和盘托出，致使西征部队损失惨重。因而，西征没能取得预期的效果。

西征中，很多优秀的抗日联军官兵光荣牺牲。抗日联军第四军军长李延平在途中被叛徒杀害，抗日联军第四军副军长王光宇在与敌激战中牺牲。

1938 年 10 月发生在林口县的“八女投江”故事家喻户晓，这个故事就发生在抗日联军第五军妇女团西征的归途中。这个妇女团是由第四军、第五军参加西征的女战士组成，随第五军行动。由于不少女战士在西征中英勇牺牲，最后只剩下这 8 位女战士：团政治指导员冷云（23 岁）、班长杨桂珍（18 岁）、班长胡秀芝（20 岁）、原第四军被服厂厂长安顺福（23 岁，朝鲜族）、战士郭桂琴（17 岁）、黄桂清（20 岁）、李凤善（21 岁，朝鲜族）、王惠民（13 岁）。这 8 位女英雄在林口县的乌斯浑河附近被敌人包围，在子弹手榴弹拼光、陷入绝境的时候，她们砸碎枪支，搀扶着受伤的战友，从容地走进了秋汛期间河水暴涨、激流翻滚的乌斯浑河，投江殉国，为中华民族的解放事业献出了宝贵的生命。当时，她们的平均年龄还不到 20 岁。她们是中华民族反抗侵略、不畏强敌、宁死不屈的典范，悲壮的故事成为巾帼英雄的千古绝唱。

在第二路军主力部队西征时，总指挥周保中率领第二路军总指挥部和留守部队与进行“三江大讨伐”的日伪军巧妙周旋，就地转战并适机袭击敌人，不但策应了第二路军的西征，也使敌人的“讨伐”图谋泡了汤。这一时期，周总指挥率领我们辗转于完达山、宝清、勃利西、依兰南、方正东、锅盔山一带，经常遭到敌人的围追堵截，不断与敌交火，而且还不时断粮，野菜、树皮成了我们的家常便饭，斗争环境十分艰苦。

在转战中，只要一有机会，我们就会痛击日伪军。1938年8月，从大梨树沟附近的老百姓那里得知，从宝清街到双柳河子，每天都有日寇和土匪的军需给养大车队往返拉运柈子。我军研究决定伏击这支车队，杀一杀日伪军的嚣张气焰，惊扰一下敌人。

说打就打，我们选好地形，伪装好并埋伏起来。不到一个时辰，就听到由远及近传来马蹄声和甩鞭子的吆喝声。车队快进入我们的伏击圈时，隐约能看到车上装载着白花花的木头柈子和各种物资。每辆大车上都坐着一两个押车的土匪，他们抱着枪，悠闲自得地抽着烟。

当车队完全进入伏击圈后，我们的战士如猛虎下山，高喊着“缴枪不杀”，然后跳上大车。等目瞪口呆的敌人醒过神来，已经成了我们的俘虏。

我们的政策是分明的，根据掌握的情况，枪毙了几个民愤大的土匪，对那些一般土匪士兵进行了教育，警告他们不要再为日寇卖命，积点儿德，给自己留条后路。车夫都是无辜百姓，经过抗日宣传教育后，连同敌士兵一并释放，车队的牛和马则一律没收。之后，我们立即撤出了战斗。这次的伏击战仅 1 个多小时就解决了，干净利落，击毙了五六个土匪，缴获敌军牛 35 头、马 10 匹，我军则毫无损失。

这种伏击敌人运输队的战斗，我们每年都会打上几次，不但可以消灭敌人的有生力量，袭扰日伪军让他们不得安宁，还可以解决我军的部分给养。当然，不是每次的伏击战都会这么利索，有时我们也会有比较大的伤亡。

1938 年，大约是在 11 月份的一天早晨，我正在站岗，忽然听到从背后隐约传来“咔嚓”一声，像是树枝折断的声音，我立即蹲下来回过头仔细观察，发现远处有几个穿着黄军装的人正在向我这个方向移动。再一细看，不好，是日本兵！我马上端起马枪朝日本兵扫了一梭子子弹。枪一响，就远远看见一个日本兵抽出指挥刀大喊一声，敌人就都卧倒了。顿时，枪声响成一片，子弹都朝着我这个方向飞过来。我和敌人短兵相接，无法脱身，这枪声向总指挥部报告了敌情。我一边向敌人射击，一边背向指挥部往后山跑，把敌人吸引到后山。我翻过后山，凭借有利地形摆脱了敌人的追击。等我翻过几座山再绕回去时，终于又见到了周总指挥和战友们，他们都安全地撤出来了。山下的敌人仍不停地开枪，足足打了一天也没退走。为了避开敌人，我们迂回着撤离，尽量走没有积雪的朝阳坡，避免留下脚印。实在避不开的雪地，我们就都踩着前一个人的脚印走，或边走边扫除脚印，或倒着走。傍晚，敌人搭起帐篷住了下来，我们无法正面突围。这时大家都饿了，由于撤得匆忙，只带出来一点粗高粱，只好用搪瓷盆炒高粱吃。吃了几顿，我们就都开始便秘了，哎呀，那就别提有多难受了。我们连续十几天被围困在山上，还有敌机在我们这个区域飞来飞去，看样子是在侦察我们的行踪，敌人为“三江大讨伐”真是下了血本儿。这期间，周总指挥派我和其他侦察员两次返回总部旧营地侦察，我们发现旧营地还没有遭到敌人破坏，这就说明敌人并不知道我们第二路军的总部驻在这里。于是，周总指挥就带着我们和日伪军捉迷藏，巧妙地躲避敌人的“围剿”，敌人始终没有发现我们。已经十几天了，我们带出来的高粱要吃光了，天气也越来越冷，就在这个时候，敌人全部撤走了，他们“胜利”地完成了“讨伐”任务。真是有惊无险！周总指挥带领我们回到总部旧营地，我们的生活条件得到明显改善。

每当斗争的艰难关头，总有意志薄弱者脱离革命队伍，投入敌人的怀抱，这就叫“大浪淘沙”。抗日联军第五军第一师师长关书范就是这样的典型。在抗日联军第二路军西征遭受严重损失后，面对日伪军疯狂的“大讨伐”，关书范丧失信心，在部队里散布悲观情绪和“假投降”的谬论，甚至厚颜无耻地向抗日联军第五军和第二路军总部“献策”，称自己“假投降”的建议是“投机保存实力之办法”。周总指挥意识到问题的严重性，在 1939 年 1 月初召开了第二路军总部和直属队伍党员参加的吉东党员临时大会，讨论形势，统一思想，坚决反对投降变节，坚决抗战到底。会上大家一致表示，一定会坚定信心，不当“孬种”，坚决反对“假投降”。周总指挥马上给抗日联军第五军军长和关书范写信，严厉批评了“假投降”的谬论，并急调关书范到抗日联军第二路军总部驻地谈话，但这时候关书范已经跑到佳木斯和日军签署抗日联军第五军投降协议去了。

1939 年 1 月中旬，周保中召开了吉东党组织临时会议，认为关书范的“假投降”谬论就是企图把抗日联军第五军从根本上消灭。会议决定，开除关书范党籍，撤销其党内外一切职务并判处其死刑，通告抗日军民，可随时将其抓捕，就地枪决。

巧的是，会后第二天，关书范就由两个日本人“陪同”，乘汽车从佳木斯来刁翎“收编”抗日联军第五军，结果被第五军的战士们逮捕后立即枪决了。关书范被枪决的第二天，周总指挥召集抗日联军第五军刁翎部队全体军人开大会，宣布了吉东党组织判处关书范死刑的决定，并介绍了枪决关书范的经过，号召全体官兵坚定信心，不畏艰难，努力夺取抗日斗争的最终胜利。第五军的全体官兵对关书范的叛敌行为义愤填膺，对这个叛徒遭受处决拍手称快，纷纷表示要树立信心，抗战到底。周总指挥迅速果断地处置关书范叛敌事件，对稳定军心、坚定抗战必胜的信念起到了至关重要的作用。

日寇对抗日联军第二路军处决关书范大为光火，立即从勃利、林口调集了近三千名日伪军“围剿”抗日联军第二路军总指挥部。这恰恰暴露了日军对抗日联军第二路军这支坚定的抗日武装力量的恐惧。为了避开日伪军的“围剿”，第二路军总指挥部决定，所属部队分多路、多批、多方向突围。我们总部和直属部队由周总指挥率领，向方正、延寿方向转移。

转移途中历尽艰辛。大雪封山，积雪没膝，行进艰难。零下 40℃，天寒地冻，晚上在帐篷里要烧柴取暖，还要时刻防止帐篷和衣服被火烤着。能充饥的只有黄豆和粗高粱，还要省着吃。

1939 年 2 月上旬，我们到达方正县境内后，袭击了日寇的山元木场，与日本守备队和伪森林警察队发生激战，撤出战斗后，我们又伏击了追来的日伪军。这次战斗中，我们毙伤日伪军十余人，缴获马四十多匹，但我们也有几位同志伤亡。

战斗结束后，周总指挥派出的几个侦察小分队探知，方正、延寿地区仍然有日伪军重兵封锁，继续向西突围难以实施，所以决定重返刁翎原来的老密营。于是，我们又踏上了东去的征程。

东去的路，也是艰难的路。东北的二三月份还是冰天雪地，最难的莫过于找不到吃的东西，有时候甚至要挨饿两三天，一坐下就不想起来。周总指挥不断派出征集小分队，想尽办法征集粮食。我们原来埋在地下的应急储备粮，不是因叛徒告密被敌人焚毁，就是被野兽刨出啃食光了，侥幸征集回来的粮食只能维持几天。另外的办法，就是袭击开拓团、木场、矿场、森警队、运输队，但这些地方都有日伪军把守，我们付出的代价可能会太高，不能轻易采用。

周总指挥也多次派人出去猎杀“黑瞎子”和野猪，偶尔打上一两只，虽然没有咸盐，大伙也吃得非常香，觉得这是天下难得的美味。

1939 年 3 月，指挥部派出副官陶雨峰、分队长靳云祥和一名战士出去执行侦察任务，可是出去没多久，就见陶雨峰一个人回来了，一脸的沮丧。一问才知道，靳云祥和这名战士带着武器投敌了。陶副官说，怎么劝他们也不听，还被他们缴了械，只给了一支空枪，然后放他回来了。这俩小子是吃不了这个苦给饿跑了，大浪又淘掉了两粒沙子。不过，他们没伤害陶雨峰，还算是有那么一点儿良心。四军军长李延平就是在西征途中被企图投敌的叛徒杀害的。陶副官抗战到底的坚定决心，得到同志们的一致称赞。周总指挥不断鼓励大家，不要在困难的时候失去对抗战胜利的信心，坚决不做可耻的逃兵和叛徒。

有人叛逃后，我们必须马上转移宿营地，防止叛徒带着敌人来袭击。我们连夜急行军，过刁翎到达河西，在锅盔山北麓的一处谷地露营扎寨。

一天，我们在新营地附近发现了一个日本开拓团废弃的场院，根据经验判断，这里应该存有粮食。但是找了半天，一粒粮食也没找到，院里堆的都是秸秆。我们转来转去，突然发现有个萝卜窖，打开一看，里面满满的全是新鲜大萝卜。哎呀，大家这叫一个高兴啊，不亚于发现了一座金矿。我们先给每个人发了一个大萝卜，没想到，大家太饿了，一拿到手很快就啃光了。没过一会儿，大伙就接二连三地嚷着烧心、肚子痛，有的还口吐白沫，甚至呕吐起来。周总指挥心疼地批评我们说，这么大个人了，怎么连萝卜都不会吃。他教我们萝卜要熬汤吃，既可以去辛辣，又有营养。还让我们每人背上一背篼萝卜回营地，充当三天的口粮。

经过这几个月艰难的转战突围，我们对日伪军作战 37 次，破坏敌人“集团部落”十多处，消灭了一批敌人，也把敌军拖得疲惫不堪，但我们仍然没能跳出敌人的“围剿”，部队也因伤亡减员超过三分之一，遭受了严重损失。

1939 年 3 月末到 4 月初，中共吉东省委在牡丹江西岸四道河子沟里召开了省委扩大会议。会议分析了当时的形势，研究了下一步的行动方案，确定第二路军总部和直属警卫部队向宝清、密山方向转移，第五军下属部队向穆棱、东宁方向转移。此后，周总指挥就带领我们第二陆军总部一行穿密林、跨河谷，越荒山、涉沼泽，经历了与日伪军的两次激战，终于冲出了敌人的重围，在5月上旬返回了老根据地——宝清县兰棒山。到达这里后，我们根据总部的部署，组成小股派遣队，分散游击，取得了一系列不小的战果。同时，我们又新建了几处密营，开垦了秋菜种植地，部队给养有所改善。其间，周总指挥还编写教材，组织我们学习政治和军事，提高大家的军政素质。

周总指挥教大家唱《国际歌》的故事，被战友们传为佳话。那是1939年夏天的一个晚上，周总指挥教指挥部的同志们唱《国际歌》，他先给大家唱了一遍，简要介绍了歌曲的创作背景和歌词含义，解释说“英特纳雄耐尔”是法语“共产主义理想”的音译，接着就一句一句地教唱第一段，直到同志们大体能跟着唱下来。周总指挥最后鼓励大家说，巴黎公社的失败，正是国际共产主义运动高潮的开端，从而诞生了世界上第一个社会主义国家——苏联，所以我们不能被一时的挫折吓倒。我们当前的抗日斗争虽然还有很多困难，但是只要“团结起来到明天”，我们就一定会取得最后的胜利。赶走日寇之后，我们还要建设一个全新的中国，“英特纳雄耐尔”一定会在中国实现。周总指挥的一番话，使同志们激情澎湃，至今仍然记忆深刻。

1939年10月6日，这一天给我留下了很特别的记忆。当天晚上，在宝清县京石泉密营的总指挥部特别党支部第二党小组会议上，大家推选我担任党小组组长，按说应该由我主持党小组会议了，但因为总指挥周保中将军就在我们党小组，他又是我的入党介绍人，当着首长的面，我紧张得不知道该说什么好。这时周总指挥风趣地说："你是我的新领导了，以后请你多批评指导。"一句话就把大伙逗乐了，我也不那么紧张了。在党小组会上，周保中和王一知两位同志提出了结婚申请，请大家审议。周保中当时已经快38岁了，他日夜为抗日斗争操劳，身边确实需要有人照料。王一知是优秀的共产党员，经历过多年抗日斗争的严峻考验，又受过良好的教育，文字能力很强。她担任周保中将军的秘书后，帮助周保中处理了大量的文案资料。而且她端庄贤淑，对周保中体贴入微。党小组会上，大家一致同意周保中和王一知两位同志的结婚申请，并建议两人手拉手，在现场举行婚礼，大家热烈鼓掌表示祝贺。最后，新郎新娘和党小组其他党员一起唱起了《国际歌》。在党小组会上举行结婚仪式，大家肯定没听说过。这也是我一生中经历过的最独特，或许是史无前例的婚礼，庄重而简朴，令人终生难忘。

经过1939年秋冬季的反"讨伐"斗争，东北抗日联军各军虽使日伪军"三年治安肃正计划"的图谋没有得逞，但抗日联军第一路军、第二路军、第三路军也遭受了重创，总人数从1937年的3万多人锐减到1940年2月的1 800多人。抗日游击根据地大多遭到敌人破坏，抗日联军的处境十分艰难。即便如此，各路抗日联军仍然把日伪军搅得鸡犬不宁。

为了摆脱东北地区抗日斗争的艰难处境，1939年9月，中共北满省委派常委冯仲云前往苏联伯力[15]，寻求苏联远东方面军和哈巴罗夫斯克边疆区党组织的帮助。苏方根据共产国际的指示精神，表示愿意尽力帮助东北抗日联军，可以为抗日联军领导人召开会议提供方便，并派人通知周保中、赵尚志两位同志到伯力参会。周保中于 1939 年 11 月末赴苏联伯力，参加中共吉东省委、北满省委代表联席会议，并主持了会议。

周保中、冯仲云、赵尚志三位同志在会前反复交谈、协商，使会议得以顺利举行。会议总结了抗日联军抗日游击斗争的经验和教训，分析了形势，研究了下一步的斗争战略，提出以保存实力为主、逐渐收缩战场的新的斗争方针。鉴于抗日联军各军人数锐减，有必要对编制进行调整，军及以下编制调整为“支队、大队、中队、小队”，第二路军下设第二支队、第五支队、第八支队，第三路军下设第三支队、第六支队、第九支队，编制调整后有利于总指挥部的统一指挥和调动，也便于各部队协同作战。

会议期间还研究了赵尚志的工作调整问题，因此时中共北满省委已经做出撤销赵尚志抗日联军第三军军长、北满抗日

15）现俄罗斯哈巴罗夫斯克边疆区首府，俄罗斯远东地区第一大城市。1860 年 11 月 14 日，沙俄迫使清政府签订不平等条约《中俄北京条约》，将包括伯力在内的乌苏里江以东 40 万平方公里领土割让给俄罗斯帝国，并于 1893 年改名为哈巴罗夫斯克。本书从中国抗联战士视角出发时，称其旧名伯力；从苏联行政区域视角出发时，称其哈巴罗夫斯克。

联军总司令职务并开除其党籍的处分[16)]，他难以再回北满工作。周保中同意赵尚志调入第二路军工作，任第二路军副总指挥。这也再一次让我们领略了周保中与人为善的高尚品德和海纳百川的广阔胸襟。

会议的最后阶段，经三位抗日联军领导人与苏联方面研究商定，苏联方面愿意帮助东北抗日联军同中共中央取得联系，在东北抗日联军与中共中央失联期间，经共产国际同意，东北抗日联军可以接受苏联远东红军的临时指导。东北抗日联军与苏联远东红军建立经常的、固定的联系，苏联方面给予东北抗日联军适当的物质援助，抗日联军向苏联远东方面军提供我国东北地区日军的情报。苏联方面指定王新林[17)]为苏共边疆区组织和远东方面军的代表，直接与东北中共组织和抗日联军的领导人联系；没有抗日联军领导的同意而擅自进入苏联境内的人员，苏方将按逃兵或假冒人员处理；与苏方往来的抗日联军交通人员，需持有抗联总指挥出具的书证。还有一条不成文的协

16) 1938 年 5 月，中共北满省委在赵尚志不在东北的情况下开展了“反倾向”斗争，批判赵尚志是“反党‘左’倾关门主义路线之主要负责人”，决定撤销赵尚志抗联第三军军长、北满抗联总司令的职务。1940 年 1 月，中共北满省委又作出开除赵尚志党籍的决定。1982 年 6 月，中共黑龙江省委根据中央组织部的通知，经认真复查，作出《关于恢复赵尚志同志党籍的决定》，撤销 1940 年 1 月中共北满省委《关于开除赵尚志党籍的决定》，恢复赵尚志的党籍和名誉。

17) 代号，即苏联人常用名“瓦西里”的谐音。

议是，东北抗日联军在抗日游击作战中，遇到迫不得已的情况需要进入苏境避险时，苏方应提供帮助。

在东北抗日斗争处境艰难时期召开的伯力会议，不但确定了下一阶段抗日游击战的方针路线，还寻求到苏联方面的宝贵支援，这对东北抗日联军继续开展抗日游击战是重大利好事件。

伯力会议结束后，1940 年 3 月末，总指挥周保中和新任第二路军副总指挥赵尚志一起从苏联返回了东北。周总指挥的这趟伯力之行，由熟悉文案工作的金京石和王一知两位秘书陪同，我负责在饶河七军密营和苏联比金之间传递首长的信件。

周总指挥返回东北后，在抗日联军第七军密营召开了第七军党的代表会议，会上传达了这次伯力会议的精神，选举产生了省委执行委员会候选人，周保中当选省委书记。会议决定将抗日联军第二路军第七军改编为抗日联军第二路军第二支队，王汝起为支队长，王效明为政委，刘雁来为副支队长；还制定了第二支队下一阶段的抗日游击活动计划，将部队化整为零，在乌苏里江沿岸和完达山区开展抗日游击活动。这时抗日联军第二路军第二支队的总人数已经减至约 200 人了。

周总指挥返回宝清第二路军总部密营后，领导总部和直属警卫队积极开展分散的抗日游击活动，派出多支小分队袭击敌人，特别是 1940 年 8 月至 9 月期间三次炸毁敌人铁路和桥梁的战斗，给了日伪军重大打击。其中，9 月底炸毁图佳铁路的战斗中，使得敌军列车全部倾覆、损毁，致使敌军伤亡 400 多人。

在下江地区和图佳铁路沿线连续遭受袭击后，恼怒的日伪军多次组织兵力搜索、“讨伐”抗日联军第二路军总部及其直属警卫队。为了避开敌人的锋芒，1940 年 10 月上旬，周总指挥又率领第二路军总部和直属警卫队向东部的抗日联军第二路军第二支队游击区转移。

东去的行程依然艰难，四处都有日伪军的堵截，天气也是风雨霜雪交加，派出寻找抗日联军第二路军第二支队的几个侦察员都没能发现第二支队的踪影。最难的是粮食供应濒临断绝，周总指挥多次派出的征集粮食小分队，几乎都是空手而归。一日两餐都是稀粥，稀得可以照出人影，两泡尿过后肚子就咕咕叫。周总指挥也和我们一样挨饿，不允许我们给他“开小灶”。有一次，我看首长们太劳累，担心他们病倒，就单独给周总指挥等几位第二路军首长蒸了三饭盒小米干饭，结果被周总指挥批评了一顿，不但让我把小米饭全部倒在熬粥的锅里，还说要是再这样做就给我处分。我也挺生气，嘟囔着说：“你们几位首长要是谁病倒了，我们几个副官谁也背不动。”周总指挥看我一脸的委屈，又过来安慰我说：“我知道你是出于对我们的关心，但是你的这种做法确实不对，以后再也别干这种事情了。”由于周总指挥不断地给大家加油鼓劲，不断地进行动员，部队的士气一直很高。

1940年10月下旬，我们抵达了虎林界内的阿布沁河西岸三人班，在通过三人班大桥时，与驻守河岸的日伪军发生了激战。总指挥部警卫队队长朴洛权立即指挥警卫队阻击敌人，掩护总部和卫士班撤离。当总部撤到西北不远的一处高地时，警卫队也随后撤到这个高地。总部和卫士班居高临下，对尾随警卫队的日伪军发起猛烈枪击，成功击退了敌人。在分批撤离时，我们又凭借地形优势，近距离击毙了一批企图截击我们的敌人。其他几十个敌人见势不好，落荒而逃。我们随即进入山林之中，连夜架桥过江，继续向东转移，并消踪灭迹，防止敌人追击。

我们在转移途中侦察得知，有近千个日伪军正兵分几路向我们追来。总指挥部分析形势后认为，一是眼前我军已无路可退，可根据伯力会议的有关协议，暂时撤到苏联境内；二是苏联方面鉴于东北抗日斗争局势持续恶化，希望能在1940年12月份再次召集抗日联军各路军的领导开会研究解决紧要问题，并已于9月下旬通过无线通信联络，通知了抗日联军各路军的领导，我们抗日联军第二路军的领导恰好可以此时过境到苏联参加会议。于是决定，第二路军立即撤向乌苏里江西岸，渡江进入苏联。

1940年10月31日傍晚时分，我们抵达乌苏里江边。看着滔滔江水，我心里直发怵，如果泅渡过江，且不说江水冰冷刺骨，更主要的是很多战友根本就不会游泳；如果渡船过江，周围连个人影也寻不到，上哪儿去找船呢？大伙正在犯愁的时候，不知是谁找来了一条小破木船。那船在岸边饱受风吹日晒，船底已经开裂。我们把船的裂缝用茅草堵好后推进水里，因担心船会漏水，还特意准备了一个搪瓷盆放在船上。周总指挥因为会游泳，所以第一个渡江，为大家探路。他在卫士班找了一位会划船的战士陪同。两人离开江岸没有多一会儿，船就开始进水，战士用力划船，周总指挥就忙着用搪瓷盆不停地往外舀水，但快划到江心岛时，因为堵裂缝的茅草脱落，船瞬间灌满了水。幸亏周总指挥水性好，弃船游上了江心岛，看得我们心都快提到嗓子眼儿了。划船的战士把船拽到岛上，又重新堵了堵裂缝，然后把船划了回来。船一靠岸，大家就七手八脚地把船拽上岸，用旧布、茅草掺上黏土重新补好了裂缝。这条船每趟只能渡过去两个人，以这样的渡江速度，可能两天也过不去，无异于傻等着让敌人来消灭我们。大伙都急得快冒火了。

这时离天亮只有两三个钟头了，时间十分紧迫。大家正在着急上火的时候，突然听到下游传来了“突突”声，一艘大船正朝我们这个方向驶来！我们当即决定不管是谁的船，都要劫过来。我们马上隐蔽起来，当船驶到我们跟前的时候，战友们一下子站起来把枪口对准了这艘船，对船喊话：“你们是干什么的？”

船夫一见这架势，吓坏了，马上回话：“拉桦子的。”

我们就命令道："马上靠岸！"

船靠岸了，上去一看，确实是给日军拉栟子的。这艘船一趟可以装不少人。再加上那条小船，过江的速度就快多了。当运到第四趟，也就是最后一趟快要靠向江心岛岸边时，天已经亮了，敌人的几路追兵汇集到了乌苏里江西岸我们刚刚离开的渡江点。我们马上跳下船隐蔽起来，和已经过江的战友们一起做好了战斗准备。周总指挥命令我们不要先开枪。敌人在江的西岸拉开了队伍，但就是不敢朝我们开枪，因为他们也知道，子弹一旦飞到苏联境内，可能会引发外交风波。日寇在岸边气得团团转，只能向空中胡乱开枪泄愤，待了大概一个时辰，就悻悻地撤走了。

部队全部渡过乌苏里江后，周总指挥紧锁的眉头豁然舒展，长长地舒了一口气，感慨地说："我们差一点儿在这儿唱了一出《霸王别姬》呀，幸亏乌苏里江不是乌江，苍天助我啊！"

我们这时才发现，这个江心岛是一个大岛，就是我们现在所说的珍宝岛，因为国境线在苏联一侧的主航道上，所以我们仍然身处祖国的国土之上。

经历了惊心动魄的一夜，我们现在才感觉满身疲惫，肚子饿得不行。但在这个荒岛上一粒粮食也找不到，最终想出的办法就是抓蛇和鱼来充饥。

登岛后的第三天下午，从下游开过来一艘日本船，周总指挥命令我们务必要把它“拿下”。这艘船靠近时，我们以猛烈的火力向船射击，但这艘船并没有还击。我们停了火，命令船赶快靠岸。船被迫靠了岸。我们到船上一看，里面装的全是大米、白面、豆油，这真是天上掉下来的大“馅饼”，着实让我们喜出望外。

劫船的当晚，周总指挥就渡过乌苏里江的主航道进入苏联境内，到苏方小黑河边防所联系我方全体人员入境的有关事宜，副官陶雨峰随同前往。三天后的晚上，周总指挥一行又渡江返回江心岛，向全体人员下达了第二天一早渡江进入苏境的命令，并宣布了注意事项。当时我国东北地区正流行一种瘟疫，为了防止瘟疫传入，苏联政府下达了防疫令，不准东北地区人员进入苏境。东北抗日联军军人要求进入苏境的，必须隔离十天后经检查无传染病，才准予入境。苏方考虑到江心岛上条件艰苦，让我们先入境到边防所附近的指定地点隔离观察十天。周总指挥要求大家遵守纪律，军容严整，彰显东北抗日联军良好的精神风貌。

第二天一大早，我们分乘大小三条船，渡过乌苏里江主航道进入苏联境内。登岸后按苏方规定，我们所携带的枪支弹药全部交由苏边防军保管，苏边防军交付给我们一份枪弹清单。之后我们在边防所附近列队，由苏军的一位中校训话。他说的是俄语，咱也听不懂，据说是对我们表示敬佩和欢迎。当天是

11月7日，正值俄国十月革命胜利纪念日，苏方希望我们能和苏联人民一起庆祝这个伟大的节日，还预祝我们的抗日斗争取得最后胜利。当然，我们即便听不懂，也报以了热烈的掌声。周总指挥曾在苏联学习三年，通晓俄语，随后讲话答谢。午餐由苏军提供，据说与苏军人员是同一标准。我们很多人没吃过俄餐，感觉挺新奇。

下午，苏军派出几辆帆篷卡车，把我们拉到一处山区后停了下来，让我们在这里选择地址修建临时营舍。由于工具简陋，加上这里是沙质土，挖好的墙壁多次塌方，整了五六天才修好，那几天我们就一直睡在帐篷里。修好营舍后住进去没几天，十天的隔离期就满了。经检查，我们可以全部解除隔离。

这时苏军要求我们转到新指定的一处很远的驻地建营舍。一大早，我们列队向北徒步行进，苏方派马车运载着我们交由边防所保管的枪支弹药。走了四五十里路后，我们在一处公路的路口停下来休息。午餐时，苏军战士们热情地为我们送来了面包和开水。餐后，苏军派来运送我们去新驻地的大卡车也到了，经过十几个小时的车程，卡车凌晨在一处山沟里停了下来。后来我们才知道，这里是距伯力150多里的林区，离黑龙江不远。黑龙江与乌苏里江在这里汇流后，流入苏联境内，苏联称其为阿穆尔河。4里之外有一个叫费雅茨克的村庄，很少有人往来，利于保密。这里还有水陆交通，运输方便。我们自己动手伐木盖房，开荒种地，建立了休整基地，后来这里被我们称为“北野营”。在我们休整基地的南面还有一处东北抗日联军的休整基地，我们称之为“南野营”，位于海参崴[18]和双城子[19]之间的一座小火车站附近。1940年11月抗日联军第五军一部先期到达后驻扎在这里，后来到达的抗日联军第一路军的部队也驻扎在这。谁也没想到，我们竟然在这里待了4年多。在这4年多时间里，除了整训之外，我们还派出了几十个分遣队回到东北执行游击、袭扰、侦察、联络等任务。苏军也从抗日联军部队中选调人员，经培训后执行侦察、引导、潜伏、伞降等任务。

1940年，因东北抗日斗争局势持续恶化，苏方代表王新林在9月下旬通知抗日联军部队各路军的领导，将于1940年12月在伯力再次召集会议，研究解决紧要问题，还声称有中共中央派出的代表参加会议。抗日联军各部领导人一听说有中共中央派出的代表参加会议，北满代表金策、张寿篯、冯仲云，吉东代表周保中、季青、王效明、崔石泉、柴世荣，南满代表徐哲、安吉等人都准时到达伯力。我虽然没有直接参与会务工

18) 清朝时为中国领土，隶属于吉林将军。1860年11月14日《中俄北京条约》将包括海参崴在内的乌苏里江以东割让给俄罗斯帝国，俄罗斯帝国将其命名为符拉迪沃斯托克，俄语意为“统治东方”。

19) 位于俄罗斯东南部，是连接伯力和海参崴两个战略要地的枢纽城市。原属于中国，1860年11月14日《中俄北京条约》中割让给俄罗斯帝国，后改名为乌苏里斯克市。

作，但后来通过首长们之间的交谈，对会议的内容还是多少有些了解。

会议开始前，苏方正式通知与会人员，中共中央代表不能前来参加会议，这种出尔反尔的做法引起了大家的不满，并对苏方召集这次会议的动机产生了怀疑。会议期间，苏方代表王新林在会下个别交换意见时和在会议上，提出了将东北抗日联军和东北的中共组织归属苏联远东军区和苏共组织领导的主张。这个主张一提出，立刻引起周保中的高度警觉，他感到这个主张不仅是要取消中国共产党对东北抗日联军的领导，更为严重的是，这一主张将导致东北抗日联军不复存在，完全演变成苏联远东军区所属的一支侦察部队。这完全违背了无产阶级国际主义原则。很多与会的抗日联军代表并没有意识到王新林这个意见可能造成的严重后果，甚至有个别代表认为，在抗日联军进入极端困难的时期，王新林这个建议不失为保存抗日联军有生力量的办法之一。为了统一代表们的思想认识，周保中在会下与每位代表反复交流，运用马列主义基本原理，从无产阶级国际主义与爱国主义紧密联系的高度，批驳了苏方代表的主张。周保中指出，中国共产党是共产国际领导下的一个支部，不是其他国家共产党的附属组织，任何一个国家的共产党都没有权力指挥另一个国家的共产党；东北抗日联军是中国共产党领导下的抗日武装，这一性质不容改变，这是一条最基本的原则；共产党的每一位党员必须首先是爱国主义者，为自己国家和民族的无产阶级革命事业而斗争，在无产阶级国际主义和爱国主义二者间，爱国主义是基础，是最主要的，如果一个共产党员连自己的祖国都不热爱，那怎么能够履行无产阶级国际主义的义务呢？经过周保中与抗日联军代表们的反复交流，大家表示，一开始听到苏方代表的建议，只是感到不大对劲儿，但是讲不出什么道理，听了周保中的分析，心里豁然开朗，一致表示反对苏方代表王新林的建议。在讨论会上，周保中同志义正词严地指出，王新林的建议不但违背了无产阶级国际主义的原则，也违背了 1940 年初第一次伯力会议期间东北抗日联军、抗日联军党组织与苏联远东军区、苏联边疆党组织达成的协议，这一协议已经获得共产国际的同意认可。周保中还表示，如果苏联方面坚持原有的意见，他将不再参加会议，率领抗日联军第二路军返回东北战场。与会的其他苏军负责人也认为周保中的意见很有道理，纷纷表示赞同。这个意见最终得到苏联领导人和共产国际执委会的支持。苏方代表王新林为此受到处分，并被苏联远东军区撤职。周保中坚定地维护了东北抗日联军和中共抗日联军党组织的独立性和尊严，以深厚的理论功底和高度的组织原则，赢得了与会代表们的钦佩。后经与会代表们与苏方代表的反复沟通、研究，把这次会议的性质确定为满洲全党代表会议。经研究讨论，会议一致同意 1940 年初第一次伯力会议提出的《新提纲草案》和东北抗日联军、抗日联军党组织与苏联远东军区、苏联边疆党组织达成的相互关系的几条原则；建议选举产生中共满洲临时委员会，建议把东北抗日联军纳入全国抗战军队序列，建议东北抗日武装设总司令部，统编抗日联军所有部队，这些建议待报中共中央批准。抗日联军各路军的领导还和进入苏联的抗日联军部队一起总结了抗日游击斗争的经验教训，统一了思想，提高了认识，增强了信心。

这次会议亦称第二次伯力会议，会上进一步重申了苏联远东军区和苏联边疆党组织对东北抗日联军和抗日联军党组织的关系，是在东北抗日联军与中共中央暂时失联的特殊条件下的临时指导关系。这一原则的明确，对其后抗日联军在处理与苏军的关系上无疑具有重要意义，不仅奠定了理论基础，也制造了舆论。在抗联教导旅组建以后，虽然为获得苏军的后勤供给接受了苏军的编制，但抗日联军仍然独立自主地设立中国共产党的组织系统，重大问题自主决定，苏方不干涉抗联教导旅的内部事务。

1941 年 3 月中旬，第二次伯力会议结束，新任苏联军方代表王新林为与会代表和进入苏联的抗日联军官兵饯行。

南、北两个野营在苏军的帮助和支援下，重定了编制，健全了党的组织，部队官兵的认识逐渐统一，经过三四个月的休整，抗日联军官兵也增强了信心，恢复了体能。抗日联军各部的领导决定，除部分伤病残弱人员留下治疗外，越境抗日联军部队将分期、分批重返东北抗日前线。第一批各分队由张寿篯、王明贵、金日成率队，于 1941 年 3 月和 4 月返回东北。正当第二批分队整装待发的时候，时局发生了变化。

1940 年，德国的法西斯军队已经横扫西欧，苏德大战危在旦夕。苏联为了稳住日本，避免陷入东西两线同时作战的不利局面，于 1941 年 4 月 13 日，在莫斯科与日本签订了《苏日中立条约》。苏联政府出于自己国家全局利益的考虑，要求已进入苏境的东北抗日联军暂时停止返回东北。周保中等抗日联军领导经过学习讨论统一了认识后，对部队进行了教育解释工作，消除了消极情绪，并在 5 月中旬向苏方代表王新林表示，东北抗日联军完全拥护苏联的和平外交政策，但驱逐日寇是东北抗日联军的历史使命，为尊重苏方的意见，抗日联军主力暂不返回东北，可以留在南、北野营集中整训，但小部队派遣工作不应停止。周保中等抗日联军领导的这一要求，得到了苏方的认可，并表示愿意帮助抗日联军部队进行整训。

第六章　带领小分队，回国侦敌情

从1941年在苏联建立抗日联军野营开始，到抗联教导旅撤销建制的4年半时间里，抗日联军的首长会同苏联远东边防军情报部门，陆续从抗日联军部队抽调精干力量，派回东北进行小部队游击活动和敌情侦察。据不完全统计，从1941年春到1943年夏，仅抗日联军的领导就派出了三十多支小部队和侦察小分队，累计300多人，其中不包含苏军单方面从抗日联军中选调人员派往东北执行侦察任务的统计数字。苏军攻入东北时，抗日联军各侦察小分队所提供的大量军事情报，对苏军合理部署兵力、精准攻击目标、有效歼灭敌军、减少自身伤亡都起到了至关重要的作用。但有近百位侦察队员在执行小部队游击活动和侦察任务中献出了年轻的生命。当时抗日联军官兵仅幸存不足两千人，所以牺牲的上百名侦察队员所占的比例就很高了。一想到他们是在即将看到黎明的时刻离去的，就更加令人痛惜和怀念，他们对抗战最后赢得胜利功不可没。

1942 年 2 月，周保中将军找我谈话，想让我带一支小分队回东北绥化地区执行侦察任务。我想，只要抗日斗争需要，我就是赴汤蹈火也在所不辞，当即领受了任务。

2 月下旬，一行 6 人的侦察小分队组成，由我担任队长，金用贤任副队长，刘智远是电报员，另外 3 位队员是刘锦章、王兆庆、夏凤林。我们返回东北的主要任务是侦察敌人兵力部署和军事设施等情况。出发前，我们几个人详细研究了军用地图，确定了行进路线，规定了侦察纪律，成立了党小组，也做好了充分的物质准备。我一看地图，越过黑龙江以后，还要走一百多里的大草甸子，心想这次的侦察任务肯定不轻松，应该让同行的几位战友都有充分的思想准备。

我们出发时，带的东西可不少。每人都佩带长枪、手枪，带着每块一斤多重的干电池 4 块、手榴弹 4 枚、子弹 300 发；每人带 3 套服装，分别是日军的呢子军服、伪满军服和便服；还有一台无线电收发报机，以及粮食和炊具。每个人背的东西至少有四五十斤重。

这时的黑龙江仍然是冰冻雪封，为了减小暴露风险，我们是在夜晚渡江的。过了江就是东北的小兴安岭边麓，借着月色放眼望去，是看不到头的大草甸子。虽然我们的脚下是一片冻土，但心中还是有一种踏上祖国大地的激动。

在草甸子里行进非常吃力，塔头太多，路上坑坑洼洼，走起路来东倒西歪，加上背的东西也多，越走越费劲儿。当时，日军在中苏边境集结了很多兵力，也修筑了很多碉堡之类的工事，想给苏联造成一种高压态势，也是为了防备苏联的进攻。我们一边行进，一边警惕地四处观察。虽然在草甸子里行军很艰难，但战友们一直互相鼓励，都抢着背发报机。为了赶路，也为了避开敌人的视线，我们在草甸子里走了一夜，黑灯瞎火，深一脚浅一脚，实在是费劲。

天快亮的时候，忽然听见有人说话，还有马蹄声，我们立即卧倒。因为草甸子里的枯草很高，看不清到底有多少人马，估计是敌人的巡逻兵。过了一会儿，敌人走远了。我们马上研究对策，为了隐蔽，决定以后也在晚上赶路，白天就地休息。可这里到处都是望不到边儿的草甸子，找不到隐蔽的地方。我们就分成两个组，分头去找合适的地方。找了一会儿，我们终于找到了比较理想的隐蔽处。草甸子里有一些半米多深的坑，好像是炮弹坑，坑底下的积水已经结了冰，在这个没有边际的大草甸子里，可能再也找不到比这更好的隐蔽处了。

还算不错，一个坑里可以隐蔽两个人。隐蔽好了以后，我安排战友们轮流站岗，其他人睡觉。

直到下午太阳快与地平线齐平了，我心里开始高兴起来，因为天一黑，又可以继续赶路了。

我正高兴呢，忽然发现远处的枯草开始起火了，顿时浓烟滚滚，火借着风势向我们逼过来。看来敌人已经发现了我们的踪迹，但他们就找不到我们藏在哪里，所以就采取了这种毒辣的方法想逼我们出来。

我们决定要尽可能地隐蔽好自己，不管有什么情况，也不能从坑里爬出来。因为枯草一旦烧光，草甸子上的情况就会一览无余，所以宁肯烤得再难受，也不能暴露目标。再说了，我们藏身的坑里还有冰和雪，周围也有积雪，可以用来自我防护。我们还把坑周围的枯草拔掉，扔在了远处。

火渐渐逼近了我们隐蔽的地方，风卷着火舌就在眼前，浓烟把我们呛得透不过气来，嗓子眼儿里像灌了辣椒水，眼睛也睁不开，熏得一把鼻涕一把泪。我们急忙解下毛巾，用雪把毛巾搓湿后捂在嘴上，身体则紧贴在坑底的冰上。

火势很大，烤得我生疼，我误以为后背的棉衣被烤煳了，但战友们谁也没动窝儿。

大火过后，我们不敢马上起来，因为敌人还可能借着残火的余光发现我们。火终于全熄灭了，天也黑透了，除了远处传来噼噼啪啪的残火声，四周又恢复了先前的宁静。

这时，我们才起来准备出发。被火烧过的草甸子更不好走，加上我们穿的乌拉鞋底已经磨破了，那尖尖的过了火的茅草茬子扎破了脚，真疼啊，但谁也不吭声，咬着牙深一脚浅一脚地赶路。

穿过了草甸子就开始爬山，山高林密，路上不是枯草棵子就是倒木，林子里更黑，加上冰雪很滑，动不动就绊个跟头。翻过了几道山，天就亮了。急行军一整夜，大家都已经走不动了，决定就地休息。我安排好岗哨，也顺势躺在地上休息。

休息了一会儿，我们就开始忙着淘米、捡柴，准备做点饭吃。突然从哨位传来一声枪响，接着就见我们站岗的战友气喘吁吁地跑过来说："敌人，敌人来了！"

有情况！我让战友们赶紧把米从水里捞出来，装在粮袋里撤退。战士们的职业习惯就是必须抢占制高点。到了山顶才知道，原来刚才休息的地方正是鄂伦春族屯子的背山，被村民发现了。村民在日本兵的督战下，骑马追了上来。

敌人追得很急，我们只好看哪座山高，就往哪座山上爬。因为山路太陡，敌人也都下了马，牵着马追赶。就这样跑了一整天，我们连做饭的机会都没有，又累又饿，速度也渐渐慢下来。为了补充体力，我就叫同志们把粮袋里泡过水的生米掏出来吃，边吃边跑。

后来跑到一个山顶，我们终于找到一条下山的小路，但是路很陡，山脚下还有一条宽宽的河，覆盖着冰雪的河中间流淌着一渠活水。怎么办？眼前就这一条路，只能下山过江了。我们几人在陡坡上连滚带滑，很快就到了山脚下。到了江边，却不知道水有多深。我让大家先隐蔽，我先下水探个深浅。我刚下到水里，立刻冻得浑身打战，冰碴儿划在腿上针扎似的疼。我咬咬牙，坚持过了江，幸好水不深。探明了水的深浅以后，我又返回来接战友们。我们每个人都找了一根木棍拄着，还拉了一条绳子大家一起牵着，防备有人滑倒被水冲走。

我们安全地过了江。那天特别冷，我们一个个冻得像冰棍儿似的，正想捡点干柴拢火取暖时，没想到敌人的追兵也赶到了对岸的山顶上。我们先发现了敌人，马上隐蔽起来，并商议好如果敌人要过江，就等他们到了河中间时开火，现在的地形对我们很有利。

敌人在山上观察了一会儿地形，知道再追下去对自己不利，就撤回去了。我们就这样好不容易甩掉了敌人。

又走了几天，我们在一座山的南坡上发现了“黑瞎子”的脚印。当时是冬末，黑熊体内的脂肪经过一个冬天的消耗，熊掌已经变得很薄了，看得出来是被树杈子扎出了血留下的痕迹。但当时我们没有闲工夫理它，一门心思抓紧赶路。

后来，我们的粮食吃完了，山里的野菜还没长出来，只有干驴蹄子菜。我们只要见到它，就挖出来熬汤吃。没想到一天早晨，我们居然碰上了一只大“黑瞎子”。既然它撞到枪口上了，那我们肯定不能放过，大家高兴得忘了请示就开枪打死了它。王兆庆和刘锦章是猎手出身，他俩一挽袖子，就开始将其动手扒皮、开膛破肚。这只黑熊真是又肥又大，那时候我们背囊里还装着咸盐和辣椒面，炖着吃起来太香了。

有了吃的，我们原地休整了两天。大家把熊肉烤成肉干，便于携带；熊皮用来掌鞋，毛朝外，这样穿着走路既暖和又可以迷惑敌人。

又要出发了。战友们把自己的行装和肉干背上后，眼看几十斤“黑瞎子”油要白白地扔在山里，都觉着舍不得，就一齐动手分成小块儿，你一块我一块地背上。这样，每个人背的东西就有五六十斤了。

那天行军速度很慢，快到傍晚，走在最前边的王兆庆说：“哎呀，乔队长，背得太沉了，把‘熊瞎子’油扔掉咋样？”

我说：“好，扔吧。”

我这么一说，战友们你扔一块，他扔一块，把“熊瞎子”油全扔了，每人的行囊减轻了十来斤。

我们靠吃熊肉干又走了好几天。我们只知道大概方向是往西走，可谁也不知道到底走到哪儿了。我们选择了附近最高的一座大山，准备爬上山去辨别一下方位。我们光是爬上那座山就花了大半天时间，结果费了九牛二虎之力爬上去一看，只见下面是白茫茫一片，连一个屯子也没发现。没办法，只好在山上住了一宿下来了。

又走了三四天，当走到一个幽静的山坡时，我们忽然看见一个树枝倒挂在树上。我们凭经验断定这是一个暗号。我们以前就常用这个办法，给自己人暗示路标。根据这个暗号，我们判断我们的人来过这里，于是更加仔细观察周围的情况。走出几十米远后，果然又发现了倒挂的树枝。我们按照倒挂树枝的方向继续往前走，发现前边是一片桦树林，树皮都被扒掉了，可以看见那里有开垦过的荒地和房子。我们不知道房子里有没有人，按习惯，先用木棍敲了敲旁边干枯的倒木，倒木发出“嘣、嘣”的声音，这种声音在山里可以传得很远，但没见有人出来。又敲了敲，还是没动静，我们这才走进房子。房子里面没人，只见房檐上挂着苞米棒子，屋里有一口锅，地上还有不少冻土豆，看来这里有人住过。在房子的西北方向有一条小路，因为天已经黑了，看不清是通往哪里。

那天晚上，我们把冻土豆捣一捣，做成土豆饼，也算饱饱地吃了一顿。

第二天早晨，还不见主人回来，为了争取时间，以防万一，我们就沿着小路往前走。走了大约两三个钟头，前面出现了一座被烧毁的房子，除了房周围乱七八糟的脚印，什么也没发现。怎么办？我们分析了周围的情况，决定放枪找人。

我放了一枪后，侧耳静听，不一会儿，远处也传来了一声枪响，听起来距离挺远。按林子里的规矩，这叫拿枪对话。我们听到枪声后，马上隐蔽在大松树后面。但等了好一会儿，也没见人出现。于是我又放了一枪，对方也马上回了一枪，从声音判断，离我们已经很近了。渐渐地，我们听到了脚步声，于是都屏住呼吸注视着前方。不一会儿工夫，一个人出现在眼前，只见他一身便装，手里端着四〇式马枪，东张西望，很警惕，也很紧张。

我大声问了一句："哪一部分的？"

他立刻机警地躲到一棵大树后面回话："接关系的！"

"接谁的关系？"

"三军李熙山[20]的关系。"因为对方也知道，问话的人十之八九不是敌人，所以就对我们说了实话。我从大树后面出来，走到他跟前和他搭话，经过证实，来人确实是自己人，是一位联络员。

他领我们到他的住处，让我们休息一会儿。我们到那儿一看，发现他的住处是一个隐蔽得很巧妙的地窨子。这个地窨子离被烧的房子有好几百米远。在和他交谈中得知，这里是绥化和铁力的中间地带。听他这么一说，大家都兴奋起来，因为这里就是我们的目的地！

20）即许亨植。

我们立即开会，研究下一步的行动计划。

我们在联络员那里拿了一些吃的，按他所指的方向离开联络点，到绥化附近去了。为了缩小目标、便于侦察，我们商量好接头地点和联络暗号，有时两人一组，有时三人一组，每天分头出去侦察。公路、铁路、桥梁、隧道、通信设施，敌人的驻地、兵力、番号等等，都是我们侦察的目标。每次侦察结束，我们都要汇总情况，并把侦察到的紧要情况及时向周保中将军发电报告。

我们在绥化附近活动期间，正是开始春耕的季节。有一天，周保中将军发电报指示我们，要求侦察绥化飞机场的详细情况。这项任务可是个难题，因为机场是敌人的重点防护区，普通老百姓根本不能靠近。为了完成这个任务，我们又开会商定出一个详细的行动方案，我们打算分组行动，我带一个组，金用贤带一个组。

第二天，按照预先研究的方案，我带两名队员，穿着便衣出发了。我们走了几个钟头，来到一个屯子附近，山坡上有不少挖野菜的妇女，我们路过时，她们都停下手里的活儿瞅着我们，把我们瞅得心里直犯嘀咕。我们几个黑不溜秋、胡子拉碴，都不是帅小伙儿，那她们在瞅啥呢？往前走了一段路以后，我们停下来相互检查，看看是不是有什么破绽。这才发现我们穿的还是冬上装，太不合时令了，我们立即纠正。搞侦察的人最忌讳让别人瞅着“硌眼睛”，穿着打扮应该越普通越好，最好是进了人堆儿里让人找不出来，这才不会惹人注意。

天黑的时候，我们来到一个屯子附近，只见四面都是围墙，还有炮台，一看就知道敌人监视得相当严密。刚接近屯子，狗就叫起来，接着全村的狗都叫起来了。因为狗叫得太凶，我们决定不进屯了，继续往前走，看看下一个屯子怎么样。当走到第三个屯子时，午夜已过。那时的屯子都是“集团部落”。这个“集团部落”的土墙外面，紧挨着墙长着一棵大白杨树，我们三个人悄悄地爬到树上，抓住树枝顺势跳到院子里。这时，一条大狗叫了起来，前边院子里立刻走出来一个人，手里拿着什么东西。那个人朝着我们走过来，但没发现我们，可能是刚从亮处走过来，眼睛还没适应。当他走到我跟前时，我一把抓住了他手里的家伙，一摸是个洋炮。他吓得浑身一哆嗦，说不出话来，我压低嗓音厉声问道：“干什么的？”

他哆嗦了好一会儿才说：“我，我是打更的。”

我让他唤一唤狗，别让它叫。他一唤，狗果然就不叫了。

我问：“掌柜的[21]在家吗？”

“在家。”

“你领我们到掌柜的那儿去一趟，你别怕。”可他的哆嗦劲儿还是没过去，步子都迈不动。

21）东北方言，即当家人或丈夫。

这家院子很大，有七间正房，掌柜的是个地主，东北人也把地主家叫“大粮户”。掌柜的正在东屋睡觉，被打更的叫醒后，起来打开门，我们就进去了。这时地主家的其他人也都被惊醒了。

我对地主说：“我们是抗日联军，是抗日救国的军队，今天到这里来办点事。”

然后我就和地主唠了起来。我说：“日本人霸占了咱们东北，我们都有责任抗日救国，你别忘了自己是个中国人！”

考虑到这次行动的安全，有必要给他施加一点压力，我又说：“我们是抗日联军的先遣队，大队人马在后头。如果我们出了什么意外，后头的大部队来了就会拿你全家是问，你要明白这一点。”

地主连声说：“老总，不敢，不敢。”

这时我们已经饿得很难熬了，就叫地主给弄点吃的。不一会儿，一个女佣人端来了一盆苞米饭和一碗咸菜。地主抱歉地说：“老总，我们事先没准备，就剩了点苞米饭，实在对不起。”

见到了苞米饭，我们也顾不了许多，狼吞虎咽地吃起来。嗬！我们已经多年没见过这样的苞米饭了，吃起来特别香。等吃得差不多了，我们开始边吃边了解情况。这个“集团部落”有四五百户人家，是个大屯子，不仅有伪自卫团、伪满军，还有日本警察所。

我们吃完饭，对地主说：“我们今晚要在你这儿住一宿。”

地主一听，脸吓得煞白。他左思量右琢磨，最后跟我说：“我这家业大，人也多，特别是白天进进出出的人可多了。看看老总能不能到磨坊去委屈一下，那儿平时不去人。”

我们的要求也不高，只要能保证安全，有藏身之处就行。我就对他说：“行，我们不难为你，就去磨坊休息。可你要知道，除了你们家人以外，谁都不能知道我们在这里。从现在起，没有我们的同意，你这大门只能进人不能出人。要是你不安好心，和鬼子、伪满军一个鼻孔出气，后果你要好好掂量掂量！”

地主瞅了瞅我们手里拿的枪，“知道了，老总。嗯……”他好像还有话儿没说完，我就看了他一眼，示意他接着说。

“老总，有个请求，你看行不行？屯子里日本警察和伪满军挺多，有点不安全，所以想让你们把枪给我，我把枪藏起来，你们就装扮成我们的家丁怎么样？”

我说：“不行！没了枪，鬼子来了怎么办？这不行！”

地主听我的口气挺硬，只好说：“那好吧，我领你们去休息。”

磨坊门窗糊的纸多处都破了，但还是比外面强多了。地主家里又送来了被子和枕头。这时东方已经泛白，天快亮了。这里条件虽然好，但还不是高枕无忧睡大觉的时候，因为一不知敌情，二不知地主的底细。为防备敌人的突然袭击，我们的枪都上了膛，三个人轮流上岗，监视着大门口的动静，另外俩人睡觉时也把枪抱在怀里。

早晨，地主家里端来了饺子，一大盘炒鸡蛋，还有一壶酒。那时候，东北的老百姓只要吃了白面，就是经济犯罪，是要坐牢的，地主也不例外，只有日本人可以随便吃。日本伪满政府要求粮商只能向老百姓售卖橡子面，即便是橡子面也要定量配给，因为日军怕老百姓把面送给山里的抗日联军。地主家的这些白面可能珍藏了很久。是向我们示好，还是想麻痹我们？都有可能。我们把饺子都吃光了，但是没喝酒，因为我们平时也不喝酒，更何况是这种时候。这是我们那一年吃得最香的一顿饭。

吃完早饭，我对收拾碗筷的人交代："请掌柜的来一趟。"没多一会儿，地主来了，我说:"我托你办一件事儿。你要知道，你办不到的事，我不会叫你去，怎么样？"

"能行，能行，老总，你说吧！"

"那好。"我说，"今天你到绥化城里走一趟，了解几个情况，一是看一看日军和伪满军驻在城里的大概有多少人，出城和进城的兵有多少；二是看一看火车站的客车和货车一天通几趟，货车里都装了些啥；三是想办法到飞机场跟前儿看看，机场跑道是什么方位，有多长，机场上停了多少架飞机，停的是什么样的飞机，机场驻军大概有多少人。就这么三项任务，把这些情况了解清楚后，太阳落山之前一定要回来，让我们也好放心。行不行？”

“老总，能办到，能行，请放心。”

我说：“你不要叫我们老总，就叫老弟吧。”

“老总，不敢，不敢。”

地主说完就套上马车，装了几麻袋粮食，给机场的日军送粮去了。

地主走了以后，白天我们就轮流睡觉。

太阳快落山的时候，地主回来了。这时候我们已经开始吃晚饭了，给我们做的是小米饭。

地主把自己看到的情况一一给我们述说了一遍。我又问了问去机场的道路、途中敌军岗哨的设置、机场周围警戒等情况，还让他把飞机的样子画下来。

最后我说：“你说的情况我们都记下了，这些我们都要去核对，要是有差错，别怪我们再回来找你的麻烦。”

“明白，明白，老总，肯定没错，你们可以去核对核对。老总不是让我别忘了自己也是个中国人吗？”

听他这么一说，我心头一热。是啊，我们都是中国人，日本侵略者是我们共同的敌人。

离开之前，我觉得有必要向地主做一下抗日宣传，还要从他这儿买点东西。我说：“我们在你家待了一天，给你添麻烦了，我们今晚就要走了。你要记住，我们是一定要打回来的。

不管你过去是不是为日本鬼子效过力，从现在起，只要不跟着鬼子干坏事就好。你也是中国人，咱们中国人要齐心协力把日本鬼子赶出中国。要是你净帮日本鬼子干坏事儿，老百姓就会盯着你，我们打回来以后肯定饶不了你，到那时候可没有后悔药哇！”

“是，是！不干那蠢事，我也是个中国人，我向老天爷发誓，我保证不干背叛祖宗的事。”

我跟他说，要从他这儿买点粮食，连同几顿饭钱一块儿算账。地主连忙摆着手说：“哪里哪里，不能收钱。我知道你们是好人。”但我们还是把要带走的粮食、盐、干辣椒等，加上饭钱，照价付了账。我们回国时身上带了一些经费。为什么要买干辣椒呢？如果在山里没有咸盐，可以用辣椒调味，还可以当菜吃，冬天的时候吃辣椒还可以御寒。

深夜，我们离开了地主家，在山上休息了一下，按照预定的接头地点，找到了金用贤他们仨。和他们侦察到的情况一核对，情况比较吻合，而且地主提供的情况更为详细。地主是本地人，加上他交往多、门子广，获取情报自然比我们方便。还有更重要的一点，就是像他自己所说的：“我也是个中国人！”

1942 年 5 月，我们收到周保中将军的电报指示，要求我们小分队赶赴铁力地区联络抗日联军第三路军总参谋长许亨植率领的部队。我们立即研究了方案，赶了二百多里路，到达铁力，费了不少功夫，终于在5月底见到了总参谋长许亨植，并向在苏联的周保中将军发电报汇报了许亨植部的情况。6月初，我们小分队返回绥化，继续完成我们的侦察任务。但万万没想到，这竟是我们见许亨植总参谋长的最后一面。返回抗联教导旅之后我们才得知，1942年8月初，许亨植到铁力地区检查指导小部队活动时被敌人包围，在突围的激战中英勇牺牲。

许亨植，朝鲜族，别名李熙山，1909年出生在朝鲜庆尚北道善山郡，1913年为躲避日寇的迫害，全家人流亡到我国辽宁省开源县定居。1930年加入中国共产党，历任东北反日游击队哈东支队第三大队政治指导员、第一大队大队长，东北人民革命军第三军第一师第二团团长、第三团政治部主任、第三师政治部主任，中共北满临时省委委员，抗日联军第三军第一师政治部主任，第九军政治部主任，第三军军长，第三路军总参谋长兼第十二支队政委等职务。他是一位智勇双全、多谋善断的优秀指挥员，成功指挥过多次比较大的战斗，牺牲时年仅33岁。

侦查期间，我们还完成了一项首长交代的重要任务，就是了解泥河桥的方位、结构和周边兵力部署情况。泥河桥在绥化以南不远处，是交通要道。一旦在这一带发生战事，就准备把这座桥炸掉。

我们小分队的侦察活动已经进行几个月了。这期间，我们尽量不暴露自己的目标，避免与敌人发生冲突，万一冲突难免，也要尽快脱离。

有一次，在和日军的遭遇战中，王兆庆的脚部受了伤。他在山上养伤期间，其他同志继续进行侦察活动。没想到他的伤刚好，就又碰上了意外。

那是初秋的一天，王兆庆在山顶上站岗，那座山很高。因为敌人又开始“讨伐”了，我们正在山下做转移准备，这时忽然下起了雷阵雨。伴着一声响雷，王兆庆被击倒在地。当我们赶到山上时，王兆庆嘴里吐着白沫，不省人事。他的新三八式枪被雷劈断了，身上穿的衣服被烧出了好多像马蜂窝似的窟窿眼儿，最后经过大伙两个多钟头的抢救，他终于醒过来了。真危险！我们差点儿失去了一位好战友，这都怪我的预防工作没有做到位，也没组织过预防雷击相关知识的学习教育，以后一定要吸取这个教训。这样一来，王兆庆又养了一个多星期的伤。

1942 年 11 月，我们小分队圆满完成侦察任务，按照周保中将军无线电联络时下达的指示，准备动身返回苏联。当时，电池用完了，子弹也不多了，我们背的东西轻了不少。

动身时，我通过关系找了一位姓张的向导为我们带路，他是绥化人，是一位一直支持抗日联军的老乡。有了向导，我们少走了不少冤枉路。这次回国侦察才知道，敌人在兴安岭地区凡是常有人经过的地方，大约每隔 40 多里路就设一处侦探房，每个侦探房里都有两个人值勤。

在返回苏联的连续行军中，我们虽然有向导领路，但也很不轻松，即便是吃得很节省，带的食物仍然没几天就吃光了。由于敌人封锁得很严，无法及时补充给养，饿了好几天。实在没办法，我们就冒着危险摸到敌人的侦探房里去，搞一些南瓜、土豆、苞米等来充饥。

连续走了半个来月，老张说，快到边界了。当走到最后一个侦探房时，我们就闯了进去，见里面有两个人，长得挺壮实，虽然知道他们都是职业特务，但也试着向他们打探情况，我问："我们是打猎的，想打听一下，江封了没有？"

一个人回答说："马上就 12 月了，江早封了。"

我们来到岸边一看，白茫茫的一片，好像是封江了。于是我给了老张一些盘缠，向他表示感谢，嘱咐他一路注意安全，就让他返回了。我们开始自己过江，很幸运的是居然没碰到敌人的哨兵。后来才明白过来，因为江没封冻，敌人也就没必要设很多哨兵。

谁也没料到，虽然远远望去白茫茫一片，但江面并没有完全封冻。因为这里的黑龙江主航道在苏联一侧，我们从江边向里走了好长一段儿路，到了离对岸还有几十米的地方，才看到大概还有二十几米宽的江面没有封冻，向上游和下游望去，水流很急，水面上漂着冰凌，急速地向下游流去，这就说明整条江都没封冻。别说找条船，这附近连个人影儿都没有，也没办法探知水有多深，真是进退两难。

我们都急眼了，两个水性好的小伙子强烈要求下水探路，我只好同意了。于是，我们又返回岸边捡了些柴火，烧了锅开水泡上辣椒，让他俩把辣椒水喝了御寒。他俩喝完辣椒水，脱掉棉袄棉裤就下水了。他俩刚下到水里，因水流太急，一下子就被冰凌打进水里不见了，我们的心也立刻提了起来。他们在水中挣扎半天，好不容易才把头露出水面，我大声喊他们赶紧上来。他俩费了好大劲才游回冰沿儿边，但冰沿儿滑得怎么也抓不住，我们立刻解下绑腿甩过去，才把他俩一个一个拽上来。哎呀，那情况真吓人，两个人都快成冰人了，手脚都被冻得没知觉了，上下牙直“打架”。大伙儿赶紧七手八脚地帮他俩擦干身子，穿上棉袄棉裤。

这时，对岸的苏联边防军也看到了我们，只见他骑着马向对岸边奔过来，我们向他招了招手。但是没有船，他也干着急。

我们只好又返回江岸边，在柳毛塘捡些柴火生起篝火，想把衣服烤干。没多一会儿，站岗的战友跑过来说:“敌人来了！”

看来敌人是顺着我们的脚印摸上来的。一听说有情况，大家马上灭掉篝火，有的来不及穿上鞋，就提着鞋趴在江坝上隐蔽起来。这时已经没有退路了，我们心想，如果被敌人发现了，就和他拼了！拼掉一个够本，拼掉俩就赚一个。但是过了一会儿，我们发现来人只有两个伪满军。那两个伪满军也看见了我们，但是看着我们人比他们多，他俩没敢动手就跑回去了，估计是报告去了。

当时我们就想，不管遇到什么情况，都要做好两手准备。如果敌人来了，只能背水一战，准备牺牲；如果敌人不来，就往回撤，另想办法过江。

我们又捡了一些柴火，在江岸边点上篝火继续烤衣服，等待着夜幕降临。等到天黑，也不见敌人追来。江暂时肯定是过不了了，还得撤回去。我们一口气儿又爬回原来的山上，在那里约定好，如果遭遇敌人开起火来，就化整为零，分散开撤离，这样可以分散敌人的兵力，等过后再回到侦探房集合。但是一路上，我们也没见到敌人。

我们回到侦探房时，天也亮了。住在这儿的两个特务因为给我们提供了错误的情况，可能怕我们回来找他们算账，早就跑了。还有一种可能，就是跑回去报告去了。我们决定先在这里休整一下再做打算，吃了一些两个特务存放在这儿的南瓜、土豆，排好岗哨后就睡了。

太阳快要平西的时候，敌人果然来了，都是些骑兵和坐爬犁的步兵。我们先发现了敌人，先一步撤到了山上，但敌人顺着脚印穷追不舍。为了摆脱敌人的追击，我们在兴安岭的深山老林里窜来窜去，连个“集团部落”也碰不到，又开始了见啥吃啥、忍饥挨饿的生活。

与敌人周旋了大概有半个多月，有一天我们终于又转到黑龙江江边了，也不知道具体是什么地方。根据季节判断，这时的江面应该已经全封住了，我们决定尽快过江。

江岸上，敌人封锁得很严，岗哨林立，到处都是敌人的骑兵和乘坐爬犁的步兵。这次可没上次那么幸运了。

为了蒙蔽敌人，我们换上日军军服，装扮成日本人。我们约定好，遇到敌人时，不管是日本人喊口令也好，满军喊口令也好，都不要理他，铆足劲儿往对岸跑，跑到对岸也就安全了。因为这里是边界，敌人不敢往对岸开枪，他们也不想制造一起“国际事件”。

到了晚上，敌人回营了，只留下了几处岗哨。我看机会来了，立即吩咐大家分散开来穿过封锁线，这也是一次冒险。黑龙江这时已经全线封冻，我们使劲儿往对岸跑。除了江面上冻在一起的冰排，再没有其他障碍物，我们的身影完全暴露在敌人面前，只要敌人开枪，我们就完了。真是老天爷帮忙，敌人的哨兵没做出任何反应。是我们穿日本军装迷惑了敌人，还是敌人的哨兵睡着了？还是怕制造出“国际事件”不敢开枪？原因不得而知。令人振奋的是，我们终于成功了！我们的小分队全部安全顺利地在苏方的岸边会合了！重新踏上苏联的地界时，已经是 1942 年的年底了，我们这趟回东北执行侦察任务，前后历时十个多月。

这时天已经大亮。我们正烤着篝火取暖时，有十几名苏联边防军人包围过来，因为我们几个穿的都是日军军服。

“你们是什么人？”一位苏联军官问我们。

“是东北抗日联军。”我用很不熟练的俄语回答。

虽然知道我们是东北抗日联军，但苏方军官也首先解除了我们的武装，然后把我们领到边防哨所，再用汽车送到哈巴罗夫斯克，也就是伯力，在那里有专门接待我们的机构。我和侦查小分队的同志们打过招呼，除了自己的首长以外，我们回国侦察的详细情报不能向其他任何人透露。

过了几天，一位苏联军官接待了我们，想要详细了解我们侦察的情报，我只给他介绍了一般的情况，属于机密的情报，没有周保中将军的指示是不能透露的。这位苏联军官显然对我介绍的情况不满意，他叫我们再返回东北去侦察，所需的装备和经费由他们提供。我坚决不同意，并且告诉他，我们要见周保中将军，我们只听从他的指示。这一下惹恼了他们，开始威胁我们，还不给我们饭吃。不给就不给吧，那些年，饿肚子已经成了寻常事儿了，我们才不怕呢！我们坚持了几天，他们一看实在没招儿了，才把我们送到了北野营。

苏方为什么叫我们再回东北侦察呢？因为当时正是第二次世界大战期间，日、苏双方都派了大量特务到对方区域去刺探情报。但苏联人有些“先天不足”，大鼻子、蓝眼睛、黄头发，外貌特征太明显，在东北寸步难行。于是，他们就找土生土长的东北人去刺探日军的军事情报。当然，苏联方面对东北抗战，特别是对东北抗日联军给予了很大帮助，从国际主义角度出发，为了与共同的敌人做斗争，军事情报应该共享。但是，我是一名中国共产党党员，是中国东北抗日联军的军人，没有抗日联军党组织的指示，没有抗日联军首长的命令，我是不可能按他们的意图办事的。

到了北野营，我们见到了周保中将军，向他详细汇报了我们这次回东北侦察的情况。周保中将军听了我们的汇报后，肯定了我们小分队的成绩，认为不少情报很有价值，还表扬我们机智勇敢、不怕困难。

由于这次侦察任务的顺利完成，教导旅授予我一枚苏联政府颁发的红星勋章。说心里话，这应该是我们侦查小分队六个人共同的荣誉。

周保中将军还向我们介绍了这期间南、北野营抗日联军人员编成和整训的情况。为了把抗日联军官兵培养成东北抗日斗争的骨干力量和称职的指挥员，决定把南、北野营和仍在东北活动的抗联人员编成教导旅进行整训，全面提高军政素质，成为培养抗日干部的学校。按照苏军规定，只有纳入苏军编制，苏方才能按标准保障后勤供给，所以抗联教导旅接受了苏军番号——苏联工农红军独立步兵第八十八旅。抗联教导旅虽然纳入了苏军编制，但在内部还是保持着抗日联军的独立性，有抗日联军自己的组织系统，也有中国共产党各级组织机构，苏方不加干涉，并派出部分教员帮助抗联教导旅整训。1942 年 8 月初，教导旅正式组建，苏联军方下达了任职命令，周保中将军任旅长，张寿篯任政治副旅长，崔石泉任副参谋长，参谋长是苏军人员。教导旅下设 4 个教导营、1 个直属迫击炮教导连、1 个直属无线电教导连。一营主要由抗日联军第一路军人员组成，营长金日成，政治副营长安吉；二营主要由抗日联军第二路军第二支队人员组成，营长王效明，政治副营长姜信泰；三营主要由抗日联军第三路军人员组成，营长许亨植，政治副营长金策，因许亨植当时率领小部队在东北开展抗日游击活动，所以没有到任，1942 年 8 月初，许亨植在战斗中牺牲，由王明贵接任三营营长；四营主要由抗日联军第二路军第五支队和第一路军部分人员组成，营长柴世荣，政治副营长季青。后来，姜信泰接替柴世荣继任四营营长。教导旅共 1 000 多人，其中苏军官兵近 300 人，东北抗日联军官兵 700 多人。

第七章　身居教导旅，卧薪待归程

1942 年 2 月接受侦察任务以后，我就结束了为时七年的周保中将军副官的工作。1942 年底，我们的侦察任务结束，我被编入抗日联军教导旅四营任排长，连长是陶雨峰，营长是柴世荣。抗联教导旅从 1942 年 8 月组建，到 1945 年 9 月我们随同苏联红军攻入东北时为止，存续三年整。在教导旅的这三年时间里，都“教导”了我们一些什么呢？概括起来就是四项内容，一是军事训练，二是政治教育，三是文化学习，四是生产劳动。通过这个“大学校”的整训，我们的军政素质提高了，眼界开阔了，理论政策水平和组织指挥能力都有了比较明显的提升。不仅为此后的解放战争打下了良好的基础，也使我们受益终生。这是在苏军的帮助下，我们用辛劳和汗水、特别是用对祖国的日夜思念换来的。

军事素质是我们当时明显的弱项。那个时候，我加入抗日队伍已经12年了，但一直没接受过正规的军事训练。我觉着抗日游击战嘛，枪打得准，能消灭日本侵略者就行了。这次在教导旅接受了正规训练，才知道军事训练的内容这么丰富。要是12年前就学会了这些本事，我可能会多干掉不少日寇。经过训练，我不但学会了消灭日本侵略者的本领，也增强了战胜日本帝国主义的信心。

军事训练是参照苏军的《步兵训练大纲》进行的，还要结合战时需要和东北抗战的实际情况。一般军事课目训练包括队列、刺杀、瞄准、手枪步枪射击、投弹等；特殊技能训练包括游泳、武装泅渡、反坦克、防化、空降、滑雪等；讲授课程包括战术侦察、军事地形、爆破等。讲授课程都是先授课、后操作。还有一些课目要求更高，不但要学会操作，还要学习手枪、轻重机枪、爆破筒、狙击炮等的构造和原理。这些内容对提高我们的军事素质帮助很大。就拿战术侦察来说，如果早点儿接受训练的话，那么我们1942年回东北侦察时就可能会获得更多有价值的情报。

对军训质量的检查，是由苏联远东军司令部派出的检查团，按照苏军训练大纲来考核验收。如果谁的考核成绩不好，那是很丢人的事儿，所以大家都很努力，争取取得好成绩。

我们军训的物资供应是由苏军后勤部门保障的，我们身上穿的军装也是苏军的制式服装，军训的教员大多是苏军教官。军训用的机关枪是假的，像孩子们玩的木制玩具枪一样，一扣扳机还能“嘎嘎”响。

反坦克训练用的燃烧瓶是教官教给我们制作的，是专门对付敌人坦克的有效武器。它的制作方法比较简单，把几种制剂按比例兑好，倒进瓶子里，把瓶盖封好，就可以用了。实战时，可以把几个燃烧瓶捆在一起，爬到坦克附近，甩过去一炸就起火。点着火的汽油顺着坦克顶盖的缝隙流进去，坦克里的敌人和装备也就都灰飞烟灭了。我们还学了两种爆破方法，一种是在导火线上点火，第二种是用电雷管。

印象最深的是跳伞训练。

第一步是着陆动作训练。我们从三米高的木架子上往地面的沙坑里跳，要掌握好落地时的要领，防止摔伤。

第二步是保伞训练。先把一个很大的降落伞铺平，像叠手巾似的整整齐齐地叠好，然后用细钢锁像穿拉链似的连起来，再连上伞绳，用伞套包好，保伞就算完成了。自己用的伞自己保，也是对自己的生命负责。一般每人要背两个伞，后面背的是主伞，要大一些，胸前背的是备份伞，万一主伞出了故障，就可以自己拉开胸前的备份伞。

第三步是塔降训练。从大约50米高的伞塔上跳伞。这时用的是自动伞，人一跳，伞就会自动打开。

第四步是实际操作训练。先在地面进行模拟演练，练习怎么背伞、怎么列队进入飞机机舱、怎么把伞绳挂在舱壁的横杆上、怎么就座、舱门打开后用什么姿势往舱外跳、主伞万一打不开怎么拉开备份伞等等。练熟了以后，就要乘飞机上天实际操作了。飞到预定的伞降地点，舱门一打开，最后进机舱的人最先跳，随后就一个接一个地跳下去，苏军教官站在机舱门口，对每个人进行指导。因为伞绳挂在舱壁的横杆上，跳出舱门的同时，伞就被拉开了。备份伞的伞绳就抓在自己手里，以防万一。机上伞降练了十几次，大家已经比较熟练地掌握了跳伞技巧。

跳伞训练是为了返回东北时用飞机把我们空投到敌后方，以开辟敌后根据地，组织抗日游击战，或是执行破坏敌人铁路、桥梁、仓库等军事设施的任务，还可以直接偷袭日军的军营，消灭敌人的有生力量。

周保中将军当时已经超过40岁了，他不顾自己身体多病，带头参加跳伞训练，令大家很钦佩，也为我们的伞训增添了精神力量。

最让我佩服的是由王一知、王玉环等20位抗日联军女战士组成的女战士跳伞队。为了争取到加入跳伞队的资格，女战士们拼命地进行体能训练。有的女战士怕自己的体重过不了关，在参训资格测试时偷偷把沙袋绑在自己腿上。抗日联军第三路军总指挥、抗联教导旅政治副旅长张寿篯的妻子金伯文为了能加入跳伞队，隐瞒了自己的孕情，结果在大运动量的训练中不幸大出血，差点造成严重后果。最终，在伞降实训测试时，女跳伞队员们的成绩全部为优秀。女跳伞队员们这种“不要命”的精神，把苏军中校教官马约尔感动得热泪盈眶，对女队员们频频伸出拇指表示钦佩。周将军很自豪地对自己妻子王一知在内的女跳伞队员们大加赞赏，感谢她们为东北抗日联军争得了荣誉。这支抗日联军女跳伞队，也成为我军历史上的第一支女跳伞队，这批抗日联军女跳伞队员的名字必将载入我军的光荣史册。

还有一件事儿，我至今回想起来仍心有余悸。在一次游泳训练时，由于我入水动作太猛，一头扎进了水底的淤泥里，本想用双臂撑着江底把头拔出来，可没想到两只胳膊也插进了淤泥里，挣扎了好一阵儿才拔出来。我喝了好几口浑泥汤儿，赶紧浮出水面换了几口长气儿。战友们看见我一脸泥，都哄堂大笑起来，惹得我挺来气，心想，我都差一点儿憋死了，你们还笑呢。他们了解到真实情况后，又都围过来安慰我。如果我当时真的憋死了，悼词该咋写呀？游泳训练时扎入水底淤泥中不幸窒息身亡？这太让人难以接受了，真要死的话，也要死在消灭日本侵略者的战场上啊！

军事训练的确很累，每天都要训练八九个小时，但是大家都不怕苦，很乐观。教导旅提出的口号就是“平时多流汗，战时少流血”。

政治教育是以学习文件和讨论为主，教导旅的领导和教官还给我们上辅导课，作国际和国内战争形势的报告。在教导旅成立之前的整训期间，我们就学习过毛泽东的《新民主主义论》《论持久战》，还有《联共（布）党史简明教程》，以及一些专题学习，如“全国抗战形势”“东北游击战的发展前途”等。在教导旅成立以后，政治教育的内容更加丰富了。我们学习了毛泽东的《中国革命战争的战略问题》《整顿党的作风》等文件，还有朱德、周恩来等中央领导的文章。在学习讨论时，大家理论联系实际，自觉地对照检查自己。我们还学习过“中国革命史”“社会发展史”“共产主义和三民主义”等课程。这些教育对我们确立革命理想、增强必胜信念都起到了重要作用。

文化学习从 1941 年整训的时候就开始了。根据官兵们的文化程度编成了 4 个班，通过学习政治教材里的生字来提高识读能力，还会组织文化考试，以督促学习、增强效果。

平时我们还经常组织文艺晚会、讲演会、电影晚会、舞会，各个连还办了墙报，设立了不少专题栏目，既拓宽了知识面，又丰富了大家的业余文化生活。

生产劳动也是从整训时期就开始了。1941 年，南、北野营的抗日联军部队还没有被纳入苏军编制，苏军对抗日联军部队的供给标准比较低，加上每天军训的强度很大，大家普遍吃不饱，甚至还和苏方保障人员发生过矛盾。从整训时期到教导旅组建以后，抗日联军的首长们都很重视组织部队自己动手、丰衣足食。1941 年，我们北野营的部队开荒种地 100 多亩，1942 年增加到 200 多亩。周保中将军指示在东北进行小部队活动的抗联战友收集了不少各种蔬菜的种子并带到苏联的野营地，种下的蔬菜都获得了丰收，萝卜、白菜、黄瓜、洋柿子[22)]、土豆，品种很多。我们还自己养猪、打鱼，伙食条件得到明显改善。南野营的战友们也开垦了不少荒地，养猪种菜，改善供给。

我们在整训地刚安顿下来时，居住条件比较差，比较拥挤，大部分部队住在临时帐篷里。为了改善居住和生活条件，那一段时间，我们每天用一半的时间搞教育和训练，用另一半的时间进行生产劳动。我们修营房，铺石路，制作桌椅板凳，修建了可以兼作教室的宿舍，建了办公室、饭堂、厨房、仓库、面包房、医务室、俱乐部、菜窖、澡堂、厕所、卫兵室、猪圈等等，生活条件好多了。

1941 年 4 月，苏联与日本签订了《苏日中立条约》；1941

22) 东北方言，即西红柿。

年 6 月，德国向苏联发动了全线进攻；1941 年 12 月，日本对美、英不宣而战，偷袭了珍珠港，太平洋战争爆发。世界上每发生一次重大事件，都会引起大家的思想波动。大家积极要求参加对德国法西斯的作战，也迫切地想重返东北战场与日本侵略者作战，每次抗日联军的领导都要对大家做很多思想教育工作，作时事报告，分析形势，晓以大局，稳定大家的思想情绪。在异国他乡，总有一种寄人篱下的感觉，所以我们都很思念祖国。战士们就像春秋末年的越王勾践一样，天天卧薪尝胆，日日苦练精兵，一直盼着重返东北抗日战场的那一天。

第八章　苏军入东北，三江沐东风

1945 年是具有历史性转折的一年，历时 6 年的第二次世界大战终于在这一年结束，世界范围的反法西斯战争取得了最终胜利。

1945 年，在国内和国际上都发生了一系列重大事件。

国内战场上，1944 年，我国内地解放区各战场在共产党领导下开始发动局部反攻。1945 年，八路军、新四军对日伪的攻势取得了辉煌胜利，中共领导的解放区达到 19 个，拥有人口近 1 亿人，总兵力达到 120 万人。

4 月，中共第七次代表大会在延安召开，毛泽东作了题为《论联合政府》的报告，大会确定了党的政治路线："放手发动群众，壮大人民力量，在我党的领导下，打败日本侵略者，解放全国人民，建立一个新民主主义的中国。”党的这一政治路线，增强了全国军民抗战胜利的信心，让大家看到了新中国的蓝图。

国际战场上，1945 年 2 月，美、英、苏三国首脑在苏联雅尔塔秘密会晤，商定对德战争结束后，苏联在三个月内参加对日作战。

4 月 5 日，苏联宣布，由于日方的破坏，《苏日中立条约》失效。

5 月 2 日，苏联红军攻克柏林，5 月 8 日德国无条件投降，苏德战争结束。

6 月开始，苏联 157.8 万名将士秘密向远东集结，苏联远东军对日作战前线指挥部就设在哈巴罗夫斯克。

7 月 10 日到 19 日，美军 1 000 多架飞机对日本本土连续实施大规模轰炸。

7 月 26 日，中、美、英三国发表《波茨坦公告》，敦促日本无条件投降。

8 月 6 日，美国向日本广岛投下第一颗原子弹；8 月 9 日，向日本长崎投下第二颗原子弹。

8 月 8 日，苏联对日宣战。9 日凌晨开始，157.8 万苏联远东军在 5 556 辆坦克、26 137 门火炮、3 446 架飞机的掩护下，向入侵中国东北的日本关东军发起猛攻，原本预期三个月的作战计划，在 1.8 倍于日军兵力的优势下，只用了一个多星期就横扫 80 万日本关东军，以 3.2 万名官兵阵亡的代价，使日寇损失精锐部队 67.7 万人，死亡 8.4 万余人，解除了近 20 万伪满军的武装。

8 月 14 日，中国国民党政府与苏联签署了《中苏友好同盟条约》。

8 月 15 日，日本天皇宣布接受《波茨坦公告》，无条件投降。

8 月 18 日，伪满洲国皇帝溥仪发表《退位诏书》，伪满洲国宣告灭亡。

9 月 2 日，日本外相代表日本天皇和日本政府在投降书上签字。

由于当时我们的消息比较闭塞，有些历史事件是过了一段时间才知道的。

从 1943 年苏联向德国法西斯展开反攻开始，周保中将军和东北党委的同志们就预测到日本帝国主义离灭亡的日子不远了。

进入 1945 年以后，抗联教导旅的军事训练和演习内容都是由苏联远东军司令部直接布置的，内容也从游击战的战术、战法训练转向指挥大规模进攻战的训练。新调来的苏军教官也都是具有对德军大规模实战经验的军官。苏联远东军坦克兵、炮兵的军官们多次来到我们抗联教导旅，与熟悉东北地形及回东北搞过侦察的同志们面对面地核校他们手中的东北地图，详细询问有关机场、铁路、公路、桥梁、隧道、山脉、河流、沼泽等情况。从6月开始，我们的伙食标准也提高了。苏军教官告诉我们，这是战时二线部队的标准。这一个接一个的变化，让我们非常兴奋，在私下里嘀咕着，看来很快就要打回东北了，而且是要打大仗。

1945年7月，为适应苏军出兵东北的新情况，加之朝鲜籍的战友们也将要和苏军一起参加解放朝鲜的战斗，他们要另外组建党组织，所以中共东北党委进行了改选重组，周保中任新一届中共东北党委书记，朝鲜籍的崔石泉不再担任东北党委书记职务。

7月末到8月初，苏联远东军区边防军抽调200多名抗日联军人员，与苏联边防军共同组成伞降小部队，空降到东北的部分地区执行火力侦察、袭扰敌人、为苏军现场指示轰炸目标、担任向导等任务。我们都很清楚这次任务的危险性，已经有不少战友献出了宝贵的生命，但大家仍然焦急地等待着出征的命令。

在苏军进攻东北的准备阶段，按苏联远东军首长最初的设想，是打算把抗联教导旅作为苏联第二方面军的直属部队，加入佳木斯方向的作战。抗联教导旅的首长也按照这一方案制定了反攻作战计划。但一直等到8月28日，行动计划突然变了。

新下达的命令中要求抗联教导旅全体成员紧随苏军前线部队去占领东北的各战略要地，并将抗联教导旅成员任命为各要地城市的苏军卫戍区的副司令员和工作人员。

为什么会突然改变原来的计划呢？我们后来才弄明白其中的原委。

中共中央十分重视东北的战略地位。1945 年 6 月 10 日，毛泽东在中共七大的讲话中指出：“从我们党，从中国革命的最近将来的前途看，东北是特别重要的。如果我们把现有的一切根据地都丢了，只要我们有了东北，那么中国革命就有了巩固的基础。当然，其他根据地没有丢，我们又有了东北，中国革命的基础就更巩固了。”[23)]。因而，在苏军解放东北之后，先于国民党军队进入东北，就成为我军的当务之急。1945 年 8 月 11 日，延安总部朱德总司令发出大反攻命令，要求驻河北、山西、察哈尔、山东等地临近东北的八路军、新四军立即向东北挺进，配合苏军作战，接受日伪投降。但我军向东北的挺进是靠两条腿，需要一定的时间。这时的国民党军队主力远在西南，马上抢占东北有很大困难，但这牵涉到美国在华的利益，不排除美国帮助国民党从海、空大量运兵进入东北的可能性，但这也需要时间。对于苏军来说，他们肯定不愿意把刚刚收复的东北交给亲美的国民党政府，因为这不符合苏联的国家利益。

23）《毛泽东文集》第 3 卷，人民出版社 1996 年版，第 426 页。

怎样在最短的时间里填补东北的空白呢？苏军让中国共产党领导的东北抗日联军随同苏军抢占东北的大中小城市，捷足先登，这无疑是最佳的选择。

还有另外一个原因。1945 年 6 月 30 日，中国国民党政府代表到达莫斯科，就签署《中苏友好同盟条约》开始与苏方进行会谈。斯大林从苏联的国家战略利益出发，强硬地要求国民党政府放弃对外蒙古[24]的主权，主张外蒙古独立；又许诺，苏联不支持中国共产党；并保证苏联在战胜日本关东军后三个月内从东北撤军。蒋介石考虑再三，最终妥协。因为蒋介石最担心的是苏军出兵东北以后常驻不走。而苏联则考虑当时的国民党政府是亲美政权，是美国的势力范围，于是提出了外蒙古独立，想在苏美对峙中能有一个缓冲地带。这就要牺牲中国的利益，肢解中国，这就是弱国的无奈。8 月 14 日，中苏两国代表在莫斯科经过十轮谈判后签署了《中苏友好同盟条约》，条约上堂而皇之地写明：战胜日本后，外蒙古由公民投票决定其是否独立。蒋介石败退台湾后，在 1952 年 10 月的一次讲话中，也痛悔当年对苏联妥协，表示："是我的责任，亦是我的罪愆。"同一年，蒋介石的台湾政府以苏联违约为由，向联合国提出"控苏案"。1953 年台湾宣布废除《中苏友好同盟条约》，不承认

24) 原为中国领土，总面积约为 180 万平方公里，包括今天的蒙古国及唐努乌梁海地区。

外蒙古独立。但木已成舟，悔之已晚。

1945 年 8 月 15 日日本宣布无条件投降以后，国民党政府对解放区的“共军”下令“就地驻防待命”，不得向日伪“擅自行动”。美军统帅道格拉斯·麦克阿瑟更是以盟军司令的名义，命令日军向蒋介石为首的国民党政府和军队投降，而不得向“共军”投降。在日军侵略东北的时候，蒋介石下令“不抵抗”，现在抗战胜利了，蒋介石却和美国勾结抢夺抗战胜利果实来了。对苏联来说，他们也不愿意在撤出东北时把政权交给亲美的国民党政府，但是，苏联与国民党政府刚签署完《中苏友好同盟条约》，苏军撤离时不可能公开违背这个条约，把政权交给中国共产党。但是抗联教导旅却兼有两种身份，既是中共领导的东北抗日武装，又是“苏联工农红军独立步兵第八十八旅”，抗联教导旅成员又被任命为东北各城市的苏军卫戍司令部的副司令和组成人员，撤离时把政权交给抗日联军自然就名正言顺了。

苏联做出的这种选择，一来不违背与国民党政府签订的《中苏友好同盟条约》，二来也可以不必把政权交给亲美的国民党政府，三来又尽了自己无产阶级国际主义义务。这一招儿很高，一举三得。这就是苏方突然改变计划的真正原因。当然，对于我们中国共产党来说，这是求之不得的事情。毛泽东在 8 月 13 日的延安干部会议上曾说过：“蒋介石对于人民是寸权必夺，寸利必得。我们呢？我们的方针是针锋相对，寸土必争。”

8 月 28 日，苏联远东军总司令部的命令下达以后，抗联教导旅的首长就向全体人员布置了行动方案：迅速占据东北 57 个战略要地，其中有 12 个中心城市，45 个中小城市；撤销八十八旅的建制，东北各战略要地的抗日联军负责人全部被任命为驻地的苏军卫戍区司令部副司令，其他人员作为下属配合其工作；规定了联络系统，明确了联络方法，宣布了工作纪律；向所有人员发放了苏军军官证，为了不暴露东北抗日联军的身份，每个人都要改换姓名，周保中将军改称黄绍元、张寿篯改称李兆麟、崔石泉改称崔庸健等等。我呢，改叫姜振江。

经过紧张的准备，9 月上旬，抗联教导旅的官兵分批次乘坐飞机或火车返回了东北，抢占了东北的 12 个战略要地中心城市，然后各队再将人员分派到所辖的 45 个中小城市。这 12 位负责人带队进驻的中心城市分别是：周保中将军驻长春，也是接收东北的总指挥部和中共东北党委的驻地。李兆麟驻哈尔滨，冯仲云驻沈阳，王明贵驻齐齐哈尔，王效明驻吉林，彭施鲁驻佳木斯，金光侠驻牡丹江，姜信泰驻延吉，陈雷驻绥化，王钧驻北安，张光迪驻海伦，董崇斌驻大连。后来因苏军全面接管了大连，董崇斌一行便撤回长春。

我们这个组是随第一批人员返回东北牡丹江的，其中金光侠、陶雨峰和我都是抗日联军原第五军军部的老战友。金光侠是负责人，被任命为苏军牡丹江卫戍司令部副司令员。金光侠还有一个身份，受中共东北党委委任，担任中共牡丹江地委书记，陶雨峰和我任党委委员。在卫戍司令部里，还有两位我们抗日联军部队的工作人员，一位是电报员，另一位搞青年工作。那时我们穿的衣服、用的枪，都是苏联军队提供的。

我们这些在苏军卫戍司令部里的中方人员的主要任务是：组建地方武装，接收日伪物资，动员和发动群众，维护社会秩序，消灭残敌，联络地下党和抗日联军溃散人员，组建和恢复各级党组织，组建各级人民政权。另外，还要准备迎接党中央从内地派到东北来的干部，以及八路军、新四军挺进东北的部队，任务十分艰巨和繁重。有些工作我们根本没有经验，就如同没有金刚钻却揽了个瓷器活儿，现在是逼着你干，只能一边干一边学了。

那时的牡丹江市治安秩序很乱，经常发生闯入日军军需仓库哄抢物资的事件，有些居民夜晚乘车逃离，市区里昼夜不时地响起枪声。在大街上，挂什么旗的都有，苏联旗、伪满洲旗、民国旗，昭示着各商号和社团的政治倾向。

我们到达牡丹江后，在火车站后边的广场上组织群众开了几次大会，主要是向群众传达新的政策规定，宣传当前形势，号召市民遵守社会秩序，向民众团体提出相关要求。

我在牡丹江只待了几天，就被派到宁安县，担任苏军宁安县卫戍司令部副司令员兼宁安县城防司令部司令员。

宁安也不例外，秩序很乱。宁安有个反动组织，叫“维持会”，是延边地区的国民党分子跑到宁安和当地的国民党串通一气拼凑起来的一个反动组织。因为延边地区的朝鲜族人民素有革命传统，他们不买国民党的账，延边的国民党就跑到宁安来了。日本投降以后，过去的特务、汉奸、恶霸地主，都加入了“维持会”，他们到处打黑枪、造谣言、搞破坏，扰乱社会治安，和我们明争暗斗。在宁安、勃利一带，以谢文东为首的土匪活动也很猖獗。

到宁安后，我们是穿着苏联红军的制服进行公开活动的。我对宁安一带的情况很熟悉，因为宁安是抗日联军第五军的抗日游击根据地，我们在这里进行了近十年的抗日斗争，周保中将军在老百姓中知名度很高、很受拥戴。

我返回东北之前，周保中将军曾详细向我介绍了宁安地下党的情况，还给我提供了一个宁安地下党的名单。到宁安以后，我按照周保中将军给我的名单，首先寻找、联络这些地下党同志，向他们了解当地的情况，一起研究恢复各级党组织、组建人民武装、成立人民政权等工作。因为当时敌特活动猖獗，暗杀进步人士的事件时有发生，为了这些同志的安全，我们只能秘密联络。

中秋节[25]前，我们召开了一次青年学生大会。因为刚刚解

25）1945年中秋节为公历9月20日。

放，部分青年学生思想比较混乱，有的学生甚至拿着青天白日旗参加大会。他们到会场一看，组织者不是国民党正规军，又看到我们穿着苏联军装，就害怕了，很多学生直接走了。这次学生大会组织工作的失败，究其原因，还是我们缺乏经验，如果提前联络好学校老师和学生骨干，把宣传组织工作做在前面，就不至于出现这样的结果。

我们还准备在中秋节那天召开规模较大的工人群众大会。有了青年学生大会的失败经验，这次我们提前召集了一些工人骨干做宣传联络工作，充分征求他们的意见。工人代表很感激我们对他们的信任，提出不少建议。多数人提议这次工人群众大会延期举行，理由是，日本侵略者奴役东北 14 年，现在被打跑了，应该让老百姓欢欢乐乐、团团圆圆地度过抗战胜利后的第一个中秋节。我们采纳了工人代表的建议，决定延期召开工人群众大会。

另外，我们采取深入群众、个别了解情况的方法发展积极分子。我找到东虾洼子的一位老乡家，这位老乡搞过地下工作，曾经给抗日联军送过粮食、送过信。我们在一起唠了挺长时间，了解到不少情况，从老百姓当时的所思所想、群众急需解决的生活困难，到抗日斗争时期的群众骨干，以及暗藏敌特的活动情况等等，让我感受到了群众鲜明的爱憎态度和老百姓中蕴藏的巨大力量。

在返回城防司令部的路上，我看见好几个女扮男装的人，有的把脸抹得挺黑，穿着长褂，剃个光头，还有的戴着礼帽。但女人走路总是和男人不一样，从体态就可以分辨出来。这真是奇怪的现象。这时，刚好有两位疑似女扮男装的人和我错身而过，走进路边的一家小院后，随即落下门闩。那时我们刚进城，时刻要防备敌特分子，这两个形迹可疑的人引起了我的警觉。

我走到这家院子门前敲门，敲了老半天，屋里才走出来一位老太太，从门缝里往院子外面瞅。我对她说："老大娘，我是周保中将军的部下，抗日联军的人，过去在这儿打过日本鬼子，我们想了解一些情况，打开门吧。"

老太太听我这么一说，打开了半扇门，伸出头，用不安的眼神瞅着我。

我说："大娘，你别怕，我是好人，在城防司令部工作，我姓姜，我是想找你了解一些情况。"因为我穿的是苏联军服，老大娘还是一脸疑惑。在她犹豫的工夫，我迈进了她家院门。

我进到草房里一看，刚才进来的两个人已经不见了。我坐在北炕上，老大娘坐在南炕上，我开始和大娘唠起来。我说："日本人霸占咱们东北 14 年，老百姓受苦了，苏联红军帮咱们解放了东北……"大娘一听"苏联红军"，顿时气愤起来："什么苏联红军，是'老毛子'！""毛子"是当时部分东北人对苏联人的蔑称。

接着，老太太就气愤地诉说起来："'老毛子'抢老百姓的东西、强奸妇女，和土匪一样。现在妇女白天都不敢出门，姑娘也剃光了头，女扮男装，整天提心吊胆地过日子。"

这时我才恍然大悟，这几天让人难以理解的事情也都有了答案。

我对老大娘说："这些事儿我们确实还不了解，这是苏联红军里的极个别坏人干的，苏联红军绝大多数是好人。如果没有苏联红军来打败日本关东军，咱们就还要在小日本的奴役下生活。苏联红军也有不少战士在和日本鬼子作战时牺牲了，他们是为了中国的老百姓献出了生命，你说他们能是土匪吗？对这些极个别坏人，我们一定会严肃处理！大娘以后再发现有人干坏事儿，就到城防司令部找我姜振江。"

大娘开始对我热情起来，告诉我刚才进门的两个女扮男装的人是她的两个女儿，我敲门的时候，她俩爬到对门屋里的房梁上藏起来了。

告别时，大娘一直把我送到院子门口。

回到司令部，我马上把这些情况反映给一起工作的苏方负责人，他听到后也非常气愤，明白了群众一直不敢进司令部的门、不愿意主动反映情况的原因，就是因为对我们不信任。

随后，我们向驻宁安苏军的最高首长反映了这一情况，要求他们整肃军纪，查清事实，严惩罪犯，并建议无特殊情况士兵不能出营房，确须外出时要由军官带队。

我还立即向金光侠副司令员进行了汇报，请他尽快向驻牡丹江苏军最高首长反映，采取坚决措施整肃军纪，严惩害群之马，维护苏军的良好形象。说实话，这真是“一粒老鼠屎坏了一锅汤”。这类问题虽然是个案，但因为苏军出兵东北是举世瞩目的大事件，即便是个别人的犯罪，也会被迅速传播，引起轩然大波，更何况还有敌对势力在推波助澜、煽风点火、扩散放大。

我们做了很多艰苦细致的工作，终于组建了宁安教导队，给队员发了枪，开始进行军事训练；也开始着手重建党的组织；还组织了青年团，主要在学校里发展年轻教师和青年学生中的骨干；也开始逐步恢复县、镇市场，连唱戏的也开了场子，社会生活逐渐活跃起来。

第九章　敌特露杀机，战友见深情

1945年9月底，我带着通信员在宁安城里巡查时，被敌特的暗枪打伤，子弹从左大腿打进去，从右盆骨穿出来，左大腿股骨被打断，不能走路了。这个特务肯定是冲着我的命来的，万幸的是我只受了重伤。当时正是城市接收工作的紧要关口，工作刚刚展开，人手很紧张，在这个时候负了伤，让我心里非常懊恼。

一开始，我在野战医院住院治疗，后来转到牡丹江铁西医院，这是铁路系统的医院。这时，苏联红军准备撤回本国了，曾和我一起工作的苏联军官到医院来看我，他劝我到苏联去治疗，转入苏联治疗的一切手续全部由他来办理。这位苏军战友劝我说，牡丹江的社会秩序很乱，医疗条件也差，那些医生要么是日本人，要么是奸细，医术也不高明，他们不可能给你好好治疗，还是到苏联去吧。

他讲的都是实话，态度也十分恳切，我很感谢他的盛情。我心里也清楚，苏联的医疗条件肯定要比这里好得多，但我还是谢绝了他的好意，我实在是不想再承受思念故土的那种煎熬，也不想离开抗联的亲密战友。

我在铁西医院治疗一段时间后，又转到了牡丹江市医院。我躺在病床上，从腰到脚垫着一块木板固定，再用绷带、石膏缠了半截身子，整天不能动弹。

在牡丹江治疗确实有很多困难。原来的日本医院已被洗劫一空。市里虽然有几家医院，但因为我的伤势重，需要做大手术，因此哪家医院都不敢接收。金光侠和陶雨峰为我东奔西走，到处打听，还把全市有名的骨科医生集中起来给我会诊。但经过一段时间的治疗，仍无起色。医生们的意见是把我的左腿截肢，我不同意，因为这样高位截肢后，连假肢都无法安装，更不要说以后再去前线作战了。算了，先不治了。我就这样停止了治疗，整天无奈地躺在病床上。

司令部的同志们又把我从市医院转到西三条路的辉中医院，这是朝鲜人建的医院。我躺在病床上不时能听到激烈的枪战声。当时牡丹江市的形势很紧张，谢文东这个土匪摇身一变，成了国民党委任的第十五集团军上将总司令，他纠集伪满时期的军警宪特和反动地主武装疯狂地向我们进攻，想攻下牡丹江市。我躺在病床上，协助指挥我们的城防部队和敌人打了三天三夜，最终打跑了敌人。那个时候，我的手枪一直压在枕头下面，随时准备应对紧急情况。

有一天，陶雨峰带来一个在日本难民营找到的日本骨科医生，叫松白。他仔细检查了我的伤情，说自己有把握治好。但他提出了一个条件：日军投降溃退时，他和老婆孩子离散了，请我们帮他找回老婆和两个孩子。陶雨峰答应了他的要求。

为了寻找松白的妻儿，陶雨峰带着几位同志到宁安县各日本难民营、县城街头和郊区查找，都没查出音讯。两天后下乡巡查时，终于在宁安长岭子找到了他们。

松白的老婆迫于生计已经和一个汉族男子同居，两个孩子也被她送人了。陶雨峰立即找回了两个孩子，又找到这位汉族男子，向他说明了事情原委，并跟他商量，可以帮他再找一个老婆，或者给他钱。但这位汉族老乡听说我们曾是抗日联军第五军周保中将军的部队以后，马上同意让陶雨峰把松白的老婆领走，自己什么也不要。

松白的老婆和孩子都找到了，松白非常高兴，立刻答应给我治疗。

可医院里却没有可供手术使用的器械。陶雨峰听说原来的日本陆军医院里有这套器械，就派人去借，可那里的人说器械都被洗劫一空了。后来又打听到牡丹江的一家私人医院里有，派人过去一看，发现都生锈了，有的还在病人身上没拆卸下来。实在没办法，就想派人到哈尔滨去买。当时去哈尔滨的路上很危险，谢文东这伙“国军”在这一带活动猖獗，土匪马希山也在沿途出没无常地拦路抢劫。我对老陶说，别派人去了，太危险，万一出点事儿就是我的罪过了。但战友们还是坚持要派人去。很幸运，最终从哈尔滨安全顺利地买回了手术器械。战友们的真情让我非常感动。

没想到松白看了买回来的器械后，说这套器械是小号的，不能用。没办法，又派人把那些生了锈的器械借来除锈消毒，和这次买来的器械一块儿用。松白说，这样就可以对付着做手术了。

手术前，医生先为我实施麻醉。大约两个小时后，麻醉剂就失效了，我恢复了知觉，可手术还没做完。我疼得满身大汗，但是咬牙坚持到了手术结束。

据说在我左腿的盆骨和股骨上钻了几个孔，夹上钢板，用几颗螺栓固定住，手术就完成了。从第二天开始，松白每天早晨八点钟准时到医院来为我处置伤口，进行灭菌消毒，防止感染。

手术后的第三天早晨，松白发现一个固定螺栓脱落了，他显得有些紧张，对我说，别怕，可以慢慢再想办法。

术后第五天，螺栓又脱落一个。松白更紧张了，连安慰我的话也说不出来，看来他也无能为力了。

术后第六天，松白突然不见了，派人到他住处也没找到。一了解，原来他去难民会开了一张介绍信，说要到哈尔滨买药品，借机跑了。这一下可把司令部的同志们气坏了，有人主张派人到哈尔滨把他抓回来。我说，算了，即使抓回来他也没法子给我治疗了，加上路途很不安全，要是有个三长两短，反而得不偿失。我分析，他想给我治疗的愿望是真诚的，因为他感激我们对他的帮助，但是他高估了自己。

后来，战友们又找了一个医生给我治疗，做了三次小手术。但是经过几个月的治疗，三处伤口也始终没有愈合。

1947 年 1 月，我从牡丹江转到延吉时，腿上的伤口仍然在发炎，股骨也没接上，我完全没办法控制我的左腿，走路时要使用双拐。

当时因为吉林市和长春市被国民党军队攻占，吉林省委、省政府和省军区都暂时迁到了延吉，周保中将军担任吉林省军区司令员。我找到周保中将军说:“我的腿就这样了，不再治了，但我可以用双拐走路，还可以说话，这样就可以干工作了，请给我分配工作任务吧。”

周将军笑着说：“你还是休息吧，现在养伤就是你的工作任务。”

1948年3月吉林市解放后，吉林省委、省政府和省军区又从延吉迁回吉林市，我也随省军区到了吉林，在那儿养伤一直到当年入冬。

第十章　国耻永不忘，民族求复兴

1948 年 9 月起，辽沈、淮海、平津三大战役陆续开始，1949 年 1 月底胜利结束。我党几百万大军歼灭、俘虏、收编国民党军队 154 万余人，全中国的解放已经为期不远了。1949 年初，驻东北的第四野战军要南下，参加解放全国的战斗。我有伤在身，无法随部队行动，周保中将军找我谈话，征求我的意见，让我改做地方工作。我虽然对部队感情很深，但还是服从了组织和领导的安排。

1948 年底我确定转业。1949 年 1 月初，我从吉林市来到延吉，组织上安排我到延边专员公署武装科工作，后来又几次调换过工作岗位。

1957年，沈阳军区的几位同志到延边地区收集东北抗日联军和周保中将军的资料，找到了我。他们看到我被定为二等甲级伤残军人，仍然拖着残腿拄着拐杖坚持工作，挺受感动。回到沈阳向军区向首长汇报后，非常热情地邀我到沈阳军区总医院接受治疗。经过手术，我的腿终于在负伤12年后接合成功。但因左腿已经僵直，不能正常屈伸，而且比右腿短了10厘米，所以左脚要穿特制的厚底鞋来保持平衡，走路时也可以用一根拐棍来代替双拐了。时任中共延边州委书记的朱德海很关心我的手术情况，嘱咐延边医院派出医护人员全程陪护。治疗结束以后，我特别高兴，非常感激党组织、感激解放军对我的关怀，我只能用更加勤奋地工作来回报这一切。

1983年1月，我离休了，但还是想为党和国家做点儿力所能及的工作，给同志们讲一讲东北抗日联军的故事，让大家永远不要忘记日本帝国主义侵略、践踏我们国土的惨痛教训，永远不要忘记为民族解放献出宝贵生命的万千先烈；号召各民族儿女在中国共产党的英明领导下，团结奋斗，把我们的祖国建设成为一个强大的国家，让外敌侵略祖国的悲剧永远不再重演。

整理《抗联战士乔树贵回忆录》参考资料

（以成文时间为序）

[1] 乔树贵 . 1957 年抗战回忆稿 4 篇，原稿由乔树贵子女收存。

[2] 乔树贵 . 1958 年抗战回忆稿《鬼子的诡计》. 徐宪、朱武景整理，原稿存于延边朝鲜族自治州档案馆。

[3]《抗日烈火》[M]// 乔树贵 . 1962 年 7 月抗战回忆录《高高的兰花顶子山》. 延吉：延边人民出版社，1962:19-33.

[4] 乔树贵 . 1979 年 9 月 9 日抗战回忆记录稿 // 金旭贤、陈世玲、施颖整理，原稿由乔树贵子女收存。

[5] 乔树贵 . 1982 年 11 月抗战回忆记录稿 . 李圣德整理，原稿存于延边朝鲜族自治州档案馆。

[6] 乔树贵 . 1982 年 12 月 24 日回忆抗日斗争片断讲话记录稿 . 中共延边州委办公室文件（州办发 [1983]2 号）.

[7] 乔树贵 . 1983 年 8 月抗战回忆记录稿，原稿由乔树贵子女收存。

[8] 乔树贵 . 在艰苦的年代里 [J]. 延边历史研究 , 1986-3-1.

[9] 杨帆 . 漫漫烽火路，拳拳报国心 [N]. 延边日报 , 1995-9-7.

[10] 延边州人大常委会 . 艰难的岁月——纪念抗联战士乔树贵 100 周年诞辰 . 延吉：延边人民出版社，2009.

[11] 延边朝鲜族自治州档案馆 . 乔树贵干部档案，2015-9 调阅。

考证《抗联战士乔树贵回忆录》参考书目

（以出版时间先后为序）

[1] 黑龙江省社会科学院地方党史研究所、东北烈士纪念馆．东北抗日烈士传（第一、二、三辑）[M]. 哈尔滨：黑龙江人民出版社，1980-1981.

[2] 周保中．战斗在白山黑水 [M]. 沈阳:辽宁人民出版社，1983.

[3] 吉林省社会科学院东北史研究所．东北抗日斗争史论丛，内部刊物．长春：东北师范大学出版社，1984-1985。

[4] 中共延边州委党史工作委员会、党史研究所．延边

历史事件党史人物录（新民主主义革命时期），内部资料，1988.

[5] 中共吉林省委党史工作委员会．回忆周保中 [M]. 长春：吉林人民出版社，1989.

[6] 崔圣春．延边人民抗日斗争史 [M]. 延吉：延边人民出版社，1997.

[7] 中共延边州委党史研究室．东满地区革命历史文献汇编，2000.

[8] 霍燎原．东北抗日联军第一军 [M]. 哈尔滨：黑龙江人民出版社，2005.

[9] 霍燎原．东北抗日联军第二军 [M]. 哈尔滨：黑龙江人民出版社，2005.

[10] 刘枫，胡凤斌，刘强敏．东北抗日联军第三军 [M]. 哈尔滨：黑龙江人民出版社，2005.

[11] 龚惠，马彦文．东北抗日联军第四军 [M]. 哈尔滨：黑龙江人民出版社，2005.

[12] 刘文新．东北抗日联军第五军 [M]. 哈尔滨：黑龙江人民出版社，2005.

[13] 元仁山．东北抗日联军第七军 [M]. 哈尔滨：黑龙江人民出版社，2005.

[14] 叶忠辉，李云桥，温野．东北抗日联军第八——

十一军 [M]. 哈尔滨：黑龙江人民出版社，2005.

[15] 徐云卿. 英雄的姐妹 [M]. 长春：吉林人民出版社，2005.

[16] 王晓辉. 中国革命战争纪实·抗日战争·东北抗日联军卷 [M]. 北京：人民出版社 2007 年 7 月第 2 版。

[17] 冯仲云. 东北抗日联军十四年苦斗简史 [M]. 北京：中央文献出版社，2008.

[18] 张正隆. 雪冷血热 [M]. 武汉：长江文艺出版社，2011.

[19] 胡海波. 进军东北 [M]. 北京:石油工业出版社，2014.

[20] 庄严. 民族魂——东北抗联. [M]. 长春：吉林出版集团有限责任公司，2014.

[21] 周保中. 周保中文选 [M]. 北京:解放军出版社，2015.

[22] 周保中. 东北抗日游击日记 [M]. 北京：解放军出版社，2015.

[23]《东北抗日联军史》编写组.《东北抗日联军史》(上、下) [M]. 北京：中共党史出版社，2015.

[24] 郭红婴、宋晓宏. 周保中将军和他的抗联战友（大型历史图片集）[M]. 北京：中共党史出版社，2017.

[25] 彭施鲁. 我的回顾 [M]. 哈尔滨：黑龙江人民出版社，2018.

抗联战士金善回忆录

金善，朝鲜族，1930 年 3 月，时年 11 岁的金善就在吉林省和龙县参加了抗日儿童团，当时她的名字叫金顺玉。1935 年 5 月她参加和龙县农民赤卫队，1936 年 1 月加入东北人民革命军第二军第三师第八团后，改名叫金善。1936 年 3 月，东北人民革命军第二军被改编为东北抗日联军第二军。

半个多世纪过去了，在那个艰难的抗战岁月，金善身边好多战友倒下去就再也没能站起来，战死的、饿死的、冻死的、病死的、被日本侵略者俘虏抓去活埋的，还有被自己人错杀的……抗战胜利后，一想起这些战友，金善就难掩心酸。这些烈士中没有多少人留下姓名，但他们却义无反顾地战斗到最后一刻，用自己宝贵的生命换来了抗日战争的胜利，换来了我们国家的独立和民族的解放，我们一定要铭记这些先烈。

第一章　三代抗倭寇，忠烈满门庭

我的祖籍是朝鲜半岛的江原道襄阳郡束草面中道门里，现在归属韩国束草市管辖。1919 年 11 月，我出生在吉林省延边地区的和龙县大砬子镇桦甸子村，现归属延边朝鲜族自治州龙井市智新乡管辖。为什么我的祖辈会来到中国呢？这还要从早年的历史说起。

1904 年到 1905 年间，日本和沙皇俄国为争夺中国辽东半岛和朝鲜半岛的控制权，在我国东北展开了两个帝国主义列强之间的战争，给东北民众带来巨大灾难。在这场战争中，只有弹丸之地的日本战胜了庞大的沙俄帝国，这更加膨胀了日本帝国主义领土扩张的野心。在企图强占我国东北地区所谓“间岛”[26]领土的要求被清朝政府拒绝之后，日本便在中朝边境陈兵威胁，懦弱的清政府被迫于 1909 年 9 月与日本签订了《图们江中韩界务条款》，使得日本攫取了在延边的诸多特权：在延边多处开辟商埠地、获得延边地区的领事裁判权、取得吉会铁路[27]修筑权等等。此后，日本在延边设立了领事馆、警察署，大量日本垄断资本涌入延边地区，并修筑铁路，疯狂掠夺我国资源。

日寇在侵略延边地区的同时，加快了吞并朝鲜半岛的步伐。1905 年 11 月，日寇派重兵包围了朝鲜的李朝王宫，强迫朝鲜王朝签订了《乙巳保护条约》，朝鲜沦为日本的殖民地。

1907 年 6 月至 7 月间，朝鲜李朝高宗皇帝写了一封御笔密函，委派李准等人到荷兰海牙参加“国际和平会议”，揭露日本侵略朝鲜的罪行，幻想借助西方列强的支持收复失去的主

26) 所谓“间岛”，原为十九世纪后半期越垦朝鲜人制造的地理名词，最初仅指其占垦的图们江北岸中国假江滩地，约有 2 000 亩，现属延边朝鲜族自治州龙井市开山屯镇光昭村。朝鲜农民过江垦居住，因担心被清政府遣返，便将“假江”与陆地相连之处挖掘一沟，使其与陆地隔开。加之图们江水长期冲刷，导致该滩地介于江中，四面带水，成为“间岛”。此后，因朝鲜语“间岛”与“垦土”语音混淆，朝鲜流民便将图们江北所有越垦土地统称为“间岛”。日俄战争后，朝鲜沦为日本保护国，日本侵略者便强行将“间岛”范围扩展至包括延吉、汪清、和龙、珲春等四县在内的广大地区，制造“间岛问题”事件，为其侵略延边制造舆论。

27) 指从中国吉林市通至朝鲜会宁郡的铁路，会宁郡与现今吉林省图们江左岸的龙井市三合镇只有一江之隔。

权，但由于日本代表和其他与会列强的反对，朝鲜代表没能出席会议，李准悲愤万分，剖腹自杀殉国，成为当时震惊世界的海牙密使事件。

同年8月，日本殖民当局废黜了朝鲜李朝高宗皇帝，并强行解散了李朝政府的军队。日本当局的蛮横行为激起朝鲜爱国军人的义愤，5万多朝鲜军人发起武装暴动，史称“朝鲜义兵运动”。很多朝鲜民众也纷纷加入这场斗争，抗日武装曾一度发展到14万余人。但由于日本殖民当局的残酷镇压，加之自发的义兵运动缺乏统一的领导，在日寇屠杀10万朝鲜抗日志士后，朝鲜抗日斗争陷入了低潮。朝鲜义兵余部不得不转移到中国边境地区的桓仁、长白、抚松、柳河、临江、通化、宽甸、和龙、延吉、汪清、密山、宁安等地，建立基地、组建学校、培训骨干、购置武器、扩充兵力、积蓄力量，并择机越过中朝边界打击日本侵略者。

1910年，日本又强迫朝鲜王朝签订了《日韩合并条约》，公然彻底吞并了朝鲜半岛，设立朝鲜总督府，施行残酷的殖民统治，派驻了2个师的日军，并增设警察和宪兵，随意抓捕和杀害对日本殖民统治不满的朝鲜人。

日本强制推行民族同化政策，朝鲜人民的政治权利完全丧失，生活日趋贫困，国家的资源被肆意掠夺，民众苦不堪言，反抗情绪与日俱增。

1919年3月1日，汉城[28]爆发大规模反日示威和暴动，并迅速蔓延到朝鲜全境，有200多万朝鲜民众投入到这场斗争。虽然这场运动遭到日本当局的血腥镇压，但其影响超出了国界，史称朝鲜“三一运动”。此后，分散在中国境内的朝鲜义兵开始逐步组合成40多支朝鲜独立军，他们不但越境袭击驻朝日寇，还袭击中国境内的日警，因而受到日寇疯狂围剿和残杀。特别是在1931年日本帝国主义侵占中国东北以后，对朝鲜独立军的围剿规模越来越大。面对强敌，朝鲜独立军部分队伍逐渐瓦解，也有部分落草为寇，另外一部分坚定的抗日志士则越来越清楚地意识到，只有同中国东北崛起的义勇军、救国军、自卫军、抗日联军联合起来共同抗日，才能实现光复朝鲜、民族解放的最终目标，因而在中国东北抗战史上写下了朝鲜独立军与中国东北抗日武装联合抗日的光辉一页。

我的爷爷弟兄三人，大爷爷金知九、爷爷金知极、三爷爷金知哲。我的大爷爷金知九是一位抗日义士，他全身心投入到朝鲜义兵运动之中，宣传民族解放，鼓动抗日复国，联络抗日力量抗击日寇。由于多年奔波，积劳成疾，终致不治。临终前

28) 汉城是朝鲜王朝600年的都城。1910年朝鲜沦为日本殖民地后，被日本改称京城府。1945年8月15日，朝鲜半岛从日本殖民统治下光复并取得独立。1949年8月和9月，依三八线，朝鲜半岛南北先后成立大韩民国和朝鲜民主主义人民共和国。大韩民国首都定在汉城，并将汉城定为“汉城特别市”。2005年1月，韩国正式宣布将首都“汉城”的中文名改为“首尔”。

他把全家人召集到一起，郑重叮嘱家人：为了民族的生存，一定要把抗日斗争进行到底。从那个时候起，我们整个家族就积极投入到争取民族解放的抗日斗争之中。

大爷爷去世后，为躲避日本殖民当局的缉捕，1910 年，我爷爷和三爷爷带领两家人越过图们江边境，逃亡到中国延边地区的和龙县大砬子镇桦甸子村。因家中一贫如洗，只能给地主当佃户，租种土地维持生计。我们住的村子里大部分朝鲜族村民都是 19 世纪中晚期到 20 世纪初叶从朝鲜逃荒、避难来中国定居的朝鲜人，所以大多也是佃农。由于境遇相近，同病相怜，大家相互帮助，友情深厚。据统计，到 20 世纪 30 年代，东北地区的朝鲜族居民已达 100 万人左右，主要是农民。

1919 年在北京爆发的五四爱国运动，使得马列主义在延边地区广泛传播。1930 年 2 月，中共延边特别支部组建。1930 年 10 月，中共东满特别委员会[29]成立。延边各地随后相继成立了县委、区委和支部。

1931 年，日本帝国主义发动了九一八事变，武力强占了中国东北。同年 9 月 26 日，日军不耗一枪一弹就强占了延边全境。延边各民族儿女在中国共产党的领导下，同东北人民一起进行了 14 年艰苦卓绝的抗日斗争，付出了巨大的牺牲，终

29) 东满大体相当于现在的吉林省延边地区及周边黑龙江省东南方向的少部分地区。

于在1945年9月，同全国人民一道，迎来了全世界反法西斯战争的最后胜利。

在这场艰苦的抗日斗争中，我们这个家族的大部分成员都献出了宝贵的生命。除了我的大爷爷金知九是在朝鲜的抗日斗争中牺牲之外，1931年以后，我的爷爷金知极、父亲金正植、叔父金昌植、三爷爷金知哲、堂叔金日焕、堂婶李桂荀、堂叔金东山，相继在中国东北的抗日斗争中牺牲。掐着指头一算，家族中的祖辈、父辈男性成员竟无一幸存，全部都在抗日斗争中英勇献身。

就连日焕叔和桂荀婶的独生女儿小贞子，也差一点献出幼小的生命。1935年末，安图县车厂子抗日游击根据地遭到日伪军的“围剿”，桂荀婶背着刚满周岁的女儿小贞子组织群众撤离。受到枪声的惊吓，小贞子大哭起来，为了不暴露目标，桂荀婶立即把背着的女儿放下来，用手捂住女儿的嘴，直到没有了哭声。周围群众看着面色青紫的小贞子，很多人流下了热泪。万幸的是，小贞子奇迹般地活了下来，成为三爷爷三奶奶全家唯一的幸存者。

第二章　遍地藏薪柴，燎原有火星

我的爷爷金知极有两个儿子，大儿子是我的父亲金正植，二儿子是我的叔叔金昌植。由于我的大爷爷膝下无子女，爷爷就把我父亲过继给了大爷爷。1910 年大爷爷过世，对大奶奶造成沉重打击，使大奶奶的身心健康情况每况愈下。我母亲郑氏只好放下家务和自己的子女，到大奶奶身边服侍。虽然我父亲是大爷爷和大奶奶的继子，但我母亲对大奶奶十分孝敬，精心照料。我的父亲因投入抗日斗争，扮作商人，在图们江两岸各地往来，为驻和龙、安图的朝鲜独立军筹措后勤物资，根本无暇照顾子女，所以我从 1 岁开始就由三奶奶带大。三奶奶叫吴玉京，也是一位中共党员。我的弟弟金世亿从 5 岁开始，也有一段时间寄养在三奶奶家。我的姐姐金顺福和妹妹金顺南，年少时就许给了人家当童养媳，姐姐15岁、妹妹9岁时就离开了家，此后断了音讯。直到1961年才打听到姐姐在朝鲜会宁郡务农，开始有了往来。而妹妹却一直没有消息。我的母亲因牵挂父亲、思念儿女，抑郁成疾，早逝于1929年，时年32岁。

有道是"穷人的孩子早当家"，我七八岁的时候就开始帮着三奶奶烧火、煮饭、做家务了。

1928年3月，我已经虚9岁了。因为前一年庄稼歉收，我们家欠地主家的地租没交齐，只好从开旅店的金老板家借高利贷交清了地租。老板娘来我们家催债，我们没有钱还，老板娘就硬把我拉到她家当小保姆，权作抵债，还说在她家干活很轻松，就是帮忙陪一陪孩子，吃得又好。但这完全是骗人的鬼话，我在金老板家当了两年小保姆，尝尽了苦头。不但要照看她家的孩子，还要劈柴、烧水、做饭、刷锅洗碗、打扫旅店客房……稍有怠慢，就要挨打受骂，一天的活儿干下来，累得我两腿都打战。更可恨的是饭也吃不饱，刷锅时，我太饿了，就吃了两块水泡锅巴，结果老板娘一巴掌打过来："你把锅巴吃了，那狗吃啥！"

1929年深秋，我的堂叔金日焕从密山回到和龙县，藏在金谷村附近的山洞里，秘密组织抗日斗争。日焕叔听说我在金老板家当小保姆，就多方筹钱，于1930年2月让三爷爷从三合镇把我领回了家。那时候，三爷爷家已经从桦甸子村搬到了三户村。我一见到三奶奶，就扑进三奶奶的怀里，祖孙俩哭成一团。

我的三爷爷有两个儿子，金日焕是长子，原名叫金龙锡；小儿子叫金东山，原名叫金龙山。两位堂叔都是抗日志士。特别是日焕叔，令我印象很深刻，也影响了我的一生。

金日焕，朝鲜族，1903 年出生在朝鲜江原道襄阳郡，1910 年，随父母逃亡到中国吉林省和龙县大砬子镇桦甸子村。因家里穷，14 岁才开始上学，三爷爷倾其所有供日焕叔读完小学。1923 年，日焕叔以优异的成绩考入当地最好的大成中学，凭着课余时间出苦力，给雇主修火炕、挖菜窖、盖房子、上山砍柴赚取学费，半工半读地完成了学业。大成中学是当地传播革命思想的中心，这期间，日焕叔受到马列主义的影响，开始投入反帝反封建的斗争中，1926 年末加入朝鲜共产党。1930 年初，在中国境内的朝鲜共产党组织根据共产国际的要求解散后，日焕叔于 1930 年 7 月加入中国共产党。

原朝鲜共产党党员被接纳为中国共产党党员，在东北地区的抗战史上算是比较重要的事件。1925 年 4 月，在共产国际的指导下，朝鲜共产党在汉城成立，1926 年 3 月成为共产国际的一个支部。朝鲜共产党成立后，领导朝鲜民众罢工、抗租，组织抗日斗争，给日本殖民当局以沉重打击。但由于日本殖民当局的血腥镇压，朝鲜共产党组织受到严重破坏，很多朝共党员逃亡到中国东北地区。因朝鲜共产党内部存在着严重的派系斗争，形成多个派系，并各自成立了派系组织，1928 年 12 月，共产国际提出《工人统一战线提纲》，简称《十二月提纲》，根据“一国一党”的原则，要求朝鲜共产党各派系重组统一的朝鲜共产党，但无果而终。1929 年 10 月，共产国际派代表到上海，与中共中央协商在东北的朝共党员加入中国共产党的事宜。中共中央确定，朝共党员经审查考验、履行手续后，可申请加入中国共产党组织。1930 年 1 月，中共中央派人到东北与中共满洲省委研究落实这项工作，并按共产国际的指示，要求朝共各派系组织全部解散，朝共党员以个人的身份申请加入中国共产党。据当时不完全统计，延边地区有 360 多名原朝共党员申请加入中国共产党。考虑到这批朝鲜的共产主义者紧密联系着我国东北地区，特别是约 100 万朝鲜族民众聚居区的反帝反封建斗争，他们宣传马列主义、成立抗日团体、组织反对日本帝国主义的斗争，已经成为我国东北地区革命斗争的重要力量，1930 年 4 月，中共满洲省委依据中共中央的指示精神，决定发动“红五月斗争”，以此为契机考查并吸纳原朝共党员加入中国共产党。“红五月斗争”结束后，1930 年 7 月初，中共满洲省委派出省委委员廖如愿等一行 4 人的巡视组，到延边地区开展审查、吸纳党员的工作。巡视组最终在龙井、延吉、平岗、开山屯、三道沟、汪清、老头沟、头道沟等地，从原朝共党员和当地其他申请加入中国共产党的工农积极分子中吸收了 233 人加入中国共产党，使延边地区的中共党员数量猛增到 300 多人。1931 年底，所属中共满洲省委的党、团员达 2 132 人，大多分布在东满等朝鲜族聚居的农村。这一举措不但壮大了党的力量，充实了延边地区的基层党组织，也为此后党领导的武装抗日斗争积蓄了骨干力量。

日焕叔中学毕业后，到和龙县大砬子寺庙村小学任教。任教期间，他积极向学生和民众宣传反抗日本帝国主义、争取民族独立解放的思想，因此受到驻龙井日本警察署的通缉，日焕叔于是改名逃到黑龙江密山去当教师。

1929 年深秋，日焕叔返回和龙县大砬子，藏在金谷村东山的山洞里，秘密串联、组织发动金谷村的群众，组建反帝同盟、农民协会、青年会、妇女会、儿童团等抗日群众组织。这期间，三奶奶经常装作去山里干活，悄悄前往日焕叔藏身的山洞，把三户村和周边村庄的抗日活动和敌情动态告诉日焕叔，并给他送去食物和换洗的衣服。后来，敌人探听到日焕叔已经返回和龙县的消息，就派了密探在我们家周围盯梢，企图跟踪追捕，幸亏被细心警觉的三奶奶及时发现，她就不敢再贸然去日焕叔藏身的金谷村了。这时，我已经结束了两年的小保姆生涯，被三爷爷从三合镇接回了家，三奶奶教我怎样让密探把注意力集中到我的身上，使她趁机脱身去金谷村一趟。我就按照三奶奶教的办法，把日焕叔的旧棉衣找出来，拿到屋外抖一抖，吸引盯梢特务的注意，然后把棉衣叠好放到篮子里，再提着篮子到远处山坡的白菜地里去捡被丢弃的冻白菜叶子。磨蹭两个时辰后，我把日焕叔的旧棉衣穿在自己身上，挽起长长的棉衣袖子，装作怕冷穿了一件长棉袍，然后提着一篮子冻白菜叶子回到家中。这时的三奶奶已经从金谷村返回家中。那个盯梢的坏蛋一直远远地跟着我，我就装作啥都不知道。这真像演戏一样，三奶奶就像是个导演，把敌人逗弄得团团转。不过我们的“剧本”要经常变换，不能让敌人看出破绽。

1930 年 4 月，中共延边特别支部根据满洲省委的指示，研究成立了“五一斗争行动委员会”，领导延边地区的民众开展“红五月斗争”。日焕叔按照中共延边特别支部的部署，组织大砬子 400 余名农民协会的群众举行反日示威游行。他们散发传单，清算亲日地主劣绅，烧毁租契和高利贷账据，没收他们的浮财分发给贫苦农民，还捣毁亲日走狗社团的社址，切断龙井通往朝鲜会宁的电话线。大砬子区的斗争与延边各地开展得轰轰烈烈的“红五月斗争”相配合，沉重地打击了敌人。

敌人很快就采取了报复行动。5 月底，几十个武装警察包围了金谷村，挨家逐户地搜捕参加“红五月斗争”的村民，有几位村民被抓走，被拉到村外的荒野枪杀了。敌人还烧毁了十几户村民的房屋。日焕叔得知情况后，立即赶赴金谷村，和农民协会的同志们一起慰问烈士家属，隆重安葬烈士，组织村民重建家园。

这期间，我们三户村的各类革命群众组织也相继成立。1930 年 3 月，我光荣地加入了抗日儿童团。抗日儿童团是抗日游击根据地的少儿革命团体，由妇女会的人员和党团骨干负责，组织开展各类配合成年人抗日斗争的活动，诸如站岗、放哨、防奸、散发传单、传送密信文件、教唱革命歌曲、宣传党的反帝反封建主张、组织慰问演出、开展拥军优属活动、护理伤病员等等。1934 年以后，很多年龄大一点的儿童团团员陆续加入了东北人民革命军或人民革命军整编后的东北抗日联军，成长为党领导下的抗日武装的骨干力量。

1930 年 10 月，中共满洲省委根据延边地区蓬勃发展的革命形势，决定成立中共东满特别委员会。

1931 年初，金日焕开始担任中共和龙县大砬子区委书记。

1931 年夏，我的叔父金昌植接受了组织交给的一项任务：纵火烧毁大砬子镇东头姓宋的汉奸大地主的房子，借此杀一儆百，警告其他汉奸地主们不要再当日本人的走狗。但叔父正在草垛上点火的时候，被起夜的地主女儿发现。第二天叔父被逮捕，初判为“政治犯”，被关押进延吉监狱。叔父在狱中受尽折磨，但他始终一口咬定他的所为是出于个人恩怨。1932 年夏，因在狱中患严重腹膜炎，监狱也不给治疗，加之定性为政治犯的证据不充分，叔父金昌植申请保外就医出狱。出狱后，叔父与贤惠的未婚妻太氏结了婚，但不到两个月就病逝了，膝下无儿女。1956 年，延吉市人民政府为我寡居的婶母太氏颁发了叔父金昌植的革命烈士证书，婶母珍藏着这张烈士证书一直到终老。婶母于 1986 年在黑龙江省双鸭山市去世。婶母是一位非常倔强刚强的人，她在世时，我曾多次接她到我们家来一起住，说我们可以照顾她，还让小儿媳妇去接过她，但都被婶母拒绝了，这让我心里很是不安。

1931 年九一八事变后，延边地区的抗日斗争如火如荼，各县、区的民众在中共东满特委和各县、区党委、支部的领导下，纷纷成立反日会、反日同盟、农民协会等组织，举行抗日集会、示威游行、散发传单，农民运动蓬勃发展。当时，延边地区的延吉、和龙、安图、汪清、珲春这五个县的农民协会会员已达 15 000 多人。

高租高息一直是压在延边地区贫苦农民肩上的沉重负担，经过长期不懈地斗争，延边地方官府发布了减租减息的“六四制租佃办法”，但地主们拒不执行，特别是汉奸地主，仗着日本帝国主义势力的支持，变本加厉地镇压农民群众的抗争。1931 年秋，中共东满特委根据当时的抗日斗争形势和贫苦农民的迫切愿望，研究决定在东满地区开展针对汉奸地主和日本帝国主义的“秋收斗争”，一场轰轰烈烈的反帝反封建的斗争迅速席卷整个延边地区。

和龙县的“秋收斗争”由县农民协会会长具成泰组织领导，和龙县下属大砬子区的具体工作由我的堂叔金日焕负责。农民协会最初只组织了 300 多名农民召开大会，但很快农民的队伍就增加到几千人。大会宣读了减租减息的通告，接着就冲进地主家里，打开粮仓，把地主按原“四六制”多收的粮食分发给佃农。日本出动军警堵截镇压时，和农民发生了激烈冲突，日本殖民当局很惊慌，立即调动驻朝鲜的日军守备队渡过图们江来镇压，还抓走了几位农民。

这期间，延吉县的老头沟、依兰、海兰、八道沟、局子街[30]，汪清县的百草沟、小汪清、大汪清，珲春县的密江、敬信、大荒沟等地，在中共各县、区党委、支部的领导下，都爆发了大规模的“秋收斗争”。多个地区同警察发生冲突，有的地区还召开公审大会，处决了几个汉奸地主。这场席卷东满地区的“秋收斗争”，约有 15 000 人参加，不但沉重地打击了敌人，显示了农民群众的力量，也为党组织今后领导更加艰巨的斗争积累了经验。

1931 年 12 月，中共东满特委在延吉县瓮声砬子[31]召开了

30) 局子街后来发展成延吉市的驻地。

31) 现属安图县。

党团积极分子会议。会议决定,要巩固和发展各地反日的农、青、妇、少等革命群众组织，夺取武器，建立抗日游击队，开展武装斗争。会议还决定，趁着“秋收斗争”的胜利，借年关之机发动群众,广泛开展反债务、反捐税、夺粮度春荒的斗争。会后，各县委派出党团骨干深入农村，迅速掀起了“春荒斗争”的热潮。延吉、汪清、和龙、珲春等各县参加“春荒斗争”的农民群众约有 20 万人次。中共东满特委及时把群众的经济斗争引向政治斗争，夺取武器，组织了十余支抗日游击队，为此后开展大规模的武装抗日游击斗争奠定了基础。

金日焕遵照中共东满特委、和龙县委的部署，具体组织和发动了大砬子区的“春荒斗争”。那一年我 13 岁，已经是一个有 2 年团龄的抗日儿童团团员了，我和全家人一起投入到“春荒斗争”中。

1932 年初春，那天一大早，我们三户村的村民们就在村边的路上集结,几个邻村的村民们也一批又一批地集中到这里，大约有五六百人，很多村民都拿着布口袋。有一位区委的负责人给大家作了动员，要求听从指挥，注意安全。这位负责人 30 多岁，个子高高的，长得挺壮实，我听到有人叫他“大石”。作完动员后，他整理了游行队伍，让老人和孩子们站在队伍中间，青壮年村民站在队伍的两侧和前后。中共大砬子区委的几位同志也加入了我们的队伍。随后，游行队伍就浩浩荡荡地向日本领事馆和警察分署挺进。大石同志一路领着大家高喊抗日和夺粮度春荒的口号。三奶奶一路紧紧地拉着我的手，好像怕我走丢了似的。当队伍行进到日本领事馆和警察分署时，警察们如临大敌，全副武装地排列在门前，还架起了机关枪。有一个警察大声问："你们想干什么？"村民们高喊："我们快饿死了，我们要粮食！""日本鬼子滚回去！"排在前面的村民们和警察发生了冲突，几十位村民被逮捕，我的堂叔金东山也被抓进了警察分署。愤怒的示威群众开始涌向警察分署，要求立即放人，警察就向空中鸣枪示警。与荷枪实弹的警察对峙，显然对我们不利，负责组织示威的大石同志引导队伍离开警察分署，来到大砬子镇姓宋的大地主家。村民们冲开地主家大门，打开粮仓，有几位同志专门负责为村民们分发粮食。一见几百号农民潮水般涌来，地主一家早就被吓跑了。

第二天，有好几个陌生人在我们村子里转悠。村民们心里都明白，这是敌人派来监视我们的密探。日焕叔和区委的同志们早就料到敌人这一招儿了，前一天晚上他们就秘密转移了。

东山叔被关押进警察分署四五天后，日本警察分署将他和那些被抓进去的村民一起放了回来。东山叔被这些狼心狗肺的日本警察打得遍体鳞伤，三奶奶小心翼翼地用盐水为东山叔擦洗伤口。我坐在旁边小声问："叔叔，很痛吧？"东山叔开着玩笑说："有母亲和顺玉这么心疼我，就一点都不痛了。"三奶奶还用前几天分到的米做了一顿香喷喷的大米饭。我们已经很久没吃到这么好的饭了。

“春荒斗争”刚一结束，时任中共大砬子区委书记的金日焕就组织召开了区党委会，研究落实中共东满特委瓮声砬子党团积极分子会议精神。区党委会决定，要想办法夺取日伪军和地主武装的武器，发动农民协会的群众有枪出枪，有钱出钱，建立抗日游击队，开展武装斗争，并决定创办自己的兵工厂，自制武器。会后，金日焕和金谷村赤卫队队长朴永淳商量，在金谷村后山的鹰岩洞里办起了大砬子区第一座兵工厂。经过大家的不断研制、试验、改进，终于用铁丝、铁片、辣椒面制造出了独创的炸弹。特别是辣椒面炸弹，选用了最辣的辣椒，一旦炸散开，就会把人辣得眼睛睁不开，呛得直咳嗽，效果还挺不错。

1932 年，我的爷爷金知极在和龙县渔浪村反击日寇第一次“大讨伐”作战中英勇牺牲。

1932 年 5 月，金日焕调任中共和龙县委组织部部长，主要工作地在和龙县药水洞，这里也是一个朝鲜族聚居的村落。为了方便日焕叔开展工作，按照组织要求，当年夏天，我们全家人一起随迁到药水洞，每个人都被分配了新的工作任务。三爷爷是十二岭方向的县委地下交通员，负责文件书信的传递，同时还要担负党组织上调下派人员的护送和向导任务；三奶奶是局子街、朝阳川[32]方向的区委地下交通员；东山叔加入了抗日游击队，负责防止抗日根据地的粮食外流；给我安排的任务是县委李秘书的通信员，只要李秘书一加班写文章，就会有好几个人跟着加班，刻蜡版、油印、装订，然后我就要把这些文件、传单分送到各传递点。没有传送任务时，我被安排到山坡上与其他人一起轮流站岗，防止敌人偷袭。后来李秘书和机关转移到其他地方，我又被安排到区委工作。区委书记被大家称作“大个子”，当时为了保密，对县委、区委的负责人都不直呼姓名，而是叫外号。

因为我们一家人都有各自的任务，有的时候几天才能见上一面。不过三爷爷、三奶奶和东山叔一直牵挂着我，时常把野果、土豆饼之类好吃的东西留给我。

32）朝阳川镇原属龙井市管辖，2009 年 3 月划归延吉市管辖。

第三章　保护油印机，智斗鬼子兵

延边地区越烧越旺的抗日烈火，成为日本侵略者的心头大患。为了消灭日盛的抗日力量，在日伪当局《三年治安肃正计划》尚未出台之前的 1932 年到 1935 年，日本就对东满抗日游击根据地连续进行了三次“大讨伐”。1932 年 4 月至 1933 年 3 月间，日寇纠集了 3 000 多兵力，进行了第一次血腥的“大讨伐”。据有关资料记载，仅第一次“大讨伐”期间，敌人就对游击区先后进行了 381 次“扫荡”。1933 年 11 月至 1934 年春，日寇调集步兵、骑兵、炮兵、航空兵共 6 000 多人，进行了第二次“大讨伐”。1934 年秋至 1935 年 3 月，日寇又纠集了 6 个师团的精锐部队和伪军警备旅、靖安军，在飞机、大炮的配合下，对东满的抗日游击根据地和东北人民革命军第二军独立师进行了第三次“大讨伐”。虽然抗日力量遭受到严重损失，但日寇的三次“大讨伐”都以失败而告终。

1932 年夏天我们全家迁到药水洞以后，为了尽量减少人员往来，我们就在村子附近的山沟里盖起了一座草房居住。

立秋过后的一天，日焕叔和几位同志在家里连夜刻蜡版，赶印传单。天亮以后，在山坡上站岗的三奶奶气喘吁吁地跑回来告诉大家，日军“讨伐队”来了。叔叔们立即把油印机藏在灶坑最里边的柴草堆里，把传单带到身上，从三奶奶家的后门出去，奔后山的林子里撤走了。三奶奶把后门、后窗打开以驱散屋里的油墨味儿，让我蹲在灶坑[33]里添柴草烧火。

我点着柴草，轻轻地摇着风匣。三奶奶舀了两瓢凉水倒进锅里，又舀了一瓢凉水淋在柴草堆上，告诉我要用湿草添火，多冒出一些烟，让烟味盖过油墨味。我看了一眼身边的柴草堆，油印机就藏在草堆里。我有些害怕，紧张得心里怦怦直跳。三奶奶嘱咐我：“顺玉，别害怕，无论如何都要保护好油印机。你在脸上抹点草木灰，装成个傻子。”三奶奶泰然自若地蹲在灶台前，用水盆洗菜。三奶奶镇定的神情使我也很快平静下来。

33) 朝鲜族农家是下沉式灶坑，近一米深，平时用盖板盖上，使盖板、锅台、火炕形成一个平面。柴草放在下沉式灶坑里侧，做饭时把盖板掀开，下蹲到灶坑里添柴烧火。

我把草木灰抹在脸上和衣服上，把湿柴草添到炉灶里，燃着之后又拉出到灶口上，瞬间，整个屋子弥漫着青烟，把我呛得咳嗽起来。

过了一会，“咣、咣、咣”砸前门的声音吓了我一跳，三奶奶赶紧起身去开门。杀气腾腾的伪军警带着几个日本兵像疯狗一样窜了进来，黑洞洞的枪口对着我和三奶奶。

“为什么这么大的烟？”伪军警厉声问。他们也被呛得咳嗽起来。

“前几天下了雨，柴草都被淋湿了。”三奶奶回答。

“老太婆，把共党交出来！”伪军警冲着奶奶大声说。

“什么？贡糖？只要是我们家里有的，你们就拿去吧。”三奶奶装作一副战战兢兢的样子回答。

“你装什么糊涂，不交出来就把你带走！”这个坏蛋瞪着眼睛喊。

三奶奶说：“大人，我不是说了吗，只要家里有的，你们都可以拿走。”

这时，像是个小头目的日本兵喊了一句什么，几个敌人穿着鞋就上了炕，开始到处乱翻，把不大的屋子翻得乱七八糟，被子、衣服扔得满炕都是，还有一个日兵用枪托把炕面也敲了一遍。

伪军警气急败坏地走到我身边，抓住我的头发，一把把我从灶坑里拽起来，使我疼得大哭大叫。

“小丫头，你看见共党没有？”

“贡、贡糖已经让、让我吃完了，不、不知道你们也、也想吃。”我边哭边回答，然后又冲着伪军警傻笑起来。

“狗崽子！”伪军警骂了一句，枪口又对准了我。

“狗崽子。”我学着他的话，傻笑着，又学着他的样子把烧火棍指向了他。

伪军警一把把我推倒在柴草堆旁，我浑身一震，柴草堆里正藏着油印机。我立刻站起来，大哭着用衣袖把鼻涕眼泪抹了一脸。三奶奶立刻跑过来护着我：“大人，她是个傻丫头，您大人有大量，别和这傻孩子一般见识。”

这时，日本兵把伪军警叫到一边，嘀里嘟噜地说了些什么，然后伪军警走到三奶奶跟前，盯着三奶奶问：“你们为啥不住在村子里，跑到村边的山沟里来住呢？讲老实话，不然我们就把这傻丫头带走了！”

“大人，我们原本是住在村子里的，因为家里死了人，村里的人非说是得了传染病，就串通一气撵我们走，我们只好搬到这山沟里来住。大人你看，这丫头的病还没全好呢。”

伪军警一听说有传染病，立刻紧张地和日本兵呜里哇啦地说了些什么，又招呼了一声，几个敌人像遇见洪水猛兽般一窝蜂地抢着往门外跑。三奶奶拉着我跟随到院子里“恭恭敬敬”

地送行，一直看着他们悻悻地走远。

油印机保住了！三奶奶兴奋地把我搂在怀里，我仰起黑脸看着三奶奶，祖孙俩开心地笑起来。

1933 年初春时节，三奶奶带着我一起到局子街执行秘密文件递送任务。我们装扮成祖孙俩走亲戚的模样，因为老太太带着个孙女，不容易引起敌人的注意。我背着用芦苇编成的背篓，文件分页卷成细筒藏在芦苇的空心杆子里。我们走了两天才到局子街，在地下交通站递交完文件后，就返回了药水洞。

回到药水洞后，我们先到区委汇报任务完成情况，这里是一座用木头搭建的小屋。看到我们祖孙俩走进来，区委书记“大个子”起身迎接我们，让三奶奶坐在座位上。平日见到三奶奶总是笑容满面的“大个子”，今天却一脸严肃。“大个子”说:“大妈，有一个很沉痛的消息要告诉您。”我看到三奶奶浑身一震，可能已经预感到了什么。“大妈，您的好儿子东山，两天前在反‘讨伐’的战斗中和几位游击队员一起英勇牺牲了。”“大个子”悲痛地说。

后来我们才知道事情的经过。这次袭击药水洞的日寇是一队骑兵。抗日游击队在组织村民疏散后，与日军发生了枪战，东山叔和几位游击队员来不及撤离，被包围在村子里。枪战中有几个日本兵被打死，恼怒的日寇就想活捉这几位游击队员，还发生了短兵相接的搏斗。因寡不敌众，最终几位游击队员还是落入敌手。为了泄愤，丧尽天良的日寇用绳子捆住几位游击队员的脚，让马拖着他们奔跑，把人拖得血肉模糊，然后又把他们扔进一间草房里，用机枪扫射，最后把草房点火烧毁。日本侵略者的暴行令人发指，欠下的血债终究是要偿还的！

东山叔的牺牲对三奶奶打击很大，我也陪着三奶奶哭了好几天。

我在三奶奶家长大，父亲金正植并不经常来看我，我一度感到挺失落。随着年龄的增长，特别是在东山叔牺牲后，我渐渐地理解了父亲，父亲是一位有家国情怀的人，他的心中装着大爱。

我父亲金正植于 1929 年参加农民赤卫队，1932 年 12 月被编入和龙县抗日游击中队，任小队长。1933 年春，游击中队队员增加到 80 多人，扩编成和龙县抗日游击大队。1933 年秋，日伪军又一次袭击了渔浪村，我父亲金正植带领本小队的几名游击队员在阻击日伪军“讨伐队”、掩护村民们撤离时，与敌人发生了激战，后来退守在村子边上的一座草房里。敌人用密集的火力向草房射击，草房的土墙开始剥落。游击队员们一边还击，一边把火炕上的炕板石拆下来，垒成石板墙阻挡敌人的火力。但是在敌人持续的火力攻击下，最终，游击队员们全部壮烈牺牲。据当时清理战场、埋葬烈士遗体的叔叔后来对我们讲，战斗现场很惨烈，子弹全都打光了。发现我父亲的遗体时，他把枪抵在自己的胸口，胸前有枪伤和血迹，看来他是把最后一颗子弹留给了自己，宁死也不愿受到日本鬼子的羞辱。父亲金正植牺牲时年仅 36 岁。后来大家把这次战斗称作“渔浪村炕板石战斗”。

由于渔浪村离我们当时所住的药水洞比较远，几天后我们才得知我父亲牺牲的消息。我趴在炕上大哭了一场，三奶奶坐在我身边，一边轻轻拍着我的背，一边陪着我流泪，让我把心里的悲伤都哭出来。

1956 年，延吉市政府为我颁发了父亲金正植的革命烈士证书，我既悲痛，又为父亲感到骄傲，这张珍贵的革命烈士证书我会永远珍藏。

第四章　书记金日焕，至死亦忠诚

回顾东满的抗日斗争，不堪回首却又不能不面对的一段历史就是“反‘民生团’斗争”。

1931 年九一八事变以后，日寇侵占了我国东北，一批亲日政客从朝鲜来到东北，于 1932 年 2 月在延边地区的龙井成立了反动组织“民生团”，并在龙井公会堂召开了有 500 多人参加的创立大会。“民生团”宣布其宗旨是在日本占领下寻求“韩人自治”，公开拥护日本侵占东北，污蔑抗日力量是“各色匪贼集团”，称颂日寇的“讨伐”是“维护间岛地方治安，保护良民”。

“民生团”从成立起就遭到中共延边地区各级党组织和广

大民众的坚决反对，意识到受骗的朝鲜族民众纷纷退出该组织，“民生团”的活动场所被群众捣毁，骨干分子被围殴，在共产党领导的“春荒斗争”中，还处决了多名“民生团”骨干分子。1932年3月伪满洲国成立以后，日伪当局认为“民生团”的“韩人自治”等主张威胁到日伪对东满地区的统治，于是“民生团”就成了“过街老鼠”，被迫于1932年7月登报声明，宣告解散。

这一阶段，延边地区各级党组织领导下的“反‘民生团’斗争”无疑是正确的，鼓舞了广大抗日民众的斗志，打击了日本侵略者及其走狗的嚣张气焰。但自从“宋老头事件”以后，斗争的性质就发生了变化。

1932年8月初，中共延吉县老头沟区委秘书“宋老头”被日本宪兵队逮捕，一周后被释放。在党组织对其考察期间，县游击队捕获了两个日本宪兵队的翻译，他们在受审时供述说“宋老头”是宪兵队派出的密探。于是，延吉县委组织人员对“宋老头”严加审讯，“宋老头”就胡乱交代，说日本宪兵队要求他在抗日组织内部发展“民生团”团员，破坏抗日斗争，并供出了一批“同伙”。这批“同伙”被抓捕后，又遭严审，越审供出的“同伙”越多，先后有二十多名“民生团”成员被处决。

1933年3月开始，“反‘民生团’斗争”扩大到和龙、汪清等周边县区并愈演愈烈，各县、区和游击队的一批领导干部被无端怀疑，甚至遭到监禁、处决。

这期间，日本鬼子趁着抗日力量内部“反‘民生团’斗争”造成混乱之机，网罗一批特务、叛徒成立了“间岛协助会”，专门借“反‘民生团’斗争”之机进行破坏活动，派遣特务混进抗日游击区，散布谣言、编写假信、扰乱视听，实施恶毒的离间计，使得东满“反‘民生团’斗争”的局势更加错综复杂、真假难辨。

1934年10月，新任中共满洲省委书记杨光华到任不久，就觉察到东满的“反‘民生团’斗争”不正常，党的领导层内部混乱。1934年12月，杨光华指派中共哈尔滨市委书记魏拯民作为省委巡视员到东满指导工作。此后，中共满洲省委多次给东满党组织发指示，要求东满特委和二军独立师纠正在抗日民族统一战线和“反‘民生团’斗争”中存在的一系列错误做法。

1935年1月，魏拯民到延吉县三道湾能芝营抗日游击区深入群众了解情况后，于2月末至3月初在汪清县大荒崴召开东满党、团特委第一次联席扩大会议，开始部分地纠正“反‘民生团’斗争”中存在的问题。会上选出了新一届中共东满特委，魏拯民当选书记。

1935年3月下旬，中共东满特委和东北人民革命军第二军独立师在汪清县腰营沟召开第二军独立师政委联席会议，魏拯民、王德泰、金日成等参加了会议，会议讨论的议题之一就是如何纠正“反‘民生团’斗争”中存在的问题，要求禁止逼供和仅相信口供的错误做法，成立东满特委直接领导的肃反委员会，专门负责处理“民生团”问题，防止滥杀无辜。

1935 年 5 月，魏拯民到苏联出席了共产国际第七次代表大会，并向中共驻共产国际代表团汇报了东满地区包括“反‘民生团’斗争”在内的抗日斗争工作情况，听取了中共驻共产国际代表团的指示。

1936 年 1 月，魏拯民从苏联返回东北。回国前，中共驻共产国际代表团指示，由魏拯民负责组建中共东满省委并任省委书记；同时让魏拯民向吉东特委、第五军以及中共南满特委、第一军传达共产国际第七次代表大会精神，传达中共驻共产国际代表团关于撤销中共满洲省委，另建东北的东、西、南、北四个地区性省委，建立统一的东北抗日联军，以及纠正“反‘民生团’斗争”中的错误倾向等指示。

魏拯民回国后返回第二军驻地途中，在宁安县与第五军军长周保中会晤，召开会议传达了共产国际会议精神和中共驻共产国际代表团的指示。3 月，魏拯民在安图县迷魂阵抗日游击根据地主持召开了中共东满特委和东北人民革命军第二军领导干部会议，传达了共产国际第七次代表大会精神和中共驻共产国际代表团有关军队和党的建设工作的指示，同时检查了“反‘民生团’斗争”工作情况，释放了被定为“民生团”分子但查无实据的党员干部，并重新将其纳入部队编制。至此，东满地区的“反‘民生团’斗争”终于结束。

这次的迷魂阵领导干部会议还有一项重要内容，魏拯民在会议上传达了共产国际和中共驻共产国际代表团拟将东北人民革命军第二军中的朝鲜籍将士单独组编为朝鲜民族革命军的指示，要求在中朝边境地区建立抗日游击根据地，以便在条件成熟时随时开赴朝鲜进行解放朝鲜的战斗。但在会议的讨论过程中，个别朝鲜籍的领导同志提出了不同意见，认为把第二军中朝鲜籍将士单独组编为朝鲜民族革命军的时机还不成熟，目前尚不足以形成对敌人的威慑，而且也会削弱第二军的有生力量。他们建议维持现有编制不变，在中国境内打击敌人时，冠以抗日联军的名义；打击朝鲜境内的敌人时，冠以朝鲜人民军的名义，这样才能赢得广大中朝人民的信赖和支持。朝鲜籍领导同志的建议获得了与会同志们的认同。

“反‘民生团’斗争”的路线性错误，给东满如火如荼的抗日斗争造成了重大损失。经过这场斗争，东满抗日游击根据地丧失殆尽，抗日武装不得不实行战略转移，抗日根据地的军民付出了沉痛的代价。

这次“反‘民生团’斗争”中被打成“民生团”分子的人员，他们蒙受着“民生团嫌疑”的耻辱，承受了巨大的心理压力，还要面临被处决的风险，但仍坚信只有中国共产党的领导才是中华民族求得解放的希望，他们依然无怨无悔地跟着中国共产党走，坚决抗战到底。在日伪军1934年秋开始对东满的第三次“大讨伐”中，原汪清县抗日游击大队大队长梁成龙，因“民生团嫌疑”被撤销党内外一切职务，家中8口人全部被日寇杀害，但他仍然冲锋陷阵，在罗子沟反“讨伐”战斗中英勇牺牲，年仅29岁。梁成龙烈士仅是他们中的一位代表。

我的堂叔金日焕也是在“反‘民生团’斗争”中被错杀的。

从1931年9月至1933年1月，不到一年半的时间里，中共和龙县委五任书记蔡洙恒、许虎林、金铁山、崔相东和刚继任的具成泰，前赴后继，均在抗日斗争中英勇牺牲。1933年初，日焕叔被任命为中共和龙县委书记。在这危难的时刻担任这一职务，日焕叔心里很清楚这意味着什么。

在共同的艰苦斗争中，日焕叔和金谷村的姑娘李桂荀感情日益加深，1933年早春，两人结了婚。

李桂荀，1914年11月出生在和龙县金谷村的一个贫苦农家，也是全家族投入抗日斗争的革命家庭。李桂荀1928年加入儿童团，担任共青团大砬子区委秘密交通员，1932年8月加入中国共产党，1933年任中共和龙县平岗区委妇女委员，1936年1月加入东北人民革命军第二军，3月被改编为东北抗日联军第二军，1938年1月在敌人狱中英勇就义。

当时的渔浪村是抗日游击根据地，处地偏僻，1932年底，中共和龙县委机关迁入渔浪村，我们全家也跟着搬到了渔浪村。

由于日伪军对渔浪村反复多次进行“讨伐”，所以损失非常惨重，很多抗日骨干牺牲，村民们的房子被烧毁。日焕叔担任和龙县委书记后，首要任务就是恢复和重建渔浪村抗日游击根据地，每天都忙得不着家。日焕叔充分发动群众，依靠党团骨干和农、青、妇、儿等抗日群众组织，经过一个多月的共同努力，村民们都住进了新草房，渔浪村抗日游击根据地逐渐恢复了以往的生机。

1933 年 11 月，中共东满特委突然宣布撤销金日焕的中共和龙县委书记职务，由曹亚范接任，并指派金日焕夫妇到与和龙县交界的安图县车厂子[34)]，为开辟新的抗日游击根据地做准备工作。这个消息让大家很震惊，日焕叔自己也闹得莫名其妙。后来我们才慢慢地知道了事情的原委。车厂子党支部书记李亿万不把精力放在抗日斗争上，经常偷偷地抽大烟，日焕叔听到这些反映后，对李亿万进行了批评和提醒，但李亿万不思改过，反而向东满特委诬告金日焕是“民生团”分子。在当时风声鹤唳、草木皆兵的“反‘民生团’斗争”政治氛围中，即便浑身是嘴，也不可能说得清白。日焕叔背着“民生团”分子的恶名，又要完成组织交给的重要任务，这种巨大的精神压力是常人难以承受的。

为了支持日焕叔和桂荀婶的工作，也为了缓解他们俩的精

34）现划归和龙市。

神压力，我们全家人也随迁到了车厂子。刚搬去时，我们先住在朴德山家，后来新盖了一个草房才搬出来住。

日焕叔夫妇到车厂子后，广泛宣传抗日救国，秘密组织成立农民协会、妇女会等抗日群众团体，多渠道筹措粮食，动员群众发展生产，为抗日游击根据地的创建做了舆论、组织、物质等方面的准备。

当时的难点是接管驻在车厂子的救国军余部的工作。吉林中国国民救国军鼎盛时曾发展到 5 万多人，取得不少战绩，但由于日伪当局的疯狂“围剿”和“讨伐”，救国军最终溃败。1933 年 1 月，救国军总司令王德林率少量官兵退入苏联境内，辗转返回我国内地继续从事抗日活动。救国军溃散后的余部一部分被编入共产党领导的抗日武装，还有少量队伍与驻留在车厂子的救国军余部一样，处于游移观望状态。

我们一家人搬到车厂子后，为了便于开展工作，改成姓李，给一家汉族地主当佃农。白天，日焕叔要在地主家的大田里干活，还要去山上砍柴；晚上，他就到救国军的驻地和官兵们聊家常、讲故事、交朋友，宣传抗日救国，激发大家的爱国热情。由于日焕叔的汉语说得非常流利，见多识广，肚子里的故事又多，待人亲切、朴实，很受救国军官兵们的欢迎。加之日焕叔组织村民为救国军筹措后勤物资保障，解决了困扰救国军的军粮、军装等难题，救国军终于明确表示，愿意同抗日游击队相互配合，继续坚持抗日斗争，日焕叔也赢得了救国军和民众的信任，声望很高。

经过日焕叔、桂荀婶和朴德山、金“大个子”等党员骨干七八个月的艰苦工作，开辟车厂子抗日游击根据地的条件已经基本成熟。

1935 年 1 月，中共东满特委把车厂子确定为抗日游击根据地，中共东满特委、新组建的中共安图县工作委员会、东北人民革命军第二军独立师，以及延吉县、和龙县、安图县的一千多名抗日游击根据地的军民都移驻到车厂子，这里成为东满地区最大、最有影响力的抗日游击根据地。日焕叔凭着对党的一片赤诚，为根据地的创建立下了汗马功劳。

1934 年 3 月，传来三爷爷金知哲在执行地下交通任务时不幸牺牲的消息，三奶奶悲痛万分，我又陪着三奶奶哭了好几天。被撤销县委书记职务不久的日焕叔，在得知自己父亲牺牲的消息后，精神上的痛苦更是雪上加霜，几天都吃不下饭。

1934 年秋，安图县臭名昭著的叛徒李道善带领他的反动特设“讨伐队”，企图“围剿”驻车厂子的救国军。救国军得知消息后暂时撤离了驻地，李道善就在车厂子到处搜捕抗日人士，把我们一家人都抓了起来，押解到地主家的院子里。李道善让手下把日焕叔绑起来进行审问：“你是不是共产党？”日焕叔说：“我不叫‘宫三堂’，我叫李成浩。”当李道善听到日焕叔说自己的祖籍也在咸镜北道时，大发雷霆说："我们咸镜北道的李氏家族怎么出了你这么个孽种？我今天就要杀了你，为祖宗清理门户！"并把一叠传单摔到日焕叔的脚下，厉声道："这是在你家里搜出来的！你还不承认自己是共产党吗？想骗我，你还嫩了点儿。"三奶奶看到传单愣了一下，这是放在家里还没发完的抗日传单。三奶奶向前走了几步，笑着对李道善说："大侄子，一笔写不出两个'李'字儿，不管咋说，咱们姓李的还是一家人。这件事呀，和我儿子没关系。前些天，有一个过路的年轻人向我要一瓢水喝，把这叠纸交给我，让我先替他保管些日子，还说等他来取走的时候会送给我一袋山里采的榛子。年纪大了，记性也不好了，我把这叠纸放在家里以后就把这事儿给忘了，也忘了告诉儿子。都怪我这个老太婆爱贪小便宜，寻思着能白捞一袋榛子，没想到这个小子这么坑人，让我惹了这么个大祸。这个人很可能就是你们要找的'宫三堂'，下次他来我们家取这叠纸的时候，我一定让我儿子把他抓住，送到大侄子您的府上。也怪我不识字，不知道纸上写了些啥，竟让大侄子你这么上火。放了我儿子吧，要杀就杀我。实实在在地说，我们一家人都是本本分分的农民，大侄子您可以向我们东家打听打听。"李道善让人把地主叫出来，地主指着院子里堆得像房子一样高的柴垛说："老李家是我们雇请来的帮工，很能干，这些柴火都是他们从山里背回来的。"东家证实了我们一家人是本分的农民，还为我们作保。李道善还是不死心，叫人给日焕叔松绑后，让日焕叔把手伸出来给他看看。他看到日焕叔一双手上满是老茧，这才善罢甘休，拍拍屁股走人了。一场风波，有惊无险。

李道善是九一八事变后从抗日队伍中叛变投日的走狗，原为土匪出身，枪打得特别准，叛变后他组织的安图县伪特设部队都是由叛徒、走狗、土匪组成的，受过日军特殊训练。李道善心狠手辣、无恶不作，熟悉地形和民情，曾多次带队“讨伐”抗日游击区,杀害了不少抗日官兵和老百姓。1937 年 4 月，李道善被抗日联军第二军第四师在安图县大沙河老金厂附近围歼，这个十恶不赦的叛徒终于被除掉了。

那段时间，日焕叔和桂荀婶经常很晚才回家，两个人的眼睛红红的，都哭肿了，三奶奶劝他们想开些，特别是劝桂荀婶多保重身体，要为肚子里的孩子着想。

三奶奶眼看着儿子和儿媳妇的面色一天不如一天，心里有一种不祥之兆。一天晚上，三奶奶把全家人叫在一起开了一个家庭会议。三奶奶说 :“咱们仨都是共产党员，开个家庭会，都说说心里话。日焕呀,咱们家里的男人都被日本鬼子杀害了，就剩下你这么个独苗。现在‘反“民生团”斗争’搞得这么厉害，你应该也听说了。你就暂时到外地去躲一躲，避过这个风头再出来工作，不行吗？”三奶奶说着说着就泣不成声，全家人也都流泪了。日焕叔沉默了一会，说："妈妈的心思儿子都明白，我们还是要相信组织，问题一定会搞清楚的。如果我这个时候离开了党组织，就是八辈子也洗不清叛变革命的罪名了。我当面向领导们解释他们都不相信，要是躲出去了，不就等于承认他们的怀疑是正确的了吗？妈妈，我不能这样做。"日焕叔又说，"妈妈，如果真要是有个什么万一，我们还是要相信党，虽然会有曲折，但是要想取得抗日斗争的胜利，除了走共产党指引的路，再没有其他路可走。桂荀，你要把孩子好好抚养成人，我们要一代接一代地把抗日斗争进行到底。"桂荀婶哭着点了点头。

家庭会议结束后，我不解地问三奶奶："奶奶，组织上都不相信日焕叔了，他怎么还那么拼命地工作呀？"三奶奶想了想说："你日焕叔干的事业不是小孩子过家家，玩恼了就可以散伙了。抗日斗争是大事，关系到整个民族的存亡，我们不是在为哪一个人去工作，而是为了全党的事业、为了我们自己的未来去斗争。你日焕叔是一个有胸怀的人。"我琢磨着三奶奶的话，更觉得日焕叔是一位了不起的人。

大概过了半个来月，桂荀婶生下了一个小妹妹——贞子。正当三奶奶和日焕叔忙活着照顾桂荀婶坐月子的时候，组织上突然宣布要对日焕叔进行隔离审查。三奶奶和桂荀婶也受到株连，被禁止参加党组织生活。

1934年11月，一天傍晚，有人来通知我们去参加公审大会。因为桂荀婶还在月子里，不能去参加，三奶奶就带着我急忙赶到车厂子人民革命政府的院子里。院子里已经坐满了人，其中有救国军的三十多位官兵，他们都是汉族，还有十几位抗日游击队队员，其他都是农民协会、妇女会的村民，曹亚范和朴德山也在场。日焕叔被绑在一棵大树上。我一看到日焕叔，就扑到日焕叔身上哭起来，会议主持人走过来把我拉到旁边坐下。会议主持人宣布开会以后，车厂子党支部书记李亿万上台讲话："金日焕是一个顽固的'民生团'分子，至今一个同党也不交代。根据金日焕问题的性质和他恶劣的态度，经过肃反委员会研究，我郑重宣布，决定判处金日焕死刑，立即执行。"李亿万宣布完决定后就离开了会场。日焕叔愤怒地大喊："我不是'民生团'，这是你李亿万对我的诬陷！你就是把我的手脚都砍了，我也不是'民生团'！"这时会场的群众开始议论纷纷，救国军的队列里站起来一位军人，大声说："你们的这个决定是错误的！金日焕是一个坚定的抗日志士，我们交往已经有一年多了，很了解他。"另一位救国军的战士站起来喊道："谁敢枪毙金日焕，我就崩了他！"说完就端起枪把子弹推上了膛。这时救国军的官兵们都站了起来，喊着："对，崩了他！"紧接着，好几个战士也把子弹推上了膛，会场的气氛顿时变得非常紧张，主持人的脸都吓白了，马上答应释放金日焕。他们把人松绑带走后，会场的人也陆续散去。

第二天一大早，有几位不相识的好心村民来告诉我们，日焕叔昨天晚上被秘密杀害了。听到噩耗，三奶奶发狂似的向事发地跑去，我在后面紧着追。到了一片荒野，日焕叔静静地躺在地上，好心的村民们折来的几束松枝覆盖在日焕叔的遗体上，他胸前和脖子上的创口处，深紫色的血迹已经凝结。三奶奶扑倒在日焕叔的身上，号啕大哭，悲痛欲绝："日焕呀，你死得冤枉啊……你睁开眼睛再看我们一眼吧……"我也哭得痛不欲生，根本忘记了接连失去丈夫和两个儿子的三奶奶是多么需要我去安慰。十几位村民不知道什么时候聚在我们的身后，也陪着我们抹眼泪。

当天，我们就把日焕叔安葬在村外的东山坡上，幸亏有很多村民来帮忙。在事发地附近居住的村民告诉我们，昨天晚上枪响之前，还听到日焕叔在高呼"中国共产党万岁！""把抗日斗争进行到底！"。

日焕叔在一年前就清楚地知道自己可能会有这样的结局，清楚地知道躲出去一段时间就可能避免被错杀，清楚地知道换个地方照样可以进行抗日斗争，然而，他却无畏地直面人生悲剧的落幕，把清白、坦荡和忠诚留在了人世间、传给了后来人、献给了中国共产党！

1956 年，金日焕被追认为革命烈士，向家属颁发了革命烈士证明书。

日焕叔被杀害的一个多星期后，李亿万连老婆都没顾得带，逃到安图县城投靠日本鬼子当了叛徒。

桂荀婶知道日焕叔被害的消息后，万分悲痛，当天就回奶了，小贞子饿得不停地哭，三奶奶和我急得团团转，到处想办法。后来我们到救国军营区外的垃圾堆里捡来一堆牛骨头，洗干净，熬骨头汤为桂荀婶催奶。

这期间，中共和龙县委书记曹亚范几次到我们家中探望、慰问，对日焕叔被害表示惋惜，还说：“金日焕是个好同志。”

曹亚范是汉族，北京人，党派他到东满来组织抗日斗争，他在延吉师范学校毕业后，到泉坪养正小学当了两年老师。这是一所朝鲜族小学，他以教师的身份为掩护，在泉坪一带进行抗日斗争的宣传和组织工作。他的群众关系很好，朝鲜语讲得很流利，还娶了二道沟的一位朝鲜族姑娘。他曾担任过中共东满特委秘书长，东北人民革命军第二军第二团政委，东北抗日联军第二军第三师政委、第一军第二师师长、第一路军第一方面军指挥。1940 年 4 月，他在濛江县[35] 被敌特杀害，时年 29 岁。

35) 今吉林省白山市靖宇县，下同。

第五章　转战长白山，抗联留英名

由于日伪军对抗日游击根据地反复“讨伐”和严密封锁，烧毁民房，毁坏农田和庄稼，使得根据地军民的生存条件不断恶化。1935 年春天开始，我们就断了粮、盐、油。起初还能剥到榆树皮充饥，后来榆树皮都剥光了，只好到山林里去剥松树皮、桦树皮。剥松树皮是要剥松树的白色内皮，煮烂，洗净，泡水，铺在石板上用木棒捶打得像棉花一样，再做成饼或是熬成粥。松树皮很难吃，松油子味儿很大，粗糙难咽，更糟糕的是解不下大便来，很多人全身浮肿，十分痛苦。当时，饿死人的事情也不断发生。即使这么艰难，根据地的民众也不愿意搬离根据地迁到敌占区去。

1935 年春耕时节，我加入了赤卫队，离开家开始过集体生活。加入赤卫队后的第一次任务是种玉米，玉米种子是抗日游击队派人从敌占区秘密筹集来的。在点种玉米时，我发现有几颗种子的胚芽被老鼠啃掉了，种下去也发不了芽，心想这么珍贵的粮食扔掉了太可惜，就放到嘴里嚼碎吃掉了，我认为这是正大光明的事情，旁边几个一起干活儿的赤卫队员也都看到了。这时赤卫队队长南龙洙走过来制止我："顺玉，你这么干是会惹祸的。"果不其然，不知是谁告的状，当天晚上就有两个男队员把我绑送到人民政府，还安排了两个人连夜审问我，劈头盖脸地把我打了一顿，说我偷吃玉米种子，破坏根据地春耕生产，是暗藏的"民生团"分子。我又委屈又气愤，哭着大喊："我不是！我不是！"第二天他们把我送到车厂子游击队队部，队部的工作人员详细询问了事情的经过后说:"净瞎胡闹，这还是个孩子,咋就成'民生团'分子了！"说着为我松了绑，还给我端来一碗小米野菜粥。这碗粥太好喝了，我流着泪把粥喝完，壮着胆子又要了一碗。我实在是太饿了。

1935 年 10 月，由于日伪军对车厂子抗日游击根据地的"讨伐"越来越频繁、残酷，兵力投入也越来越多，东北人民革命军第二军驻车厂子的第二团，由军长王德泰率领，主动撤出了车厂子根据地，向安图县二道白河镇东南方向 50 里的奶头山村转移，创建了奶头山抗日游击根据地。这里周围都是崇山林海，远离日伪统治中心，靠近南满，有利于我军开展游击活动。革命军到达这里后，成立了中共安图县特别委员会，并组建了农村地方政权机构——农民委员会，原设在车厂子的兵工厂、被服厂、医院等后勤保障机构，也相继转移到了奶头山。第二军在撤出车厂子根据地时，要求能跟得上部队长途行军的村民一起撤走，并动员跟不上队伍的老小病弱尽早下山，到敌占区去投亲靠友。那个时候，谁也不愿意下山到敌占区去。

当时我们住在车厂子的西南岔，由于得知第二军撤离的消息太晚，朴德山夫妇，南昌洙、南东洙、南龙洙三兄弟，姜一洙全家 7 口，还有我们一家 4 口，几家人仍滞留在车厂子，我们想等第二军部队再来时一起走。后来我们几家人一起从西南岔搬到了东南岔的山沟里，互帮互助，度过了难熬的寒冬。

1936 年 1 月，金明柱带了一个班路过东南岔，在我们几户人家里住了 4 天，他们是要联络第二军第八团入队。我们几家人商量后，让南昌洙随金明柱一行找到八团，代表我们几家人申请加入八团，最终八团团长钱永林[36] 同意接收我们。因为我们几家人全都是朝鲜族，就把我们编成一个特殊班，让我们在朝鲜族民众聚居区多做一些对群众的宣传、组织、交流等工作。钱团长还亲切地叫我“小丫蛋儿”，后来这就成了我的外号。

36) 回忆录原稿为“蔡永林”，因朝鲜语中“蔡”与汉语“钱”发音相近，致翻译有误。以下均已修正为“钱永林”。

团里为我们每个能参加战斗的人员都配发了一支枪，组织我们天天练习瞄准射击。有了枪就是真正的抗日战士了，我兴奋得好几个晚上都没睡好觉。

1936年2月，团里交给南龙洙和我们几个新队员一项任务，让我们去筹集粮食、棉布等后勤物资。我们下山时碰到一位陌生人，觉得其身份可疑，打算扣押他，但他自称是个小商贩，还说可以搞到一些粮食、棉布，但是量不会太大，而且价格比较贵。我们一听很高兴，就和他约定好时间、地点，一手交钱、一手交货。几天后，我们背着枪来到山脚下的约定地点附近先埋伏起来，果然看到小商贩牵着马如约而来，马背上驮着粮食和棉布。我们前前后后仔细观察，没发现其他可疑迹象。这次交易很顺利，于是，我们又约定了第二次交易。

几天后，我们还是背着枪提前来到约定地点附近先埋伏起来，没多久，小商贩又牵着马来了，我们又看了看前后左右没有其他可疑的人员，就走出来和他接头，又一次完成了交易。看着小商贩牵着马走远了，我和南龙洙背着粮食和棉布往山上走，刚走到五道阳岔口，就看到远处有一队进山“讨伐”的敌人。我和南龙洙赶快把背着的粮食和棉布藏到枯树洞里，然后朝着与去密营相反的方向跑。敌人发现了我们，一边开枪一边向我们追来。跑着跑着，我就和南龙洙跑散了，也实在跑不动了。我看到不远处的岩石旁有一棵倒木，赶紧钻到倒木下面，这里勉强可以躺进去一个人。我把子弹推上了膛，枪口对着斜上方，心想打死一个够本儿，打死两个就算给父亲也报仇了。我听着杂乱的脚步声越来越近，也听到自己的心脏在“怦、怦”地跳。渐渐地，脚步声又远去了，我紧绷的心情才慢慢平复下来。我躲在倒木下大概有近半个时辰才爬出来，在周围转了好几圈，糟糕的是怎么也找不到刚才来时的路了。这时突然听到远处南龙洙在喊我，我兴奋地边答应边向他跑过去，跟着他返回了密营。第二天，我和南龙洙想把藏在枯树洞里的粮食和棉布背回来，但找了一整天也没找到地方，可能是我们俩记错了藏匿地点，一直找到天黑才很沮丧地回来。晚间的班务会上，我俩作了检讨。三奶奶宽慰我们说：“只要你们俩安安全全地回来了就好，留得青山在，不愁没柴烧。”

1936 年 3 月，东北人民革命军第二军政委魏拯民到苏联出席共产国际第七次代表大会返回二军驻地后，在安图县迷魂阵主持召开了东满党和军队领导干部联席会议，会议决定将东北人民革命军第二军改编为东北抗日联军第二军，并决定第二军分兵向南满和吉东转移，开辟新的抗日游击根据地。

为了做好转移前的准备工作，第二军军长王德泰向所属各部队下达了指示，要求清理随队人员，老小病弱一律动员下山，以防范不必要的伤亡，增强部队的机动能力。

为了贯彻军长王德泰的指示精神，团里多次派人给三奶奶做工作，动员她下山，可是三奶奶坚决不同意，理由也很充分："我干地下交通这么多年了，整天在外面跑，身体很硬朗，绝不会拖累部队。我们家这么多亲人为了民族解放的事业牺牲了，我怎么能半道儿就从战场上退下来呢？再说了，让我离开部队、离开党的组织，我以后的日子咋熬啊？"

当时我的思想斗争也挺激烈。三奶奶从小把我抚养长大，恩重如山，按常理说我应该陪在三奶奶身边照顾她老人家，可是一想起这么多亲人豁出性命去奋斗的事业，我心里就很矛盾。

过了几天，团里的领导亲自出面找三奶奶谈话，示关爱、明利害、话长远、晓大局，最终三奶奶才勉强同意下山。

三奶奶找到我，希望我能和她一起下山。我噙着眼泪咬着嘴唇不敢吭声儿。三奶奶一看这架势，心里就明白了："奶奶看出你的心思了，小小的年纪，心里就有大事业，好样的！奶奶不勉强你。"三奶奶从衣裙的内兜里拿出一双用布包裹着的银筷子送给了我："留给你做个念想吧，等抗战胜利的那一天，你拿着这双银筷子，咱们祖孙俩再见面。好好保重自己，和你桂荀婶相互多照应着点儿。"我再也控制不住自己的眼泪，扑在三奶奶怀里大哭起来："对不起奶奶！"

第二天一早，三奶奶背着不到一岁半的小孙女贞子径直下山走了，我和桂荀婶本想把她们送到山脚下，可三奶奶说啥也不让，说送得越远，孩子哭得就越厉害。看着三奶奶背着伸出小手哭喊着要妈妈的小贞子，桂荀婶哭得肝肠寸断。我们不停地挥着手，看着三奶奶背着小贞子走远了，消失在我泪眼朦胧的视野里。

后来才知道，三奶奶背着贞子投奔了敌占区朝阳川的亲戚家，敌伪当局探听到三奶奶来自抗日游击根据地，就把三奶奶关押在朝阳川的监狱里审查，三奶奶称自己是一个目不识丁的老太婆，儿子病死后，儿媳妇跟着别人跑了，只好带着孙女到亲戚家寻一条活路。敌人找不到其他证据，关押了几个月后就把三奶奶释放了。为了躲避日伪当局的继续跟踪，三奶奶悄悄背着贞子去了朝鲜，含辛茹苦地把贞子抚养长大。朝鲜解放后，又把贞子送进烈士遗孤学校读书。1950 年年初，我从朝阳川亲戚那里得知三奶奶去了朝鲜，拿到了通信地址，就把不满 3 岁半的儿子寄放在大砬子婶母太氏家里，带上我一直珍藏在身边的那双银筷子，跨过图们江，去朝鲜开始了寻亲之旅。千辛万苦找了十几天，找了几处居住地，终于找到了三奶奶。这是离别 14 年后的重聚，我们祖孙俩相拥而泣。苦难的煎熬，岁月的磨砺，使三奶奶看上去苍老了很多，这真让我伤心不已。贞子已经长成亭亭玉立的大姑娘了，她学习很刻苦，后来考入了平壤的金日成综合大学，毕业后改名为金贞任，任朝鲜劳动党党史研究所所长至退休。

就在我去朝鲜探亲返回祖国后不久，三奶奶就在朝鲜战争中不幸罹难，没想到这次的一别竟成永诀。三奶奶苦难而又不凡的一生，她对敌斗争的勇气和睿智，给我们留下了一笔可贵的精神财富，“千车载不尽，万船装不完”，足以让一代代后来人仰目。

根据1936年3月迷魂阵会议的决定，我们东北抗日联军第二军离开战斗了4年多的延边抗日游击根据地，向北、南两个方向分兵活动。第二师由师政委王润成和师参谋长、代师长陈翰章率领，继续留在吉东的汪清和绥宁地区，同周保中将军率领的抗日联军第五军配合开展抗日游击战。军长王德泰、军政委魏拯民分别率领军部和第一师、第三师转战抚松、桦甸、濛江、长白等南满地区。在3月到6月几个月的转战中就进行了大小多场战斗，消灭了一批日伪军的有生力量。同时，第二军也在转战中不断壮大，军部增编了警卫团和少年营。我们第三师扩编最快，由于认真贯彻执行统一战线政策，我们师吸纳了救国军和山林队加入。5月份，在原有的第七团和第八团的基础上，又增编了第九团和第十团。我们师还在黑瞎子沟、红头山、杨木顶子、那尔轰、滴水砬子等地修建了大小几十处密营，有营房、粮仓、通讯处、印刷所、军械所、被服厂、医院等设施。我们在黑瞎子沟密营修建的一座马架子房，甚至可以容纳将近200人，虽然条件很简陋，但也像模像样，各种设施一应俱全。

第六章　悲壮一路军，齐辉日月明

1936 年 7 月，中共南满特委、东满特委和抗日联军第一军、第二军主要领导干部联席会议在金川县河里的惠家沟召开。会议决定把抗日联军第一军、第二军合编为东北抗日联军第一路军，成立总司令部，杨靖宇任总司令，王德泰任副总司令，魏拯民任总政治部主任。第一路军下辖第一军和第二军，共 6 个师，第二军原来所辖的第一师、第二师、第三师的番号，合编后改为第四师、第五师、第六师。第二军共有约 3 000 余人。这样一来，我们第二军第三师第八团的番号就变成了东北抗日联军第一路军第二军第六师第八团。会议还决定，中共南满特委、东满特委合并组成中共南满省委，魏拯民任中共南满省委书记。这次会议在东北抗战史上被简称为“河里会议”。

抗日联军第一路军成立时的军、师、团的首长我至今还有印象。第二军军长仍然是王德泰，政委魏拯民；第六师师长金日成，政委曹亚范；第八团团长钱永林，政委汪振亚。

1936 年 8 月，东北抗日联军第六师、第四师联合第一军第二师以及长白山地区的各路义勇军共两千多人，攻打了抚松县城。当时县城里驻扎着日军和伪军一千多人，但侦察获知日伪军马上增派了很多增援力量后，我军主动撤出了战斗。我军在撤退时伏击了追敌，也取得了不错的战果。这场战斗给敌人造成了意外的震慑，也扩大了党和抗日联军在南满地区的影响。

紧接着，1936 年 9 月，我们第六师在临江县、长白县[37)]境内连续进行了大德水、小德水、半截沟、二道岗等多次战斗，消灭了一批日伪军的有生力量。其中，在小德水的一次战斗中击毙了日本守备队 70 多人。此后，团长钱永林率领我们第八团北上，再次返回安图县境内，经历了乌米顶子、四方顶子等几次战斗后，到安图县东部二道沟的山林里建造密营，筹集了一些粮食，准备进行冬季整训，同时规避敌人的“讨伐”。

1936 年 11 月，东北抗日联军第二路军副总司令兼第二军军长王德泰，在抚松县和濛江县交界的小汤河指挥部队反击敌人偷袭的战斗中不幸英勇牺牲。这样一来，领导和指挥抗日联

37) 今吉林省长白朝鲜族自治县。

军第二军的重任就全部落在了第二军政委、早已积劳成疾的魏拯民肩上。军长王德泰牺牲后，政委魏拯民率第二师、第四师、第六师再次向临江县转移。我们第八团也按照师里的部署，从安图县移师到南满的抚松、临江、长白县一带。

大约 1936 年 11 月下旬，我们开始向南满转移，那时已经是冰冻雪寒的严冬。因为要避开日伪军的“扫荡”，所以部队走的都是深山老林，一路十分艰苦。我们曾途经多处山谷，由于山里的风很大，把山上的积雪吹入谷底，形成了几米、十几米深的雪谷，表面是一层比较厚的雪壳。怎么跨过这几十米宽的雪谷呢？一位战友先为大家探路，刚小心翼翼地走了二三十米，就踩碎雪壳，掉进了雪坑里。这可把我们吓坏了，坠入雪谷后，越挣扎就会陷得越深，不被冻死，也会窒息。我们赶紧找了一位体重轻的战士，在腰上系根绳子，由大家拽着，爬到雪坑边，把带去的另一根绳子的一头抛进雪坑里，让坠入雪坑的战士系到身上，然后大家合力把他拽了上来。上来时，他的手脚都冻麻木了。怎么越过这片雪谷？我们广泛发动大家动脑筋想点子。后来我们砍来很多雪松树枝铺在雪壳上面，踩在松枝上分散两只脚的压力，最终部队全员顺利跨过了雪谷。虽然中途也有战友不慎陷进雪坑，但是有了开始时的经验，很快就用绳子把他们拽了上来。但这个办法对雪壳太薄的雪谷不管用，只能绕行十几里、甚至几十里的路了。

一天傍晚，我们行军途经抚松县山区的一个村庄，乡亲们听说抗日联军进村了，都争着请战士们到自己家里过夜，把家里最热乎的大炕让出来给战士们住。朴德山让我住在一位猎户的家里，还特别关照，让我睡在离灶台最近的热炕头儿上。因为当时我的婶母李桂荀已经调入九团，留在了抚松县，全团就剩下我一个女战士随队行军，所以领导和战友们都格外关心我。那一夜，由于行军疲劳，加之躺在热乎的炕头儿上，我很快就睡着了。第二天上午，我一觉醒来，却发现自己竟然躺在雪地里。钱团长在我身边兴奋地喊着:“我们的小丫蛋儿醒过来了！”原来早晨战友们怎么也喊不醒我，分析可能是一氧化碳中毒了，就七手八脚地把我抬到空旷通风的雪地里。战友们把自己身上的棉大衣脱下来，为我铺上两件，又盖上两件，让我呼吸新鲜的空气。钱团长一接到连里的报告，就立刻从团部赶过来守着我，还下达指示，推迟了部队的出发时间。我知道事情经过后，感动得热泪盈眶，深深地感受到东北抗日联军这个革命大家庭的温暖。

1937 年 1 月，我被调到第六师师部通信班。通信班的主要任务是传送师里的报告、请示、命令、指示、信函，负责下情上达和上情下达。一般情况下，近距离的任务由女战士们完成，远距离的任务由男战士们完成。

我刚调到师部通信班时，还发生过一件很可笑的事儿。我到师部报到后，通信班长接我到通信班，并安排我住进女战士宿舍。晚上睡觉时，同宿舍的几位女战士都远远地躲着我，还让我睡在门口最靠边儿的位置上。我心里直嘀咕，她们为啥对我是这种态度呢？第二天我化雪烧水洗头发的时候，这几位女战友围拢过来七嘴八舌地说："哎呀，我们闹误会了。""哈哈哈，我们以为你是个臭小子呢。"这时我才明白昨天晚上她们为啥远远地躲着我。其实，我们在密营里，有条件时才能男女分宿舍休息，如果是住在大棚子里，只能男女混住，让女战士集中睡在一头儿。那个时候，因为要随时应对敌人的偷袭和其他紧急情况，加之冬天有些战士连棉被也没有，只能盖着大衣和衣而卧。到了三九、四九天，冻得睡觉时也要戴着皮帽子。所以，这些女战友把我误认作男兵也就不奇怪了。

我在师部通信班只工作了一个多月，就被调到第七团任司务长[38]。我赶紧请了个假，想在去七团报到之前，先到九团密营看望桂荀婶。此前因为各自随团行动，一直没有机会见面。

桂荀婶比以前憔悴了，她问我有没有她婆婆和女儿贞子的消息，因为三奶奶带着孙女贞子下山后就与我们断了音讯。桂荀婶谈到女儿时泪流满面地说，小贞子在奶奶的背上伸着小手

38) 金善的回忆原稿是"调到二团"，这是金善习惯性地沿用了东北人民革命军第二军第三师第二团的老番号。1936 年 3 月召开的迷魂阵会议上，决定将东北人民革命军第二军改编为东北抗日联军第二军后，第二团的番号已经改为第七团。以下均修正为"第七团"。

哭着要妈妈的情景时常出现在自己眼前，一想起来心里就很难受，不知道婆婆和孩子现在怎么样了。这种骨肉分离的煎熬，我感同身受。我宽慰婶母说，即使没有音讯，也不要过分担心，因为三奶奶凭着自己的勇敢和智慧，有在敌人面前化险为夷、扭转乾坤的神奇能力，我已经亲身见证过多次了，所以三奶奶和小贞子一定会安然无恙的。

真没想到，这一次来去匆匆的见面竟是最后的诀别。1937 年 1 月，桂荀婶因长时间在雪地里行军、宿营，脚被严重冻伤，被安排到长白山深处的黑瞎子沟后方密营医院治疗。桂荀婶看到医院的人手紧张，就一瘸一拐地主动承担起护理员和炊事员的工作。1937 年底，这个密营遭到日伪军的“讨伐”，他们立即组织伤病员向山林深处转移，等到桂荀婶把粮食藏好时，已经来不及撤离了。她被敌人逮捕，关押进长白县的监狱里。对亲人日思夜想、柔情似水的桂荀婶，在穷凶极恶的敌人面前却是横眉怒目、铁骨铮铮。敌人用尽了各种酷刑，也没能从桂荀婶的嘴里撬出一句有关抗日联军的情况。1938 年 1 月，黔驴技穷的敌人在长白县监狱将李桂荀杀害，她英勇就义时只有 24 岁。桂荀婶是我心目中的英雄，是我们这个家族的第八位抗日烈士。前几年，多家出版社出版过不同版本的抗日英烈传记，其中就有多本书收录了李桂荀的英雄事迹。

1937 年 2 月，我被调入七团当天就投入了紧张的工作。我们炊事班的任务很重，除了例行的炊事工作外，还要执行站岗、作战等任务。最累的就是行军的时候，不但要背着自己的行装和枪，还要背上行军锅和其他炊具以及各种调料。粮食在平时分散给每一位战友背着，一旦有作战任务或人手紧张时，粮食就要我们自己背，足有几十斤重。师首长多次在大会上表扬我们说，炊事班的女战士们最辛苦，行军的时候要比其他战士多背几十斤重的东西，个子都压得长不高了，给他十个新兵他也不会换走一个女兵，还鼓励我们女战士要成为部队的骨干力量。

我调入七团几天后，接到上级通知，要求我们筹措几个月的粮食，为下一阶段连续行军作战、进入密营进行整训做好准备。我们师里也派出了300多人的征粮队，到抚松县仁义屯征粮，这里是我们第六师建立的抗日游击根据地后方基地，群众很支持抗日联军，包括伪自卫团里的人也跑回家去准备粮食，所以征粮任务很快就完成了。没想到在返回途中碰上了敌人，这是一个由日本指挥官当“顾问”的伪军连队。这帮伪军真是不堪一击，征粮队消灭了包括日本指挥官和伪军连长在内的一批敌人，其余伪军望风而逃。征粮队安全地把粮食押送到密营，圆满完成了任务。

在此期间，一直和我们第六师协同作战的第二军第四师一部攻克了南岗木场，缴获很多大米、面粉和三百多头牛。随后，第四师、第六师密切配合，伏击全歼了追赶第四师的两个连的伪军。战斗结束后，第四师还把缴获的一百多头牛赶过来送给我们，充分体现了抗日联军兄弟部队相互支援的深厚友谊。这可把我们炊事班乐坏了，因为可以给大家改善伙食了。

1937 年 3 月，我们第七团和第八团协同作战，突袭了临江县六道沟镇的伪军据点，第一次没拿下来，第二次重新组织力量进攻，终于大获全胜，击毙伪军第三混成旅所部九十多人，缴获近百支枪械、五十多匹棉布、二百多双胶鞋。春天快到了，这批棉布正好可以供我们换装，很快就被运送到密营里的被服厂。

一提起被服厂，战友们都会流露出敬佩之情，因为他们是一线官兵身后的英雄群体，工作很辛苦，而且绝大多数是女同志，所以被服厂里的故事也不断地在部队里流传。一到临近换装的时节，这些女战友们就不分昼夜地赶工。她们先到树林里剥柞树皮，这对男人来说也是吃力的累活儿，姑娘们把锯子、镰刀、斧头、刀子，甚至连锋利的石块都用上了，手上很快就磨出了血泡。接着还要砍柴，支起几口大锅，锅里装满水，把树皮和土染料小灰投进去熬煮，等颜色熬出来了，再把白布放入锅里煮。染好颜色的布还要拿到早春仍覆盖着冰雪的山泉水中投洗，手都被冻得失去了知觉。晾干后，按大、中、小号成批裁剪，用缝纫机制成军装，再锁扣眼儿、钉扣子。这些繁复的工序一道也不能少，工作量很大。由于长时间徒手操作，被服厂的姑娘们十个手指都磨掉了一层皮，露出了嫩肉，一触碰就会钻心地疼。她们晚上也要赶工，连轴转，点燃十几根明子[39]照亮儿。明子燃烧时会冒出大量黑烟，加之连续熬夜奋战，姑娘们的眼睛都开始充血。半夜锁扣眼儿、钉扣子时，经常因为打盹儿被针扎到手指，惊醒后把出血的手指放到嘴里裹一裹[40]，还要继续干。姑娘们还用下脚料制作成衬领、袜套，绣上“杀敌立功”“抗日救国”等口号，装进一些新军衣的兜里，把抗战到底的斗志凝结在军装上，表达了姑娘们对一线官兵英勇杀敌的热切期盼。穿上这样的新军装，战友们的心里都会涌起一股暖流，决心多杀敌人，回报被服厂姑娘们的热忱。虽然我们和这些姑娘并不相识，但她们仿佛就在我们的身边，鞭策着我们，激励着我们。

1937 年春，我们袭击了敌人的一个据点，打了整整一天，缴获了大批粮食和布匹。虽然我们提前切断了据点的电话线，但邻近的驻敌还是得到了消息，大批增援敌军尾随追来。我们赶紧埋藏好粮食和布匹，连夜紧急转移。由于前一天下午就没吃饭，又走了一整夜，大家都又累又饿。当领导得知我们炊事班每人都背了一些已经用水和好的生面团时，就要求我们切成小块儿分发到每个人的手里，让大家生吃，以保证战士们连续

39）东北地区用富含油脂的松木劈制而成的细条劈柴。
40）东北方言，吮吸。

行军的体能。我们炊事班立即照办。为了让口味好一点，我们把每块生面都蘸上了一层白糖，又撒上一层干面粉，防止粘手，分发给大家一边行军一边吃。看着大家吃生面团，我心里很不是滋味儿，有一种愧疚感，但当时也确实没有更好的选择了。开始我还担心大家吃生面会拉肚子，庆幸的是居然一个拉肚子的也没有。此后，我们多次吃过生面、生米，在紧急情况下的远途增援、奔袭，伏击战长时间埋伏待敌，在敌占区临时驻扎严禁烟火等时段，都是无法生火做饭的。当然，如果提前得知有特殊任务，我们就会事先做好烤饼之类的熟食分发给大家。我们还多次做过炒面，让战士们装在自己的粮袋子里背在身上，因为炒面是干粉状，比较便于长时间保存。但经常遇到的情况是，炒面太干，吃的时候如果找不到水，吞咽就会有困难。

1937 年 4 月中旬，在我们袭击了濛江县土营子日军据点后，于 5 月初转入长白县的黑瞎子沟密营，和第二军第四师、第一军第二师胜利会合。这样一来，我们就彻底打破了日伪当局根据其三年“治安肃正计划”对东边道地区[41]北部的“满军独立大讨伐”。但是，我们抗日联军第一军、第二军自身也遭受到相当大的损失。

1937 年 6 月 4 日，第二军第六师主力部队跨过鸭绿江抵达朝鲜境内，发动夜袭战，攻下普天堡，捣毁日寇驻当地的警

41）以辽宁省东部的桓仁和吉林省南部的通化为中心的地区的旧称。

察署、邮电所、森林采伐所，毙伤敌十余人，缴获大量武器弹药和后勤物资，并向当地居民散发传单，张贴以朝鲜人民军名义签署的布告，号召朝鲜人民团结起来奋勇抗日。这次的普天堡战斗虽然规模不算大，但使侵朝日军大为震惊，朝鲜国内和国外的新闻媒体纷纷报道，朝鲜的老百姓奔走相告，人人皆知，极大地鼓舞了朝鲜人民的抗日斗志，在朝鲜近代的抗日史上具有里程碑式的意义，影响深远，至今朝鲜民众对半个多世纪前的普天堡战斗仍然印象深刻。

第六师部队撤回长白县后，和第二军第四师、第一军第二师会合。6 月 24 日，第二军第四师、第六师联合攻下横山木场，消灭伪森林警察三十余人。6 月 30 日，驻朝鲜的日寇派出“王牌讨伐军”第十九师团七十四联队，越过中朝边界，在长白县十三道沟向第六师发动报复性“围剿”。抗日联军第二军第四师、第六师和第一军第二师协同作战，依靠间三峰高地的有利地形狠狠打击敌人，致使日寇遭受重大伤亡，然后我军立即主动撤出战斗，销声匿迹，把敌人闹得蒙头转向，只得败兴而归。

1937 年 8 月，我被调到第六师少年连任司务长。这是第六师直属连队，执行师直属部队的作战、保卫等任务。我到任时少年连只剩下三十多个人了，都是 13 岁到 19 岁的青少年，多是参加过抗日游击根据地抗日儿童团的孩子们，他们的思想基础好，忠诚可靠，朝气蓬勃，有一股初生牛犊不怕虎的猛劲儿，作战非常勇敢。

我到任不久，师直属部队袭击了日本鬼子的一个伐木场，缴获了很多后勤物资。不少队伍用缴获的白面做成饺子、包子、油炸饼来改善伙食，庆祝胜利，可是我们少年连不会做，只好吃面疙瘩汤。几天后，我和一位战友到师部办事，在师部门口刚巧碰到第六师师长，我们俩给师长敬了一个军礼："首长好！"师长笑着看了看我们，对我说："小丫蛋儿，要抓紧学会包饺子呀，少年连的伙食不能比其他连队差呀。"我的脸顿时就红了："谢谢首长对我们少年连的关心，我们回去马上就改进。"没想到师长对连队的伙食这么关注，更没想到对我的批评还挺委婉，还把我叫成"小丫蛋儿"。这是我在第八团时团长钱永林给我起的外号，我调入少年连时还不到 18 岁，叫我"小丫蛋儿"也不为怪。回到连里，我就立即和炊事班研究改进伙食的办法，鼓励炊事班的几位战友抓紧学习包饺子。我向师部的汉族老同志请教怎么调制饺子馅，还找了一根小木棒，挖了一小块儿黏土，休息时也学，行军时也练，和面、揪剂子、擀皮、捏饺子，终于都练熟了。当少年连的战友们第一次吃上热腾腾的饺子时，都高兴得跳了起来。看到战友们一个个笑逐颜开，这时我才意识到师长为什么在百忙之中还要关心一个基层连队能不能吃上一顿饺子。搞好连队的伙食，是提振部队战斗力的重要途径，不但能强身健体，还可以鼓舞士气、增强斗志。

在少年连期间，我还因为犯了一次错误被处罚，至今仍记忆深刻。当时连里接到师部通知，让我们提前备好三天的膳食，准备外出执行任务。我和两位女战友忙活了两天，干到半夜才准备就绪。刚睡下不到半个时辰，就把我叫起来接岗。我一边揉着眼睛一边背上枪，来到哨位接了岗。我先在用草垛堆起来的哨位附近转了两圈儿，仔细观察周围，除了吱吱的虫鸣声，没有其他动静。凭我的经验，有虫子叫就说明附近没有人员活动。我放心地回到哨位，心里还默默地提醒自己“千万别睡着了，千万别睡着了。”谁知道屁股往草垛上一挨就睡过去了。等下一班岗哨把我推醒，我一摸枪不见了，立刻惊出了一身冷汗，大事不好！我马上跑到值班干部那里去报告，没想到我的枪就放在他身边，我悬着的心这才放下来。原来值班干部来查岗时，发现我睡着了，就把我的枪悄悄拿走了，还替我站了一班岗。丢枪可是一件大事，连里把我狠批了一顿，还说要给我严厉处分。我低着头，老老实实地作检讨，不过心里总是有些不平衡。我这个人性子直，憋不住话：“连里排岗也有不合理的地方，人家忙活了两天，加班干到半夜，刚睡下还不到半个时辰，就被叫起来换岗，老虎也还有打盹儿的时候呢。不过我已经认识到自己犯了很大的错误，如果我睡岗的时候刚好敌人来偷袭，给部队造成的损失可就大了。我愿意接受连里给我的任何处分，也好让大家共同吸取教训。”后来经连里研究，给了我解除枪械15天的处罚，我想这可能是最轻的处罚了。没过几天，我又碰到了师长，师长笑着说："小丫蛋儿，听说你这只小老虎打了一个盹，就把枪给打丢了？"我诚恳地说："首长，连里已经给我处罚了，我一定会吸取教训，请首长多批评。"你说怪不怪，我一有啥糗事儿，怎么师长很快就会知道呢？不过细想想也不奇怪，我们是师部的直属连队，发生点啥事儿都是在首长的眼皮子底下。这可真是哪壶不开提哪壶，把人丢大了。不过，师长风趣幽默的批评，让我既乐于接受，又印象深刻。

1937年7月7日，日本帝国主义为了发动全面侵华战争，制造了"卢沟桥事变"，我国进入全面抗战时期，东北也掀起了新的抗日斗争高潮。抗日联军频频出手袭击日伪军，既消灭了敌人的有生力量，又牵制了几十万日军不能入关，有力地配合了关内的抗战。在一系列战斗后，1937年10月，第二军政委魏拯民亲自组织指挥所属几个部队四百多人攻打了辉南县城，战斗取得了重大胜利。但在这次战斗中，我原来所在队伍的第八团团长钱永林不幸英勇牺牲。噩耗很快传到师部，我得知这个令人痛心的消息后很震惊。钱永林是山西人，1931年投入抗日斗争，曾在王德林领导的国民救国军担任营长，1935年5月率部加入东北人民革命军第二军，曾任游击大队大队长、东北抗日联军第二军第三师第八团团长。我刚加入八团时就在钱团长的领导之下。虽然我是朝鲜族，但他待我像亲人一般，亲切地叫我“小丫蛋儿”；我在宿营地煤气中毒时，他一直守护在我身边，甚至为等我醒过来而推迟了部队的出发时间。回想起这一桩桩往事，我泪流满面，感激在心。钱团长未竟的事业，我们会继续奋斗到底，用抗战的最终胜利来告慰亲如兄长的老团长。

1938 年 2 月，由于第八团炊管人员紧缺，师机关决定把我再调回八团。就这样，我又回到了离开一年的老部队，见到了熟悉的老战友和老首长，感到十分亲切。只是再也见不到待我像亲人一样的老团长钱永林，心里难免有几分失落。

一回到连队，我就投入到紧张的行军和战斗中，既当司务长又当炊事员。既是后勤保障人员，负责做饭；又是战斗员，拿枪参战。我们后勤保障人员与连队的其他战友相比，直接参加战斗的次数要少一些。就拿我来说，在抗日联军部队的这些年里，除去负责保障官兵伙食供给的战斗，我持枪直接参加的大小战斗大概只有三十多次。

回到第八团的头几个月，我经历了 1938 年 3 月夜袭临江县六道沟、3 月底激战临江县烂泥塘子敌伪军、4 月袭击临江县六道沟敌伪物资配给所、6 月与长白县八道沟敌伪军遭遇战等大小十余次战斗。在战斗中，我们毙伤了一批日军和伪军，也缴获了不少我们紧缺的枪支弹药和粮食、布匹、军装等后勤物资。

1938年5月中下旬，中共南满省委和东北抗日联军第一路军总部在辑安县[42]老岭山区五道沟密营召开了军政高级干部联席会议。这次会议被称作“第一次老岭会议”。会议提出了“在坚持对日本帝国主义的游击战争中，保存实力，粉碎敌人的全面进攻”的策略方针；为了打通与党中央和八路军的联系，决定再次组织西征；明确了所属各部队开展游击活动的地域范围；会议还决定由中共南满省委书记魏拯民兼任抗日联军第一路军副总司令，接替已经牺牲的王德泰副总司令。

1938年6月底，抗日联军第一军第一师师长程斌投敌叛变，这个可耻的叛徒向敌人提供了第一路军的所有核心机密，还胁迫他所属部队降敌，致使第一师基本瓦解。

面对这突如其来的重大变故，第一路军总司令杨靖宇于1938年7月中旬在辑安县老岭密营主持召开了中共南满省委和抗日联军第一路军干部紧急会议。这次会议被称为“第二次老岭会议”。会议在分析形势变化的基础上，对第一路军下一步的斗争方略进行了重大调整。会议决定：改组中共南满省委，中共南满省委与第一路军总部实行战时应急体制，党、军一体化；面对敌人可能进行的破坏和镇压，撤销部分地方组织，地方干部转入抗日联军部队；坚持抗日宣传，树立信心，积蓄力量；取消再次西征的计划，主力部队迅速撤出辑安县老岭山区

42）今集安市，下同。

的根据地并东进，依托长白山大森林展开游击战；对抗日联军第一路军的编制做出重大调整，编为第一、第二、第三 3 个方面军和 1 个警卫旅，重新划分游击活动区域；决定派人去关内寻找中共中央。这次会议意义重大，努力化被动为主动，为第一路军开创抗日斗争的新局面奠定了基础。

抗日联军第一路军总部警卫旅的改编于 1938 年 7 月末完成，旅长由军部参谋长方振声兼任，韩仁和任政委，下辖第一团和第三团。第一团由原第一军教导团改编，第三团由原第二军教导团、独立旅改编。总部警卫旅共有五百余人，随同第一路军总司令部活动。同年 8 月，为了培养后备力量，又组建了少年铁血队，全队共有 50 人，都是十五六岁的小战士，忠诚可靠，作战勇敢，也随同第一路军总司令部活动。

第一方面军于 1938 年 8 月在金川县[43)] 河里山区黑瞎子沟改编建立，曹亚范任指挥，伊俊山任政治部主任，尹夏太任参谋长，辖第一团和机枪班，共有约 250 人，主要活动在辑安、通化、金川、辉南、临江、濛江等地。

第二方面军于 1938 年 11 月末在濛江县南排子根据地改编建立。11 月下旬，第一路军总司令杨靖宇率领总部警卫旅和少年铁血团来到我们濛江县南排子密营，全师的官兵都十分高兴，还举行了隆重的欢迎仪式。随后召开了第二军第六师干部

43）今划归吉林省通化市柳河县、辉南县。

会议和全体军人大会，杨靖宇司令传达了第二次老岭会议精神，正式宣布将第二军第六师改编为抗日联军第一路军第二方面军，并宣布了任职命令。第二方面军指挥金日成，政治部主任吕伯岐，参谋长林水山，副官长毕书文，辖 4 个团和 1 个警卫连：第七团团长吴仲洽、政委朱在一，第八团团长孙长祥、政委朴德山，第九团团长马德全，第十团团长徐魁武，警卫连连长吴伯龙，总计约 350 人。改编后主要在长白、抚松、濛江、临江和延边地区的和龙、安图、延吉、珲春、汪清等地活动。

由于第三方面军部队活动区域分散，相隔遥远，加之敌人反复"讨伐"，战斗频繁，所以第三方面军的改编在老岭紧急会议一年后才得以进行。1939 年 7 月末，原抗日联军第二军第四师、第五师官兵汇聚在安图县汉阳沟附近的海沟，由中共南满省委书记魏拯民主持召开了干部会议，随后又召开了全体指战员参加的庆祝大会，魏拯民在会上传达了老岭紧急会议精神，并宣布了第三方面军的整编命令。以第四师、第五师为基础，正式组建抗日联军第一路军第三方面军，陈翰章任指挥，侯国忠任副指挥，朴德范任参谋长，下辖第十三团、第十四团、第十五团和警卫连，第十三团团长崔贤、政委赵正哲，第十四团团长金东奎、政委安吉，第十五团团长兼政委李龙云，总计 300 余人。整编后主要在东满的延吉、汪清、珲春、敦化和北满的额穆、蛟河、宁安、五常、舒兰等地活动。

至此，第一路军3个方面军、1个警卫旅的整编工作历时一年终于结束。整编工作的完成，不但打乱了敌人的阴谋，而且优化了我军的力量编制，鼓舞了军民斗志，增强了战胜日本帝国主义的信心。

根据第二次老岭会议的决定，1938年7月末开始，第一路军的主力部队陆续撤离辑安老岭根据地。

在第二次老岭会议后的几个月里，我们八团又经历了1938年9月濛江县大沙河屯伏击伪警察、10月临江县二道沟袭击敌伪军、连续袭击长白县十三沟日伪木材经营所等多次战斗，消灭了一批敌人，我们也有一些损失。

1938年12月初，我们第二方面军的主力部队从濛江县南排子根据地向长白县中朝边境地区的北大顶子转移。其目的是扩大长白山游击区，并试图为越过中朝边界进入朝鲜袭击日寇创造战机。

这次转移是我经历过的最艰难的长征。从濛江县南排子根据地到长白县北大顶子，按照正常行军速度几天就可以到达，但因地面有日伪军围追堵截，天上有日军飞机跟踪侦察扫射，一路上遭遇战、突围战、伏击战交加，日行军、夜行军、急行军不断……为了规避敌人的强势追击，行军不得不采取迂回曲折的路线，和敌人反复兜圈子，在迂回中灵活地消灭敌人，所以这次艰难的行军持续了一百多天才到达目的地。有一次，为了摆脱敌人的追击，指挥部把机枪班埋伏在队伍的最后，当追敌逼近时，几挺机枪同时扫射，给追敌突然打击，把敌人打得晕头转向，然后迅速撤离。敌人害怕还会有埋伏，只好停止追击。还有一次，我们遭到敌人的前后夹击，巧妙地从敌人夹击的空隙迅速向侧方脱离，并拖着松枝掩盖了雪地里的足迹。夹击我们的敌人误以为自己对面就是抗日联军，双方火拼起来。我们一边撤离，一边听着身后激烈的枪弹声，战友们笑称这是“坐山听虎斗”，估计敌人自相残杀的伤亡不会小。当然，我们也经常有很被动的时候。有一次为了躲避敌人的追击，我们一天之内紧急转移了好几次，连续的急行军使我们走得精疲力竭、口干舌燥，肚子饿得咕咕叫，最后好不容易才摆脱了敌人。

这次长途转移的另一个艰难之处就是天气特别寒冷。1938年10月，中秋节前就下了初霜，中秋过后没几天连续下起了大雪，进入“三九”以后，气温更是达到了零下三四十度，冻得大家手都不敢拿出来。林海雪原，滴水成冰，大雪没膝，行军艰难。由于敌人的严密封锁，后勤物资紧缺，少部分官兵没能换上冬装，穿着单薄的衣裳，被冻得瑟瑟发抖，甚至还有的连被装也没配齐。行军途中，有的干部把自己身上的棉衣脱下来让给衣着单薄的战士，老战士又让给新战士，官兵情深、战友谊厚的一幕幕，深深地感动了我，也温暖着每一位战友的心。到了傍晚宿营的时候，为了不暴露宿营地，我们真是想尽了办法。不能点燃篝火，几个战友就抱在一起，合盖一两床被子相互取暖，我则和几位炊事班的女战友挤成一团。有的时候，我们用树枝把积雪扫开，把下面的枯草、枯叶扫成一堆，把沾在上面的雪抖掉，然后再钻进枯草堆里去睡觉。有一次侦察员报告，我们已经甩掉了追踪的敌人，领导决定当夜宿营可以点燃篝火，于是我们采集了一大堆松枝、枯木，清理出一块块空地，点起一堆堆篝火，六七个人一组，躺在篝火旁取暖睡觉。睡到半夜，我被冻醒了，就用双臂抱着头，迷迷糊糊地凑近火堆，因为连续行军太疲劳，棉衣袖肘被烤着了我也不知道，结果胳膊肘被烧伤留下了疤痕，成为抗日战争留给我的永久纪念。我经常给孩子们讲抗日联军的故事，其中就讲过这个伤疤的故事。

这次长途转移还有一个艰难之处就是经常断粮。由于日伪当局在东北的抗日游击区采取了严酷的合屯并户措施，把老百姓全部赶到“集团部落”里监视，并实行粮食定量供给的政策，这样一来，就切断了抗日联军同民众的联系，想从老百姓那里征集军粮已无可能，我们只能寻找合适的战机、冒着伤亡的危险去袭击日伪军的兵营、运输队或“集团部落”里的敌警据点，直接夺取敌人的粮食和其他后勤物资。这种战机不可能经常遇到，所以断粮成了常态，加之天寒地冻，山里的野菜野果也都绝迹了，寻找食物更加困难。因为要规避敌人的追击，烟火会暴露我们的驻地，所以也不能生火做饭，我们饿急了就直接吃松树皮里层的嫩皮。有的时候实在饿得头昏眼花，就吃雪充饥。我们曾在战斗中缴获过几匹战马，就杀马吃生肉。因为没有盐，有的战友吃下去以后恶心得直吐，但是吐过之后还要强迫自己继续吃。吃了生马肉，很多人开始拉肚子，那个难受劲儿就别提了。即使拉肚子，第二天还要继续吃，不吃咋行？我们不仅要活下去，要继续行军，还要消灭日本侵略者，直到抗战胜利。

1939 年 1 月，在这次大转移途中，第二方面军指挥部决定把部队长途行军中无法跟队的伤病员集中到长白县的青峰密营治疗养伤，并指派已经负伤的原七团政委金俊[44]负责，由后方股长严光浩协助他工作，还从各部队抽调了金正淑、金惠顺、徐顺玉和我负责伤病员的护理和伙食保障工作。伤病员总共有三四十个人，说是治疗养伤，其实也没有什么药，只能用盐水消毒，防止伤口感染。由于日伪军的疯狂“讨伐”和严密封锁，我们前、后方的部队不仅是药品缺乏，就连粮食也很紧张，经常断供，在青峰密营里我们每天只吃一顿饭，有两个年轻战士实在饿得受不了，就私自跑下山到地里挖冻土豆烤着吃，不小心引发了山火。我们立即组织大家下山灭火。因为如果不及时扑灭山火，冒出的浓烟就可能暴露我们密营驻地的目标。两个战士一回到密营就被关了禁闭。当时已临近春节，前方的指挥部直属部队袭击了十三道湾“集团部落”，缴获了不少物资。

44) 原名李东杰。

指挥部的首长惦记着我们的伤病员，派人赶来了一头牛，让我们在春节期间改善伙食，大家非常高兴。没想到我们美美地吃了一顿牛肉之后，都开始拉肚子，金俊、严光浩怀疑有人在牛肉里投了毒，这时又刚巧从关禁闭的战士身上搜出一袋变质发绿的牙膏粉，严光浩认定这就是毒药，对两个战士严刑逼供，追问毒药的来源和去向。两个人说这不是毒药，严光浩就开始动用酷刑，两个人扛不住了就开始胡乱招供，把我们四个女队员都牵扯了进来。严光浩又开始对我们四个女队员动用酷刑，用铁丝把我们脚踝的骨头都拧得露了出来，差一点没拧碎，疼得我们一身大汗。我们甚至怀疑严光浩不是自己人，不然品德怎么这么恶劣，对我们这么心黑手辣、狠毒残忍！正好这时第二方面军司令部的通信员到青峰密营送文件，金俊就给方面军首长写了一份报告，让通信员把报告带回去交给金日成指挥。报告称，近日在青峰密营破获一起大案，挖出了由金正淑、金惠顺、徐顺玉和金善组成的“日寇间谍集团”，企图毒杀青峰密营的全体人员。金指挥看到报告大吃一惊，感到事情太蹊跷，根本无法相信。据指挥部的战友事后告诉我，当时消息在指挥部一传开就炸了锅，谁都不相信有这样一个“日寇间谍集团”。金指挥立即委派前方的七团政委金在范带一小组人到我们青峰密营调查处理。调查进展很快，事情也终于真相大白。战士们是由于断粮长时间没吃油腥，猛地吃了很多牛肉，消化不良引起了腹泻。两三天后，大家陆续恢复了正常。两个受刑的战士也表示，愿意当众吃下被严光浩称为毒药的牙膏粉，以证实自己的无辜。到了第二天，两个战士仍然没有任何中毒的症状。随着调查的深入，严光浩以往的恶行也浮出了水面，他刚参加革命队伍时就野心勃勃、自命不凡，诋毁他人、抬高自己；在“反‘民生团’斗争”中诬陷迫害了很多好同志，还充当严刑逼供的打手，残害无辜，妄图以“超积极”的表现，实现自己往上爬的梦想；被任命为连队指导员后，工作上拈轻怕重，作战时贪生怕死，总是躲在子弹打不到的地方；被撤销指导员职务安排进密营任后勤股长以后，不思改过，故态复萌，私刑逼供，心黑手辣，民愤极大，完全堕落成为一个蜕化变质分子。金俊作为密营的总负责人，偏听偏信严光浩的一面之词，工作严重失职，虽然他有伤在身、行动不便，但只要找当事的几位队员深入交谈，就会了解事情的真相。“日寇间谍集团案”查清后，调查组召集了青峰密营全体人员会议，政委金在范宣布了调查结果，严光浩和金俊作了检讨。严光浩在检讨中伶牙俐齿，百般狡赖，毫无悔改之意；金俊的检讨倒是很诚恳，痛哭流涕，请求赐他一死以抵偿自己的罪过，警示后人。金在范政委还要求全体人员认真讨论，提出处理建议。会议结束后，工作组将总体情况整理报送给方面军领导。经方面军领导慎重研究，决定对严光浩以人民革命军的名义执行处决，对金俊给予降职处分。这场闹得沸沸扬扬的“日寇间谍集团案”终于尘埃落定了。消息传来，大家表示坚决拥护，拍手称快，这也是对非常时期发生的非常事件的非常处断。我们几个人都很感激金指挥能马上派人到青峰密营来处理这起“投毒案”，如果再拖延几天，我们可能就会丧命在严光浩的酷刑之下。

一个多月的治疗养伤结束了，战友们都返回了原部队，我们四个女队员受了酷刑后仍不能走路，只好留下来继续养伤。我们每天都忍着疼痛坚持练习多走上几步。十几天后，除了金惠顺需要继续留在密营养伤之外，金正淑、徐顺玉和我已经迫不及待、一瘸一拐地返回了自己的原部队。听说我们离开的第二天，由于内部出现叛徒，带着敌人偷袭了这个密营，金惠顺被敌人抓走，之后就再也没有听到过她的消息。我相信，她一定会比在严光浩的酷刑面前更坚强。

这次长途转移的中后期，第二方面军指挥部决定兵分三路，分散到三个方向，各自分头行动。这样就巧妙地避开了敌人的锋芒，不仅分散了日伪军的力量，也有利于我们展开灵活机动的游击战。指挥部和直属部队在长白县佳在水一带活动；七团在长白县上岗区一带展开游击战，吸引敌人的注意力，主动承担起保护指挥部的责任，并适时歼灭敌人的有生力量；我们八团和独立营则在抚松县东岗一带展开灵活机动的游击战。这样一来，敌人反倒被我们调动得团团转。1939 年 3 月中旬，接到第二方面军指挥部要求我们团集中的命令。3月下旬，我们八团如期到达这次长途转移的目的地——长白县北大顶子，与指挥部和七团胜利会师。

我们到达北大顶子以后，在长白县和抚松县修建了多处密营，配合当地的地下党组织宣传、发动群众，秘密建立抗日群众组织，推进了当地的抗日救国斗争。4月份，部队进行了短期休整，还做了春耕准备。

部队休整结束后，又开始了新的战斗。我们在长白县曾连续进行了五六次战斗，又攻打了十几个“集团部落”，缴获了许多枪弹、粮食、布匹等物资，把不少粮食、布匹分发给贫苦农民。这时，我们八团接到指挥部的命令，要求我们集结待命，做好远途奔袭的准备。我们炊事班忙乎了好几天，准备了够吃几天的干粮、炒面，装满了大家的粮袋子。各连队都进行了战斗动员，擦拭了武器，备足了弹药。

1939年5月中旬，第二方面军按照当初开辟北大顶子抗日游击根据地时的既定计划，率领司令部警卫连、七团和八团共数百名官兵从鸭绿江的上游越过中朝边境，向着朝鲜境内的茂山开始了长途奔袭。我们进入朝鲜境内的第二天，敌人就盯上了我们，指挥部安排了一支小分队虚张声势，故意留下明显的行军脚印，巧妙地把敌人引走了。进入朝鲜境内的第三天，司令部的侦察小组报告说，发现了一条刚竣工的甲茂警备公路，这是从甲山通往茂山的军用公路，是普天堡战斗之后日本侵略军为了应对东北抗日武装越境袭击而专门修筑的公路。指挥部决定就汤下面，我们的部队就沿着这条公路强行军向茂山进发。敌人调集了大批国境守备队和警察队准备围堵我们，但敌人绝对没想到我们胆大包天，竟敢在宽敞平坦、到处竖立着“禁止通行”的牌子、马上就要举办竣工典礼的甲茂公路上大摇大摆地行军。由于完全出乎敌人的预料，还没等敌人开始动作，我们就沿着甲茂警备公路神速地到达了茂山地区。这种不按常规出牌、大胆而又看似冒险的逆向思维，反而保证了行军的迅速和安全，就好像这条公路是专门为迎接我们而修建的一样。到达茂山的第二天，按照指挥部的命令，第七团由团长吴仲洽率领，袭击一个地名叫“新开拓”的敌人据点，第八团和司令部警卫连则由金指挥亲自率领，到新四洞去开展抗日宣传鼓动工作，号召民众团结起来，为把日本侵略者赶出朝鲜而斗争。我们大造声势，因为这里聚居着很多伐木工人和农民，因而影响面也就扩散得更快、更大。七团成功地袭击了敌人的据点，缴获了大量军需物资。当七团的官兵们兴高采烈地背着战利品返回临时营地时，大批国境守备队和仓坪警察队开始向七团追了过来。敌人的这一阴谋早在指挥部的预料之中。指挥部已经提前把我们八团和司令部警卫连埋伏在七团返回营地时必经的大红丹地区道路两旁山坡的树林里，“恭候”着敌人追兵的到来。

七团走过去没多长时间，跟踪追击的敌人就进入了我们的埋伏圈。指挥部一声令下，我们几百杆枪同时喷射出怒火，惊天动地，把日军打得丢盔弃甲，狼狈逃窜，真是大快人心。当我们胜利完成战斗任务返回东北时，很多朝鲜的伐木工人不顾我们的再三劝阻，主动帮我们背弹药等战利品，一直送到中朝边界图们江边，这让我们很感动。这次的茂山奔袭战击毙日寇 40 多人，我部有一人牺牲，两人受伤。这次战斗虽然不是大的战役，但其意义和影响远远超出了战果本身，不但粉碎了抗日武装已经被日军消灭了的谎言，而且使驻朝鲜的日本侵略者大为震惊，朝鲜媒体更是一片哗然，朝鲜人民受到极大鼓舞，抗日热情日趋高涨。

我们从朝鲜返回中国后，进入延边地区的和龙县一带活动，这里曾是老抗日游击根据地，父老乡亲们热情欢迎自己的队伍回到家乡，并积极向我们提供敌情动态。1939 年 6 月上旬，乡亲们报告说，驻扎在周围的伪军正在向百里坪集结，企图对我军进行“讨伐”。接到情报后，第二方面军指挥部立即派出了金成国等 4 名侦察员，在乡亲们的协助下详细侦察了敌情。指挥部研究敌情后决定，利用和龙县红旗河沿岸闭门屯[45]周边的有利地形打一场伏击战。随后，方面军指挥部部署第七团和第八团开进伏击阵地，并派出一支小分队到百里坪“引蛇

45）今沙金沟。

出洞”。当200多个敌人进入我们的伏击圈以后，指挥部一声令下，敌人立刻遭到我们两个团交叉火力的猛烈袭击，顿时就乱了套，死的死伤的伤，喊的喊叫的叫，狼狈不堪，只用了半个多小时，战斗就以我方胜利结束。这次的战斗，由于敌情侦察准确，战术运用灵活，组织指挥周密，乡亲们配合默契，是一场很漂亮的伏击战，共击毙日本监督指挥官大野及伪军50余人，俘虏100余人，缴获机枪4挺、步枪100余支，还缴获了很多军需物资。这次的胜利给了老抗日游击根据地的父老乡亲们很大鼓舞，不少热血青年纷纷要求加入我们第二方面军。

1939年下半年，我们第八团和第七团密切协作，经历了多次战斗。7至8月份袭击了安图县的三道沟、和龙县的卧龙屯“集团部落”里的敌人据点，缴获部分武器和粮食；9月中旬，袭击了和龙县的二道沟矿，毙伤一些敌人，缴获粮食等军需物资；紧接着又袭击了和龙县的三道沟矿，解除了伪警队武装，缴获了部分军需品。10月份，我们转移到安图县花脸砬子密营休整，缝纫队则忙着赶制冬装。

1939年秋冬季开始，抗日联军的斗争进入到更为艰难的时期。日寇不断增兵东北，兵力从1936年的12万增至1939年的40万以上。到了1941年，日本为进一步镇压东北的抗日武装和增援已经入侵关内的日军，同时妄图发动对苏联的进攻，驻东北的日军大幅增至76万。“伪满洲国”伪军的总兵力也逐年扩充，至1941年达到20万，其首要任务就是协助日本关东军“讨伐”东北抗日联军。由于抗日联军四处出击，日伪军损失惨重，日伪当局不得不在1936年4月制定了“三年治安肃正计划”，并根据这个计划反复对抗日联军进行“围剿”。1937年秋开始，日寇专门调动了数万日伪军对活跃在松花江下游三江地区的抗日联军第三军、第四军、第五军、第六军、第七军、第八军、第九军、第十一军展开了疯狂的“东北防卫地区特别大讨伐”，又称“三江大讨伐”。日本关东军司令部和伪治安部为消灭在东、南满活动的抗日联军第一路军，延长了“三年治安肃正计划”，制定了1939年10月至1941年3月的“东边道治安肃正计划”，在伪间岛、通化、吉林三省进行日满军警联合“大讨伐”，又称“三省联合大讨伐”，总兵力达7万余人，相当于1936年秋到1937年春“东边道北部大讨伐”兵力的3倍。与此同时，日伪当局在东北的抗日游击区大规模修建“集团部落”，筑围墙、修碉堡，强行把周边的老百姓赶进“集团部落”里居住，进行严密监控，实行“保甲连坐”制。大部分“集团部落”都驻有武装警察，配置了充足的武器弹药。为了断绝抗日联军的粮食和生活必需品，“集团部落”还对老百姓的粮食和生活必需品的供应从严管控，实行限量和“专卖”。据敌伪档案资料记载，日伪当局1937年在东北的抗日游击区修建了10 646个这样的“集团部落”，到1938年达到13 177个。日伪当局还出台了很多所谓“治标”和“治本”的阴招，千方百计地妄图瓦解抗日联军。敌人的“三省联合大讨伐”为时一年半，第一路军的很多官兵在残酷的反“讨伐”斗争中牺牲，战斗减员大幅增加。再加之敌人的严密封锁，抗日联军官兵的生存条件更是日趋恶化，冻死、饿死、病死、脱队、甚至还有个别分子投敌叛逃等非战斗减员也明显增多。到1939年末，我们第一路军总兵力就只剩下不足1 000人了。抗日联军第一路军、第二路军、第三路军的总兵力也从1937年的3万多人减少至1940年2月的1 800余人。原有的抗日游击根据地基本都被破坏，抗日游击区被压缩，整个东北抗日游击战的形势非常严峻，但抗日联军的官兵始终没有退缩，浴血奋战，坚持斗争。

1939年入冬，为了规避日伪军疯狂的“大讨伐”，我们转移到长白山深处的密营进行休整。这里山高林密，人迹罕至，当时对我们最大的威胁不是敌人的“讨伐”，而是饥饿。虽然我们打了几次胜仗，也缴获了一些粮食，但数量不多，再省着吃也维持不了几天。当时我们断粮已经十几天了，按领导的要求，我们炊事班也不再集中做饭，而是以各班为单位，分头在森林中采集树皮、冻果熬煮成粥后给大家充饥。因为大雪封山，根本找不到野菜、蘑菇等这样稍微好吞咽、好消化的食物了。长时间吃不到粮食，一些官兵开始营养不良，有些战友的脚和腿开始浮肿，还有的甚至全身浮肿，走路都有些“发飘”。我作为连队的司务长，看到战友们的健康状况日趋恶化，感到十分内疚，但又想不出什么好办法，心里干着急。一天，连里的排以上干部轮流值班排到了我。一大清早，天上飘着小雪，我从住处走出来，打算按连里的规定把各班居住的地窝子检查一遍，看看地窝子的烟筒是不是在冒烟，各班人员是否活动正常。我们在搭建每一个地窝子时直接修造了土炕，这样寒冬季节就可以直接烧火取暖，但必须防范的是，一旦吹逆风就可能倒烟造成一氧化碳中毒。为了防止发生集体一氧化碳中毒事件，我们值班干部在每天晚上的前半夜、后半夜和清晨都要把所有的地窝子检查一遍。这时我远远地看见山坡底下雪地里的山泉小溪边好像有一个人趴在那里喝水，我没太在意。等我检查完一遍返回的时候，看到趴在小溪边的那个人仍在那里没有动，我感到有些不大对劲儿，就赶紧走下山坡来到小溪边，这才发现这个趴着喝水的人是我们连年轻的战友小吴。他的身上已经覆盖了一层薄薄的积雪，我喊了他两声也没有得到回应。我用劲儿把他的身体翻转过来，这一下让我大吃一惊，他的身体已经僵硬，刚刚绽放的青春年华凝固在他浮肿的脸上，沾在他嘴角上的积雪已经不再融化，他的双手还保持着捧水喝的姿态。我的眼泪“哗”地就流出来了，我马上跑到连部去报告情况。那天，我们把小吴安葬在远离密营、不会被打扰的山坡上。天寒地冻，根本无法挖掘墓坑，我们找来很多大大小小的石块把小吴的遗体覆盖起来，上面盖上一层浮土落叶，再采来松树枝和柏树枝插在石头和浮土落叶堆起的茔墓上面。大家在墓前肃立默哀，为小吴的远行送别。有一位小战士在小吴的墓前长跪不起，泪流满面。原来几天前小吴看他饿得走不稳路了，就把自己在粮袋里藏了很长时间的一小块干饼送给了他。我对小吴的崇敬之情油然而生，他对战友的深厚感情使我感动得又一次流下了热泪。他虽然不是牺牲在杀敌的战场上，但他是抗战到最后一息的勇士，同牺牲在杀敌战场上的战友们一样伟大，他的英魂与祖国的山河共在，永垂千古。悲伤的眼泪是无言的祭奠，常青的松柏是深情的怀念，轰鸣的林涛是铮铮的誓言，也许下一个倒下去的就是我们自己，但只要一息尚存，我们就会坚决抗战到底！

一石激起千层浪，小吴的牺牲点燃了战友们强烈的求战欲望。与其坐以待毙，不如主动出击，既可以为小吴报仇雪恨，又可以消灭敌人的有生力量，还能从敌人手中夺取粮食，大家纷纷要求尽早出击敌人的营地。连里的领导反复给大家做思想引导工作，要求同志们耐心地等待战机，必须要打有准备之仗、有把握之仗，在百倍于我们的疯狂敌人面前，不能意气用事、鲁莽行动。

1939 年 11 月末，我们终于等来了战机，第八团和第七团一起开赴敦化县，12 月中旬袭击了敦化县东南部牡丹岭山谷里的六棵松森林采伐事务所。虽然我们最终取得了战斗的胜利，但遭到敌人的顽抗。这次战斗共击毙伪森林警察70余人，缴获不少粮食和军需物资，解救了几百名林场劳工，其中有几十人加入我军。但是真没想到，我们也付出了惨痛的代价，第七团团长吴仲洽和一位连长、一位排长在这次战斗中英勇牺牲。吴仲洽是朝鲜族，中共党员，1910年出生于朝鲜咸境北道，1938年11月任东北抗日联军第一路军第二方面军第七团团长。吴团长作战勇敢，指挥有方，顾全大局，对党忠诚，牺牲时才29岁。第七团的大部分官兵是朝鲜籍，其中有不少战友在中国东北的抗日斗争中献出了宝贵的生命，中朝两国战友风雨同舟、浴血奋战结下的战斗友谊，谱写了东北抗日联军史上光辉的一页 。

1939年12月下旬，我们又袭击了敦化县夹信子“集团部落”里的敌人据点和日本人经营的伐木场，烧毁了敌人兵营，缴获很多粮食和军需物资，又有解救出来的几十名劳工加入了我军。战斗结束后，为了避开敌人“大讨伐”的锋芒，我们转移到敦化、桦甸、抚松三县交界的白石滩密营进行了一个多月的休整和军政训练。1939年下半年，第二方面军与敌人进行的规模较大的战斗共有40多次。

1940年2月23日，这是一个永远值得我们祭奠的日子，我们第一路军的总司令、敬爱的杨靖宇将军在这一天壮烈殉国。

这个迟来的噩耗传到我们连队后，战友们都陷入悲痛之中，纷纷向党支部表达一定要为杨靖宇将军复仇、坚决抗战到底的决心。我和杨靖宇将军没有近距离接触过，只听过他的一次整编动员报告。那是在 1938 年 11 月下旬，杨司令率领总部警卫旅和少年铁血团来到濛江县南排子第二军第六师的密营驻地，我们举行了隆重的欢迎仪式。此后召开的第二军第六师全体军人大会上，杨司令讲解了国际国内形势和第一路军的任务，传达了老岭紧急会议精神，并作了第二军第六师改编为抗日联军第一路军第二方面军的动员，宣布了任职命令。杨司令精彩的讲话和平易近人的音容笑貌都给我留下了深刻的印象。我是在前些年看了杨靖宇将军当年的警卫员黄生发、司务长刘福泰的回忆录和抗日联军历史以后，才得知杨靖宇将军壮烈殉国的详细经过。我的老伴乔树贵曾是抗日联军第五军的老战士，1980 年 2 月 23 日在参加吉林省暨靖宇县在杨靖宇将军殉国地举行的杨靖宇将军牺牲 40 周年万人纪念大会时，见到了出席大会的黄生发和刘福泰，他俩是当年在杨靖宇将军身边的战斗亲历者。他们两人在战斗中负伤以后，杨将军强制命令黄生发带领刘福泰和另外两名伤员撤离到安全地带，正因为杨靖宇将军在危难时刻的强制命令，黄生发和刘福泰才成为当年殊死战斗中为数寥寥的幸存者。下面我就给大家讲一讲杨靖宇将军壮烈殉国的概要经过。

为了应对日本关东军司令部和伪治安部的“三省联合大讨伐”，1939 年 10 月初，杨靖宇、魏拯民两位首长在桦甸县头道溜河主持召开了中共南满省委和抗日联军第一路军主要领导人参加的会议，分析了形势，研究了斗争策略。会议决定，为保存实力，第一路军各部化整为零，三个方面军编成小股部队分散在长白山地区的敦化、吉林、濛江、抚松等地开展游击活动。会后，杨靖宇司令便率领军部直属警卫旅和第一方面军部分队伍转战于桦甸、濛江、金川县一带，并取得了条河沿、那尔轰、龙泉镇、回头沟等几十次战斗的胜利。据日伪档案记载，杨靖宇司令从 1939 年 10 月至 12 月的三个月内，领导第一路军各部与敌人交战 138 次，使日伪军遭受了很大损失。所以日本关东军司令部和伪治安部从 1939 年 11 月下旬开始调动大批日伪军警，集中力量在桦甸、濛江两县“围剿”杨靖宇司令所率第一路军司令部及其直属部队，因为这是第一路军的核心。由于敌人的残酷“讨伐”，我们的抗日游击根据地基本上都已经丧失，很多后方密营被破坏，储备的粮食被焚毁，杨司令率领的部队陷入极端艰难的境地。加之 1939 年 12 月末第一路军军部和直属警卫旅在桦甸、濛江两县交界的 7 号桥与伪军交战中，由于对敌情侦察失误，使部队遭受了很大损失，处境更是雪上加霜。1940 年 1 月初，为摆脱部队断炊的困境，杨靖宇司令率部袭击了敌人在濛江县大阳岔的据点，解决了部队断炊的燃眉之急，但同时也暴露了自己的活动目标。敌人立即研究部署了“讨伐”方案，调集大批日军和伪警，张罗布网开始“围剿”。为了避免部队全部陷入绝境，也为了分散敌人的兵力，杨靖宇司令曾两次决定分兵行动。先是令曹亚范、李兴绍等领导干部带领所部突围转移、分兵脱离军部。随后不久，又令警卫旅政委韩仁和率警卫旅一部 60 余人向北转移，自己则率其余人员继续留在濛江县西岗地区活动。1940 年 1 月中下旬，杨靖宇司令带领部队与敌人进行过多次激烈的遭遇战，许多官兵英勇牺牲，部队大量减员，到 2 月上旬，杨靖宇司令身边仅剩 15 人。在这一危难时刻，部队又出现了叛徒，进一步暴露了杨司令所部的行踪，使得形势更加岌岌可危。杨司令决定，把剩下的 15 人编为两组，自己带 7 人为一组，另一组由少年铁血队副队长带领，两组分别突围。在突围战中，杨靖宇所带的 7 人中多人受伤，杨靖宇让已负轻伤的警卫员黄生发带领刘福泰等 3 名伤员先行转移到安全地区，但这 4 位战士都不同意，表示不愿意离开杨司令：“要活，就活在一起，要死，就死在一块儿！”杨司令耐心地说服大家：“我们多一个人活着突围出去，就多一份抗日的力量，死在一块儿有什么好处？”他强制命令黄生发带领 3 名伤员转移，并约定联络部队到七个顶子会合，然后自己带领其余几位战士继续寻机突围。2 月 15 日，敌人发现了杨司令和几位战士的行踪，敌我双方发生了激战，杨司令左臂负伤后仍然接连毙伤 7 个敌人，并乘敌人混乱之际甩掉穷追不舍的敌人，带着几位战士迅速转移进入密林中。2 月 18 日，杨司令一行已经断食多日，就让两个警卫员到附近寻找可以充饥的食物。两个警卫员在寻找食物时遇上了敌人的“特搜班”，在激战中英勇牺牲。敌人在他们身上搜出了杨司令的印鉴，断定杨司令就在附近，于是进一步缩小了包围圈。2 月 23 日，日伪“讨伐队”将只剩下杨司令一人藏身的濛江县保安村三道崴子密林层层包围，通过喊话劝降，但是得到的回答是杨司令射出的充满仇恨的子弹。残暴的敌人于是下令向杨司令开枪，杨司令多处负伤后，仍然身靠大树顽强地向敌人射击，最终在敌人密集的枪声中壮烈殉国。日寇对被包围后断粮日久的杨靖宇是如何生存的颇感疑惑，残忍地对他的遗体进行了解剖检查，结果发现他的胃里只有树皮和自己棉衣上的棉絮。日本侵略者大为震惊，感到不可思议的同时，也不得不由衷地敬佩威武不屈的杨靖宇将军。

杨靖宇将军出生于 1905 年，原名马尚德，河南确山人，1927 年加入中国共产党，曾在确山领导过农民运动，1929 年受党组织委派到东北工作，曾任中共抚顺特支书记。1931 年起，杨靖宇曾先后担任全满反日会党团书记、中共哈尔滨市委书记、中共满洲省委代理军委书记，1933 年起历任南满反日游击队政委、东北人民革命军第一军军长兼政委、东北抗日联军

第一军军长兼政委、东北抗日联军第一路军总司令。1934年初，在江西瑞金召开的第二次全国工农代表大会上，杨靖宇当选为中华苏维埃中央政府执行委员。1937年12月，被党中央确定为中共七大准备委员会委员。1938年11月5日在延安召开的中共六届六中全会上，曾致电向以杨靖宇为代表的东北抗日武装表示慰问，称赞其为“冰天雪地里与敌周旋7年多的不怕困苦艰难奋斗之模范。”1946年，为纪念在濛江县壮烈殉国的杨靖宇将军，濛江县更名为靖宇县，保安村更名为靖宇村。中华人民共和国成立后，杨靖宇被评为100位为中华人民共和国作出突出贡献的英雄模范人物之一。2014年9月1日，杨靖宇被列入民政部公布的第一批300名著名抗日英烈和英雄群体名录。

杨靖宇将军牺牲后，抗日联军第一路军副总司令魏拯民抱病出征，指挥抗日联军第一路军在东南满继续和敌人进行顽强的斗争。这时敌人把“讨伐”的重点从抗日联军第一路军军部和第一方面军转向了我们第二、第三方面军，我们同敌人开展游击战的条件日趋艰难。

1940年2月，第二方面军参谋长林水山投敌叛变。第二方面军指挥部决定所属部队化整为零，实行分散游击，以防止林水山这个败类带领敌人到密营来偷袭和破坏。

抗日游击战虽然日趋艰难，但不能动摇我们抗战到底的决心。1940 年 2 月下旬，第二方面军在歼灭入侵白水滩密营的敌人“讨伐”队后迅速转移。3 月初，第二方面军指挥部召开作战会议，决定突袭和龙县大马鹿沟林场伪森林警察队。3 月 11 日，我们按照作战部署，先切断敌人的电话线，在敌人必经之路设下埋伏，坐上夺来的敌人汽车后，直奔伪森林警察队大本营。营区大门口站岗的伪警察误认为车队是从和龙县城开来的自己人，敞开大门放行。我们就这样顺利地闯入虎穴，一举拿下了伪森林警察队本部，歼灭伪森警百余人，缴获枪弹、军装、70 袋面粉等许多物资。战斗一结束，我们就撤到大马鹿沟北部的山林中。这次在抗战最艰难时期取得的胜利，大大提振了原抗日游击根据地群众抗战胜利的信心，还令本以为抗日联军队伍已被“讨伐”清除干净了的日伪当局十分震惊。敌人恼羞成怒，日军中队长前田立即组织和龙县伪治安警、伪森警和“特设部队”约几百余人凑成前田“讨伐队”赶往长山岭进行“追剿”。在侦察得知这个情报后，第二方面军指挥部立即组织部署，在和龙县红旗河以北 60 里的一处高地设下埋伏，在峡谷右侧山峰上布置机枪排和警卫连，在左侧山峰的周围埋伏下第七团和第八团的兵力；让诱敌小分队一直走到沟口，有意留下脚印，沿着山沟诱敌进入伏击圈；派另一小分队占据峡谷第一高地北面，以便切断敌人的退路。1940 年 3 月 25 日上午，周密的部署按预定计划完成。下午 4 点钟左右，前田“讨伐队”被引诱上钩，进入埋伏圈。指挥部一声令下，我们凭着有利地形，火力齐发，猛烈射向敌人，打得敌人晕头转向，纷纷毙命。不到一个小时，战斗胜利结束。我方毙敌 110 多人、俘虏 40 多人，缴获轻机枪 15 挺，以及很多步枪、手枪、子弹、电台、望远镜等。前田这个顽劣的日本军国主义分子曾当过警察署长，在执行“治安肃正计划”中受到伪治安部的奖赏，这次带队“讨伐”前还写下了血书，扬言要彻底消灭我们第二方面军。在这次战斗中，我们第二方面军给了这个劣迹斑斑的前田以送上西天的“最高奖赏”。第二天，我们又在和龙县花脸砬子伏击了尾随而来的敌人，毙敌 40 余人。在与日伪军的交战中，我们多次采用伏击战法，为什么敌人会屡屡中招呢？就是因为敌人太狂妄了，依仗着他们有 7 万余人、百倍于我军的“讨伐”大军和精良的武器，根本不把我们放在眼里，这就是“骄兵必败”“失道必败”的道理。大马鹿沟战斗和红旗河战斗是两次规模比较大的战斗，在东北抗战进入极端困难的时期取得这样的战绩，弥足珍贵，这进一步激发了全体官兵的斗志和赢得抗战胜利的信心。这两次战斗也是我参战以来打得最痛快的战斗。战斗结束后，我们全都换上了新枪，把旧枪用油封掩埋起来或藏在枯树洞里。战友们拿着新枪看了又看，摸了又摸，一个个兴高采烈，喜不自禁。我们炊事班也特意为战友们包了顿热腾腾的饺子表示庆贺。

1940年春夏两季，我们第二方面军主要活动在和龙、安图、敦化、延吉、珲春、东宁一带。其间我们经历了二十多次战斗，规模稍大些的战斗有：1940年4月中旬，安图县东南岔与来犯之敌的战斗和袭击羊草沟“集团部落”的战斗；4月底，袭击安图县南道屯、韩家街伪自卫团的战斗；5月，袭击安图县西南岔、五道阳岔木场、安图与和龙两县交界的大荒沟木场驻敌；6月上旬，袭击延吉与和龙两县交界的卧龙屯、和龙县天水洞的战斗；7月上旬，袭击敦化县哈尔巴岭火车站，撤退途中又伏击日军追敌；7月中旬，袭击珲春县“集团部落”，之后又袭击和龙县卧龙屯驻敌和安图县“集团部落”；9月上旬，在安图县五道阳岔与伪军交战。当时正处于抗日斗争最严酷的阶段，第一路军第一方面军已损失殆尽，警卫旅和我们第二、第三方面军也大量减员，杨靖宇、曹亚范、陈翰章等主要领导人相继牺牲。我们后来才得知，中共南满省委书记、抗日联军第一路军副总司令魏拯民因长期带病超负荷工作，一直得不到正规治疗，于1941年1月在桦甸县夹皮沟密营病逝，时年32岁。在这种情况下，根据我们的实力，这一时期很难再组织更大规模的战斗。有一回，我们连续三次攻打同一个“集团部落”都没拿下来。同时，我们的生存条件也更加艰苦，没有粮食吃，只能挖野菜、剥树皮熬粥喝，饿急了就不顾危险下山去挖土豆充饥。河沟和水泡子[46]里的蛤蟆、蛤蟆骨朵儿[47]，甚至蛤蟆籽[48]，都是我们填饱肚子的好东西。

1940年9月，第八团团长孙长祥、政委崔春国率领第二方面军第八团到达宁安，与军长柴世荣、政委季青率领的抗日联军第二路军第五军，参谋长安吉率领的抗日联军第一路军第三方面军汇合。当时我们第八团全团的兵力只剩下20余人，第五军全军的兵力也就只有70多人，东北抗战的艰难、惨烈，由此可见一斑。全国抗战的最终胜利，是由多少烈士的鲜活生命换来的呀！我们一定要永远铭记、永远怀念、永远敬仰这些抗日烈士们！

1940年10月上旬，根据中共吉东省委关于恢复中共道南特委的决定，由政委季青主持，在东宁县片底子召开了由道南各部队团以上干部参加的东北抗日联军绥宁区部队领导联席会议。会上决定组建中共道南特委，统一领导道南各部队的抗日斗争。会议选举出书记季青，常委柴世荣、安吉，执行委员崔春国、朴德山，候补执行委员黄光林、崔贤、孙长祥。会议还研究了下一步具体的工作部署。

1940年10月上旬，第五军已断粮多日。为补充粮食，军

46) 东北方言，指水塘、沼泽。
47) 即蝌蚪。
48) 即青蛙卵。

长柴世荣率第五军 60 多人袭击了白石砬子敌人的伐木场。10 月中旬，又联合第一路军第三方面军第十三团共 160 余人攻打了东宁县东杨木桥子木营。两次战斗虽然击毙了日军和伪森警 20 多人，并缴获了一些粮食和军需物资，但第五军参战人员牺牲 8 人、负伤 6 人，还有部分队员在东杨木桥子木营的战斗中被冲散。因为部队剩的人本来就不多，这就显得损失太大了。

这时的抗日联军各部队大量减员，损失都很严重，根据地丧失，粮食断绝，官兵因衣着单薄、连续行军作战而疲惫不堪，伤病人员增加，急需有一阶段休整的时间。1940 年 1 月至 3 月，抗日联军第二、第三路军主要领导人在苏联伯力召开第一次会议期间，曾与苏联远东军方面达成协议：抗日联军各部队在战斗失利或其他原因需要临时转移到苏联境内时，苏方应予接纳并提供方便。根据这个协议，1940 年 10 月开始，抗日联军各部队领导趁着到苏联参加第二次伯力会议的机会，率各自部队陆续进入苏联境内休整，还有一些部队自行进入苏联休整。当时进入苏联的大体情况是，第一路军以及第二路军的道南部队从珲春、东宁一带进入苏联；第二路军从乌苏里江岸的饶河、虎林一带进入苏联；第三路军从黑龙江流域的萝北、佛山[49]、瑷珲[50]一带进入苏联。1940 年末到 1941 年初，先后共有 500

49）今黑龙江省伊春市嘉荫县。

50）今黑龙江省黑河市爱辉区。

多名抗日联军各部官兵进入苏联，在苏方的支持下，建立了南、北两座临时驻屯所[51)]，并健全了各级中共党组织。

1940 年 11 月，我们八团派三连指导员进入苏联后，部队也全部进入苏联境内进行整训。当时苏联的集体农庄人手紧缺，领导决定选调少量已婚人员作为随队家属安排到苏联的集体农庄工作。因为当时我已成婚，就被安排到伯力附近的集体农庄 3 号农场。

51）也叫南野营和北野营。南野营驻有 200 余人，北野营驻有 300 余人。

第七章　一生多坎坷，风雨仍兼程

非正义的战争要用正义的战争去消灭，这一科学论断是颠扑不破的真理。但战争毕竟是残酷的，想赢得正义战争的胜利也要付出沉痛的代价。我国 14 年艰苦卓绝的抗日战争，就付出了军民伤亡超过 3 500 万人的代价，我们这个家族也付出了三代人的牺牲，给我们的家庭造成了终生的创痛。我这一生的家庭生活，始终有战争的阴影在紧紧跟随。在我们赢得抗日战争胜利几十年后的今天，再回过头来看我们战争年代走过的路，心里还是难免五味杂陈，感慨万千。

当年我在第八团连队炊事班当兵时，团部有一位机枪手叫金春额，是个朝鲜族战士，曾多次向我示好。我认为男孩子一般都喜欢性格温柔的女孩子，而我属于那种大大咧咧、风风火火的性格，像个假小子，所以也没太在意。后来他竟然毫不避讳战友们惊讶的目光，经常抽空儿到我们炊事班来帮我捡柴烧火、洗菜做饭，还多次把自己精心制作的小礼物送给我。小伙子长得挺精神，人也聪明，我对他倒没啥反感。但在当时那个战争岁月，抗日联军部队是禁止战士谈恋爱的，再加上我年龄比较小，还没想过谈恋爱的事儿。直接拒绝他吧，又怕伤了他的自尊心，所以我心里虽然明镜似的，但当着他的面就装糊涂。团里领导知道了这个事儿以后，把金春额调到军部机枪班去了，但他仍然多次托战友给我捎来礼物。听一位战友告诉我说，有几次他捎来的礼物被军部的副官给没收了。后来听到金春额在一次战斗中英勇牺牲的消息，我很震惊，更是难过，他毕竟给过我很多帮助和关爱，也是第一个向我直接表达爱慕的小伙子。

我的第一任丈夫叫黄光林，朝鲜族，是原抗日联军第二军第五师的干部。1939 年 7 月抗日联军第一路军整编后，他被编入第三方面军。他结过婚，参加抗日联军队伍后，因与妻子长期分居，最终导致妻子离他而去。1940 年 9 月，第一路军第二、第三方面军和第二路军第五军在宁安汇合后我们才相识，他对我很热情。不知道他看上了我哪一点，相识不久就向我表达爱慕之心，并向我求婚。我感觉相识时间太短，缺乏对彼此的深入了解，就没有同意。可是他向组织汇报了自己的想法。领导多次给我做思想工作，特别是第五军军长柴世荣最热心，不但找我谈话，列举了黄光林的种种优点，诸如对党忠诚，工作能力强，聪明能干，作战勇敢，文化水平高，汉文和朝鲜文都很精通，关心同志，待人热情等等，甚至还在第五军官兵中宣称组织上已经同意我和黄光林结婚。有一位第五军的战友见到我，还开玩笑地叫我“黄夫人”，闹得我莫名其妙。这期间，黄光林又多次向我示好，最终结果就是“水”还没到，“渠”却已成。我们也没举行什么婚礼仪式，新婚之夜是在四十多人合住的大棚子里度过的，在房子的角落里拉一个帘子遮挡，就成了我们的新房。1940 年 11 月，我们随部队进入苏联境内以后，我和黄光林一起住在农场的宿舍里。这时黄光林正在执行苏联远东军直接派遣的任务，多次回东北进行军事侦察。1943 年，他在一次执行完侦察任务从东北返回苏联时碰上了敌人，他的胳膊和腿在枪战中负了伤，好不容易才摆脱敌人的追击。回到农场后，我精心为他调理、治疗，盼着他早日康复。可是没过多久，苏联内务部的人到我们家把黄光林带走了，说要深入调查，还说他是自残自伤，以便达到不想执行派遣任务的目的。临带走时他回过头来对我说：“顺玉，你放心，我不会有啥事儿的，我绝对没干过背叛革命的事情，他们很快就会放我回来。”可是，他被带走以后就再也没有任何消息，我到处打听他的情况都一无所获。我当然很相信他，他是有家国情怀的人，革命意志很坚定，如果不是为了伟大的抗日斗争事业，他也不会和前妻家破人散。丈夫的失踪对我打击太大，我说啥也不想继续待在苏联了。我向党组织提出申请，要求返回祖国参加东北的抗日斗争，领导就反复找我谈话，做我的安抚工作。抗日联军教导旅领导多次出面和苏方交涉，但均无结果。大势当头，我就更是无能为力了，只能作罢。几个月后，我在苏联的产院生下了一个可爱的小女儿。当时农场人手紧、任务重，所以孩子满月后就送进了农场的保育院全托，我几乎每天晚上都要到保育院去看一看孩子，但孩子刚 45 天就因为严重消化不良抢救无效而夭折。这个让黄光林寄予厚望的孩子，也随他而去了。

我的第二任丈夫叫于一寿，是在苏联农场工作时认识的。我们是完全的自由恋爱。于一寿是汉族，1922 年出生，小我两岁多，祖籍是山东省栖霞县，幼年即随父母逃荒到黑龙江省饶河县定居，有“福禄寿喜”兄弟四人，这四位兄弟在东北抗日斗争中全部加入了抗日联军第七军。因为他们的父亲是抗日联军军属，又积极支援过抗日联军，在敌人“扫荡”时被万恶的日本侵略者活埋了。老大于一福、老二于一禄、老四于一喜三兄弟相继在与日伪军的作战中牺牲。于一寿是老三，1935 年加入抗日联军时才 13 岁，曾在抗日联军第七军第一师师部当过警卫员。撤入苏联境内后，他在抗日联军教导旅的北野营参加军政训练。当时我听说 2 号农场有一位抗日联军老同志，姓王，就约同伴在星期天一起到2号农场去拜访老王。那是我第一次遇见于一寿，他和老王关系非常好，星期天经常到老王家里来。之后，我几次在星期天去拜访老王，都在老王家里见到了于一寿。老王曾到3号农场详细了解过我的情况，回去后告诉于一寿，说我这个人心地善良、很能吃苦，是过日子的一把好手，还鼓励于一寿与我深入交往。此后，于一寿就经常在星期天请假到3号农场来看我。他给我留下的印象很不错，不仅相貌英武，而且聪明好学。他可以流利地用汉语、朝鲜语和俄语对话，讲话也很幽默，经常逗得我发笑。后来他正式向我求婚，还送给我一枚金戒指。一开始我没敢接受，我告诉他："我是结过婚的人，还生过孩子，丈夫被抓走以后直到现在生死不明，我怎么能嫁给你呢？你应该找一位没有结过婚的姑娘。像你这样的条件，只要一说找对象，身后的姑娘就会跟上一个排，甚至一个连。"于一寿听了哈哈大笑说："我早就知道你结过婚，我就是看上你这个人了，如果你前面的那位丈夫真的回来了，我马上就腾地方。"他的这番话把我说得边笑边抹眼泪。1945年7月我们结婚以后，我就调入他经常往来的2号农场。我们婚后还不到两个月，1945年8月，苏联红军攻入东北，于一寿和抗日联军教导旅的将士们就随苏联红军打回了东北。老王夫妇看到我孤身一人，担心我的安全，就把我接到他们家里一起住。1945年12月，我和滞留在苏联的抗日联军部队家属一起办好了归国手续，陆续返回了祖国。12 月 29 日，我在牡丹江军区司令部和于一寿不期而遇，我们俩都十分惊喜。当时他去林口县的途中遇到土匪的阻隔，刚返回牡丹江军区司令部就遇上了我。1945 年 9 月东北解放时，抗联教导旅的官兵被编成 57 个小分队，凭借着与苏联红军一起攻占东北的优势，抢先于国民党军队接收东北的大、中、小城市，于一寿参加的是张锡昌领导的牡丹江地区林口县抗日联军分队接收组的工作。我们俩在牡丹江等了几天，待匪患消除后，我就随于一寿去了林口。我积极支持他的工作，在接收组做一些我力所能及的事情，他还送给我一支崭新的小手枪用来防身。这支手枪我珍藏了一年多才上交，当时还真有点舍不得。1946 年 3 月，林口县的接收工作告一段落，我们就返回了牡丹江军区司令部，他在警卫连任连长，我被选调去牡丹江军区政治部干校学习了一个多月。学习期间，我光荣地加入了中国共产党。6 月，国民党反动派发动了全面内战，于一寿多次向领导请战，不久就被调入东北民主联军一纵队一师一团任连长。他在赴任报到前，把家里该干的活儿全干完了，还一再叮嘱我一定要保重身体，千万不要干重活儿累活儿。临走那一天，他说啥也不让我送他。这期间，牡丹江军区后勤部新组建了一个被服厂，三百多名女工大部分是日伪时期被迫为娼的姑娘，境遇很令人同情。我被调进这个厂当主任，组织上要求我在工作中把这些姑娘们培养成自食其力的劳动者。在工作中，我对这些姑娘们不但严格要求，而且关心体贴，手把手地教她们缝纫机的使用技术，还用下脚料做成内衣分发给她们，和这些姑娘们建立了深厚的友谊。1946年10月，我和于一寿的儿子出生，这些姑娘们还专门凑钱为我的儿子订制了纯银的首饰和挂饰“麒麟送子”，这让我很感动。1947年1月，于一寿休假探亲回到牡丹江，见到出生刚好百日的大胖儿子，高兴得嘴都合不上。我们给儿子取了个名字叫于金，就是他的姓“于”，加上我的姓“金”。他还说，我们要好好培养这个儿子，将来让孩子上大学。临归队时他还问我：“等孩子大一点了，你能带孩子到部队去看我吗？”我说：“不看你这个当爹的看谁呀。”于一寿回到部队后经常来信。儿子一周岁时，我还把孩子的生日照寄给了他。他在信中告诉我，部队正在长春、四平一线作战，战斗挺激烈。1948年3月一天晚上，我做了一个噩梦，梦见于一寿一个人躺在窄小的茅草屋子里。我惊出了一身冷汗，感觉这是一种不祥之兆。第二天我就请了假，背上孩子直奔火车站，日夜兼程来到四平。部队首长亲自接待了我，沉痛地告诉我，于一寿同志确实已经英勇牺牲，部队已经用专备的几百口木棺将烈士们集中安葬了。还和我说他带过的连队仗打得很漂亮，很勇敢，立了大功，牺牲通知书已经发往牡丹江军区司令部，并嘱咐我节哀，多保重身体，并把我丈夫的所有遗物都转交给了我。当时我就觉着天塌下来了，脑袋发木。当天晚上我一夜没合眼，左思右想，下定了决心。第二天，我找到部队首长表示，请求调入我丈夫曾经所在部队，完成他未竟的事业，孩子我会妥善安排，请首长放心。首长当即同意了我的请求，立即嘱咐机关为我开了商调函，还告诉我不要急着来报到，一定要先把孩子安排妥当。就这样，我返回牡丹江，精心挑选了一位责任心很强的保姆，两人一起带了半个月的孩子，让孩子有个适应期。等调转手续办理好，我就去部队报到了。我被分配到四平街一纵队一师二团二营六连任排长，和于一寿原来所在的一团驻地相隔不远。到了连队后，我仍然负责后勤保障工作，其间又经历过几次战斗。1948 年 1 月，东北民主联军改编为东北野战军。此后，东北野战军参加了 1948 年 9 月至 11 月的辽沈战役和 1948 年 11 月至 1949 年 1 月的平津战役，1949 年 3 月又被改编为第四野战军，开始准备南下。这时，部队首长征求我的意见，是否愿意跟随部队一起南下。我考虑到正规的作战部队没有女兵编制，在连里工作得到更多的是同志们的关心和照顾，长此以往就会成为连队的负担，心里老是觉得过意不去；加上我非常想念孩子，实在放心不下。我如实向首长汇报了自己的想法，首长也很理解我。就这样，1949 年 3 月，组织上确定我转业到地方工作，我返回故乡，回到了儿子身边。为了让儿子铭记在四平街战役中英勇牺牲的父亲，我给儿子的名字中增加了一个“平”字，叫于金平。我们的这个儿子现在早已长大成人，他没有辜负生身父亲的遗愿，以功课全优的成绩从高中毕业后，考入某空军工程大学，也成了一名光荣的军人。

我的第三任丈夫叫乔树贵，汉族，是原抗日联军第五军的老战士。1945 年 9 月东北解放时，他在参加抗日联军分队牡丹江地区宁安县抗战胜利后的接收工作中左大腿不幸被敌人的枪弹打断，成为二等甲级伤残军人，1948 年底转业，被分配到吉林省延边专员公署武装科工作。当时，我背负着两次家庭被摧毁的创伤，重组新家庭的意愿已经荡然无存，只想着一个人带着孩子安安生生地过日子。但是组织上很关心我，认为我年纪尚轻，希望能积极促成我组建一个新的家庭。组织上的另一个考虑就是乔树贵的腿伤残后，生活不能完全自理，希望能帮他选择一位贤惠的伴侣照顾他。领导找我谈话时，我表示不同意，因为我已经有一个孩子了，不打算重组家庭。领导就给我做思想工作，让我们先见一面，然后再做决定。就这样促成了我们的第一次见面。见面那一天，我特意把孩子也带上，想让乔树贵意识到我们是孤儿寡母，知难而退。乔树贵则拄着拐杖、一瘸一拐地出现在我们面前。他已经是 40 岁的老小伙儿了，身负战伤，确实令人怜悯和同情。我们彼此介绍了各自的情况后，他就用带来的糖果和我的孩子玩起了猜糖果的游戏。两只手握成拳头，其中一个拳头里攥着一颗糖，猜对了哪只手里有糖果就可以赢得这颗糖，猜错了就要打个小手板儿。我儿子这个小家伙不一会儿就赢得了满满两裤兜的糖果。当时这种高档糖果很少见，所以孩子特别高兴，分别时还约他下次见面要继续玩猜糖果的游戏。第一次见面，我的同情心中萌生出一些好感，他带伤坚持努力工作的顽强精神令人钦佩，他乐观向上的生活态度、对美好未来的憧憬和对孩子的喜爱，都给我留下了良好的印象。随着交往的深入，我的怜悯和同情慢慢化作了敬重和好感，我也意识到，组织选择我来照顾他的生活，正是对我的信任和重托。1949 年底，我们结了婚。婚后，我尽力照顾好丈夫的生活起居，按照他的饮食喜好烹制三餐，并包揽了全部家务。我不仅是在尽妻子的责任，也是在完成组织上交给我的使命。他是山东人，爱吃饺子，我就经常为他包饺子。他爱吃朝鲜族风味的辣白菜，所以每年入冬前我都忍着关节的疼痛腌制两大缸辣白菜，存放在菜窖里，可以一直吃到第二年春天。丈夫也很关心我和孩子，经常对我嘘寒问暖，不仅陪我看病，提醒我吃药，还常带孩子到河边散步、玩耍，我们夫妻感情日渐深厚。由于在抗战艰苦年代留下的伤病复发，我一直没能怀孕，吃了很长时间的中药调理，1956 年，我终于生下了一个大胖小子，丈夫喜出望外。我丈夫的大哥在山东老家病故后，我们又收养了他的一双儿女。这样一来，我们就有了三个儿子，一个女儿，孩子们都很懂事，孝敬父母，学习刻苦，帮我分担了不少家务。孩子们日渐长大，各自成家立业后，小日子过得都挺红火。

随着岁月的流逝，我们这一代人就要陆续地退出历史舞台，战争留下的阴影日渐淡去，一个强大的祖国正在崛起，中华民族伟大复兴的新时代正在向我们招手。

整理《抗联战士金善回忆录》参考资料

（以成文时间为序）

1. 金善．金善同志在延边全州党史资料征集工作会议上的发言（记录整理稿）, 1982-12-24.

2. 金善口述，崔厚泽整理．继承先烈的遗志（朝鲜文）// 高婉婷，李玉花译, 1983-8.

3. 金善口述，崔厚泽整理．抗日回忆：印刷机 [N]. 延边日报（朝鲜文版）, 1984-6-6(3).

4. 李太一．抗日老干部金善 [N]. 吉林朝鲜文报，1987-7-25(1).

5. 全信子，金善同志访谈录，1993-8.

6. 李小江 .20 世纪（中国）妇女口述史丛书 [M]// 金善口述，全信子整理. 让女人自己说话:亲历战争. 上海:生活•读书 • 新知三联书店，2003:359-375.

7. 延边州人大常委会 . 艰难的岁月——纪念抗联战士乔树贵 100 周年诞辰 [M]. 延吉 : 延边人民出版社，2009.

8. 吉林省延边朝鲜族自治州档案馆 . 金善干部档案 .2015-9 调阅 .

9. 对金善子女乔志平、乔志菊、乔志水、乔志光及其妻子金惠淑的采访，2015-9.

考证《抗联战士金善回忆录》参考书目

（以出版时间先后为序）

[1] 中共延边州委党史工作委员会，党史研究所．延边历史事件党史人物（新民主主义革命时期），内部资料，1988.

[2] 延边历史研究所．中国朝鲜族人物传 [M]. 延吉：延边人民出版社，1990.

[3] 江涛．吉林党史人物（第 1 卷）[M]. 长春：吉林教育出版社，1991.

[4] 吉林省通化市政协文史委员会．朝鲜独立军在中国东北活动史略 [M]. 沈阳：辽宁民族出版社，1993.

[5] 吕英俊口述，韩兑岳整理．严峻的考验——抗日老战士吕英俊回忆录 [M].// 紫荆译．延吉：延边大学出版社，1995.

[6] 崔圣春．延边人民抗日斗争史 [M]. 延吉：延边人民出版社，1997.

[7] 霍辽原．东北抗日联军第二军 [M]. 哈尔滨：黑龙江人民出版社，2005.

[8] 徐云卿．英雄的姐妹 [M]. 长春：吉林人民出版社，2005.

[9]《东北抗日联军史》编写组．东北抗日联军史（上、下）[M]. 北京：中共党史出版社，2015.

附录 1

抗联战士学习笔记复印件及内容摘录

2015 年 9 月，编者到吉林省延边地区收集有关抗日联军的资料时，在延边博物馆看到了正在展柜中展出的抗日联军战士金善在 20 世纪 60 年代初捐赠给该博物馆的抗联战士学习笔记。笔记本第一页写着："一九四一年一月二十日"。经馆方同意，我们仔细查阅了这本笔记。笔记本为小 64 开，共 124 页，用汉、朝两种文字书写。由于时间久远，有多页字迹已严重褪色，难以辨认。这本笔记本在展柜里静静地展出了五十多年，只粗粗翻看，就令人惊喜，因为这是一本研究东北抗日联军历史的珍贵资料，有较高的学术价值。翻阅抗日联军战士们学习和讨论的记录，看到他们在艰苦条件下刻苦学习新知识的热情，看到他们认真钻研马克思主义基本原理的精神，给了我们莫大的激励和鞭策。老前辈们认识问题的深刻程度和勇于担当的广阔胸襟令人赞叹；在 1941 年抗日联军处境艰难的情况下以未来国家主人的身份讨论解放以后需要解决的问题，这种共产党人对革命事业必然成功的自信令人感动。

诚然，囿于当时的历史条件、身处环境和认知水平，日记本中难免有个别见解显得不够成熟，但是瑕不掩瑜，而且也不应该因此苛求前辈。我们把这册笔记中对研究东北抗日联军历史比较有参考价值的部分内容摘录出来，相信可以为东北抗联史的研究者和爱好者们打开一扇研究抗日联军历史的新窗口。

一、抗联战士学习笔记复印件[1)]

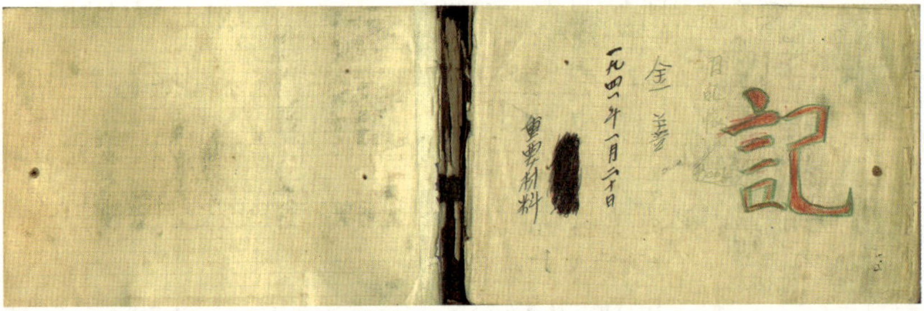
記
金善
一九四一年一月二十日
重要材料

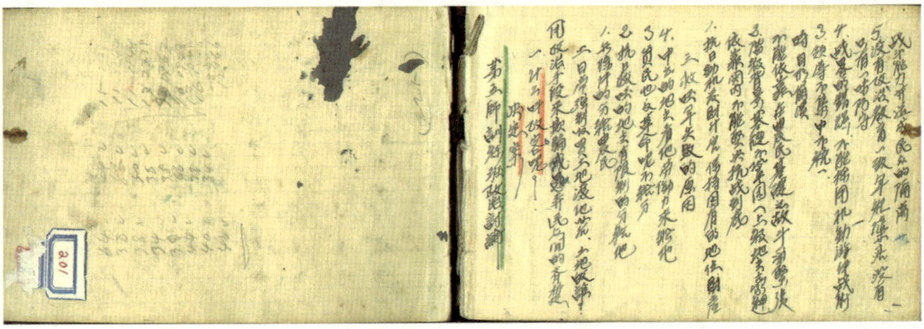

1) 本品原件现存于延边博物馆，为馆藏一级文物，藏品名为“1941-1945 年抗联教导旅女战士金善的日记本”，本书完整收录藏品照片 62 张。本书出版时已获得延边博物馆授权许可使用。其他单位和个人未经授权，不得将藏品照片复制、仿制、出版或挪作他用，否则将依法追究责任。

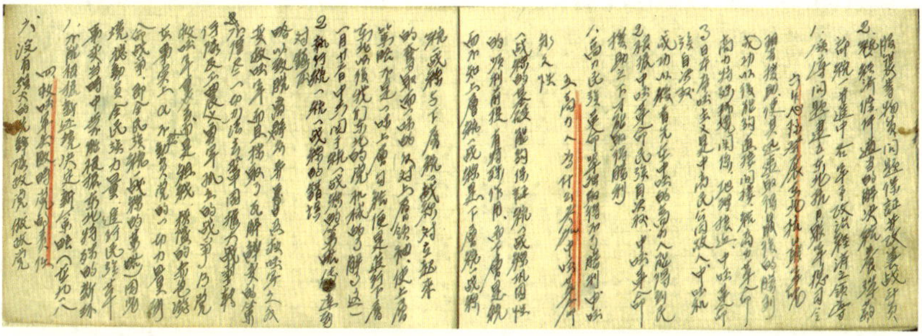

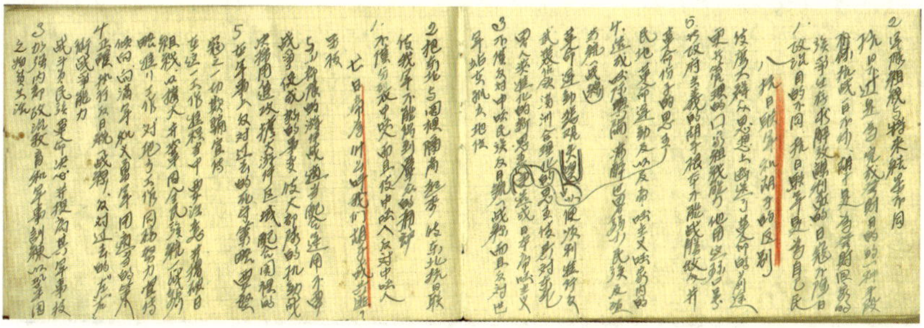

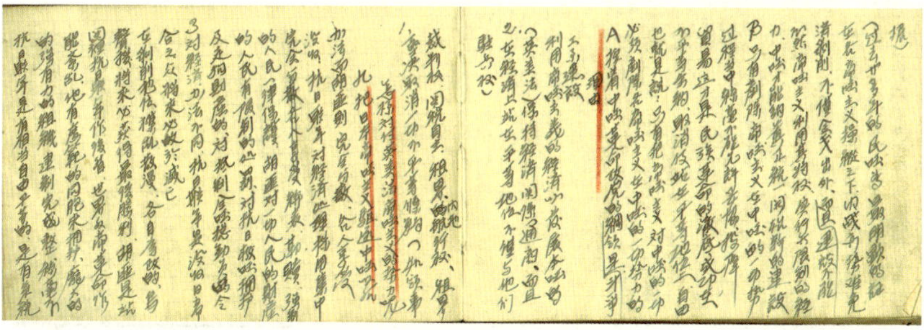

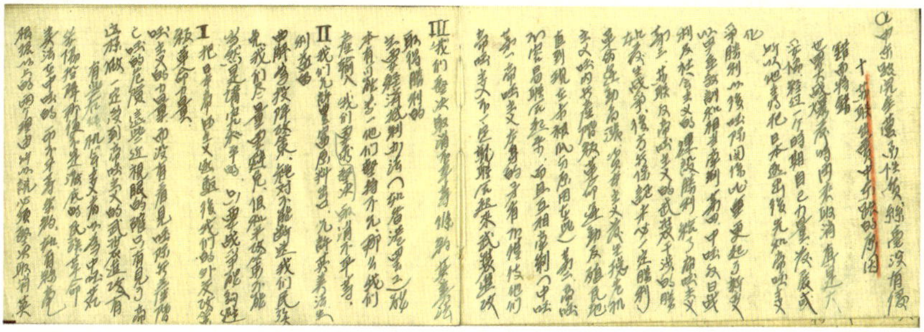

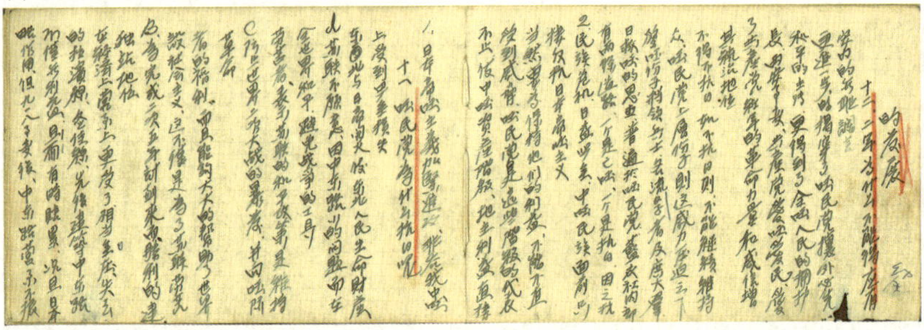

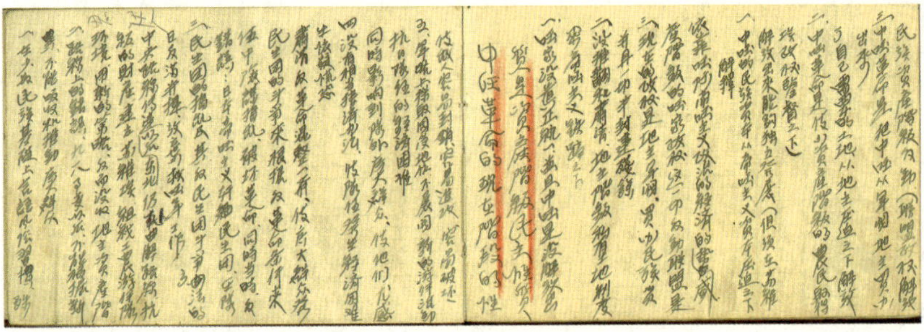

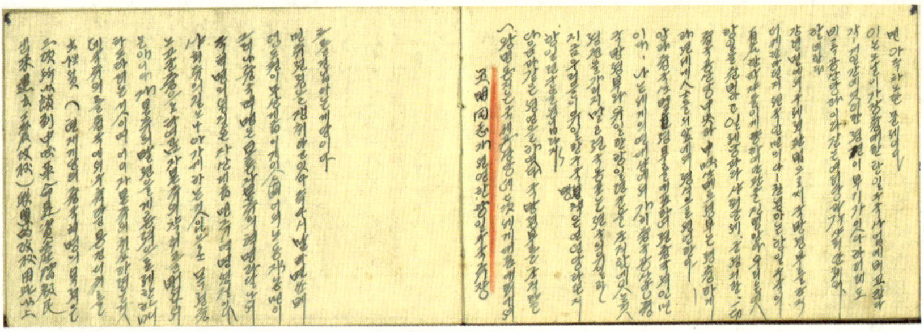

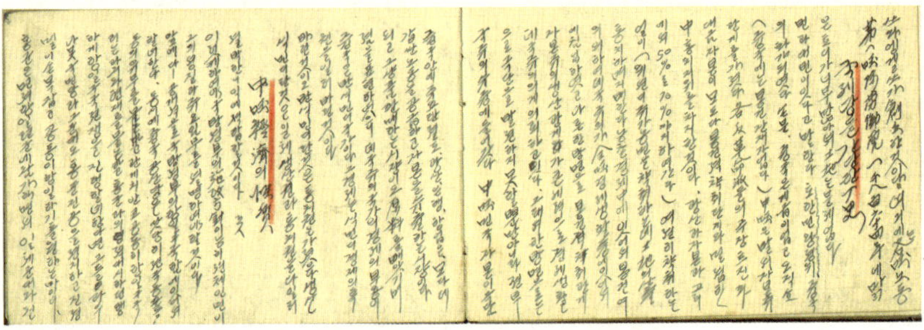

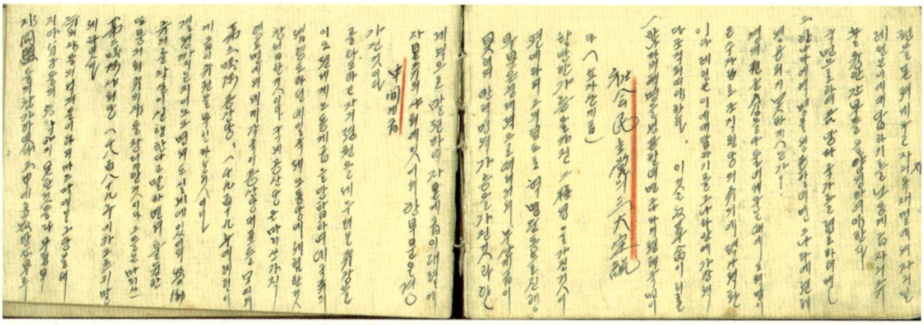

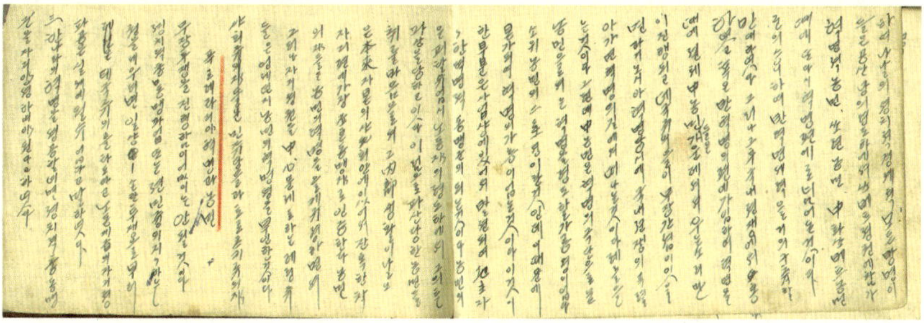

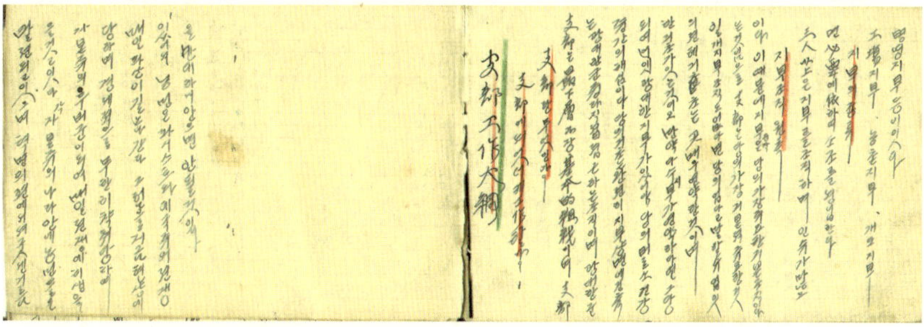

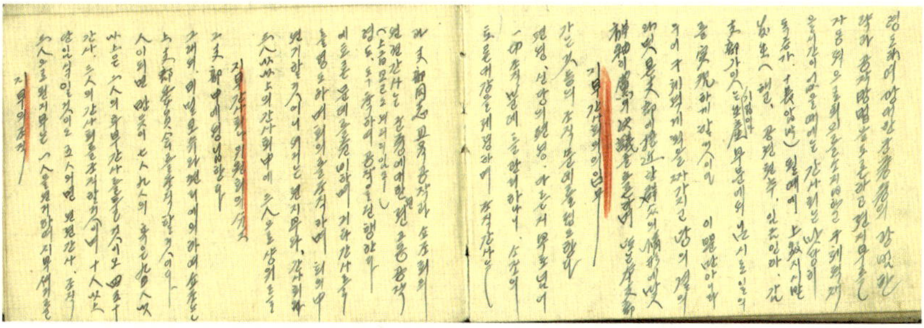

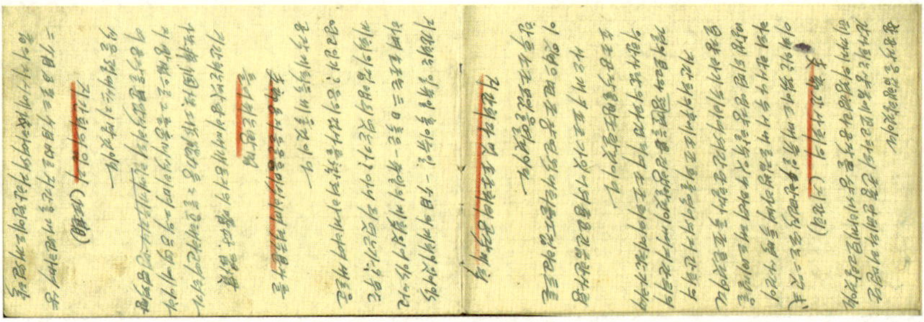

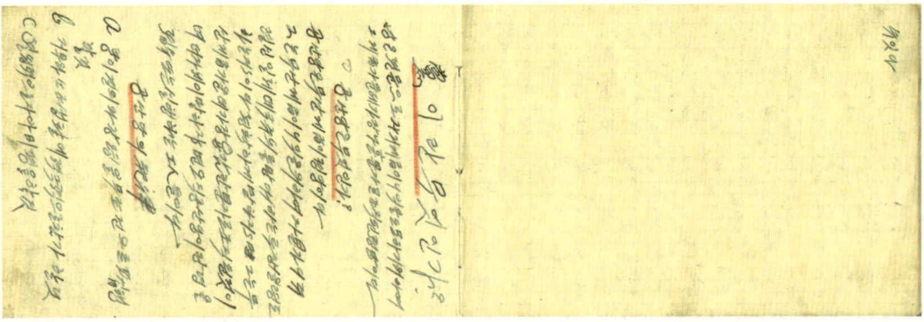

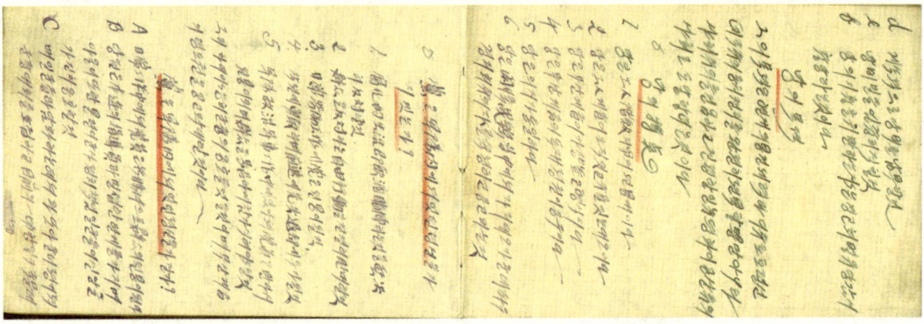

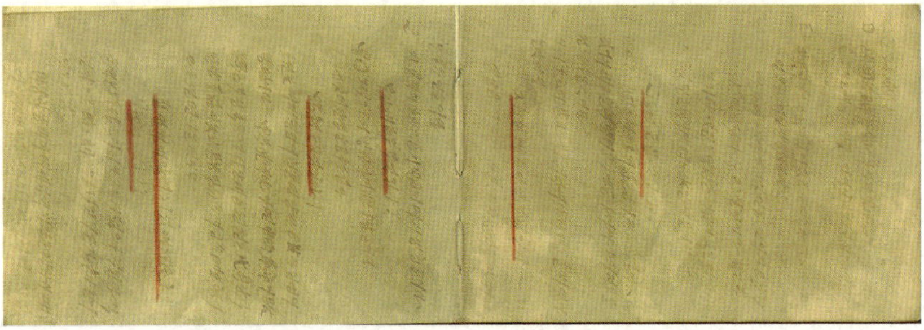

抗联战士学习笔记复印件及内容摘录

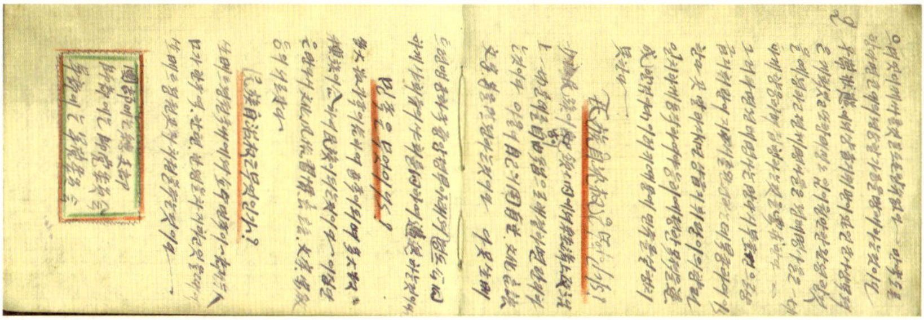

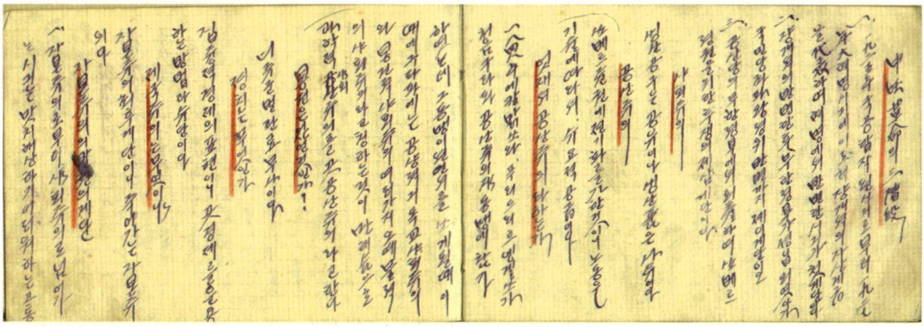

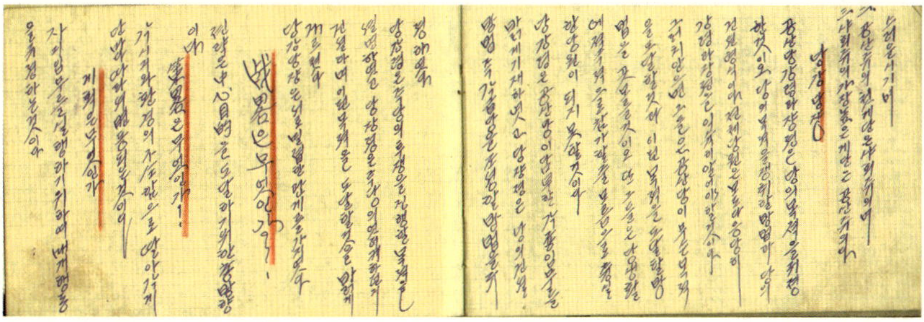

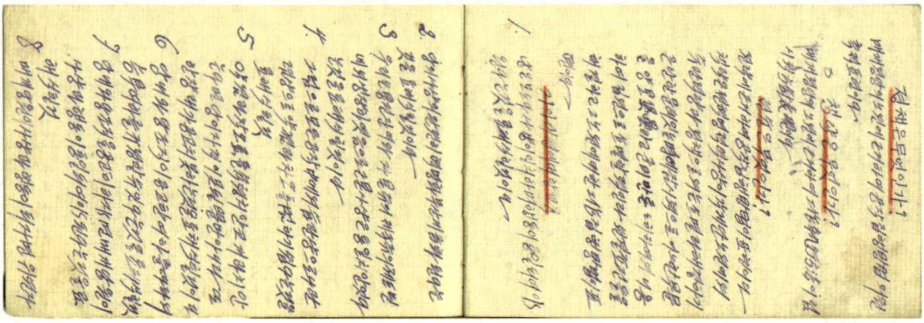

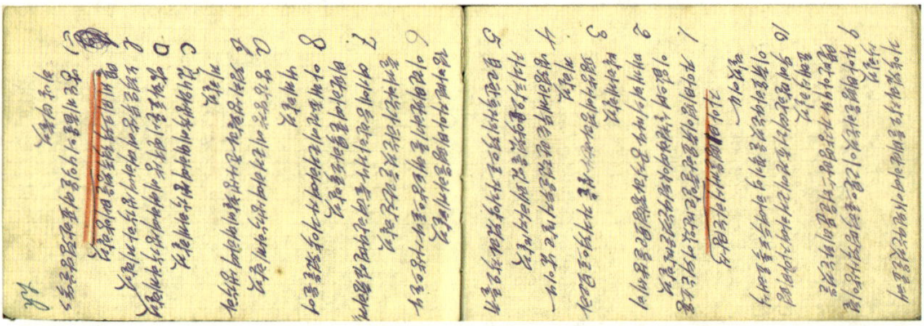

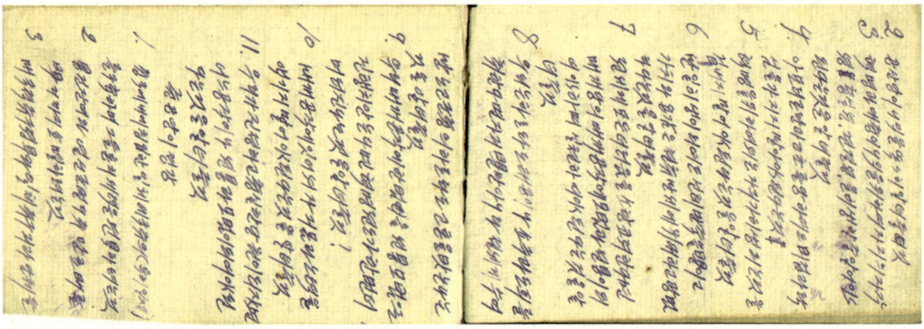

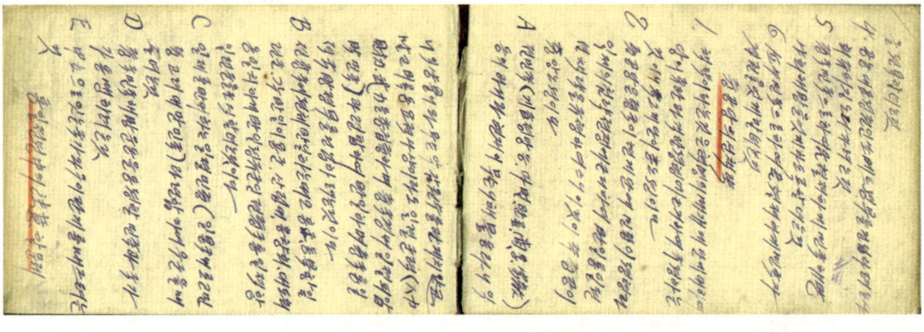

요긴재료필기장

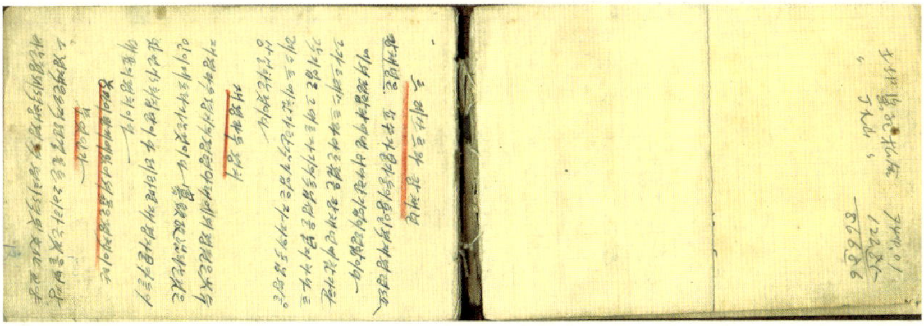

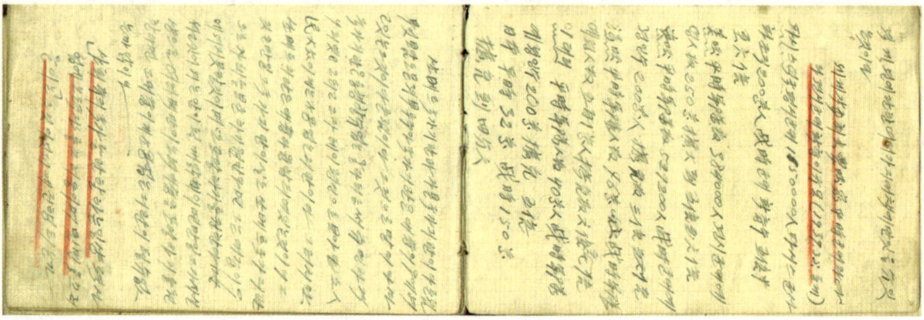

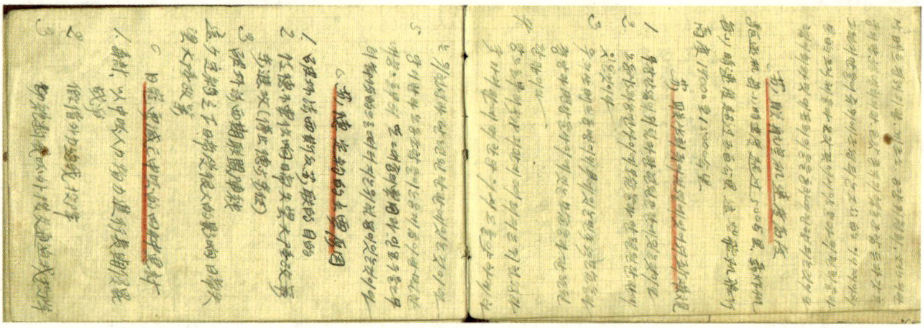

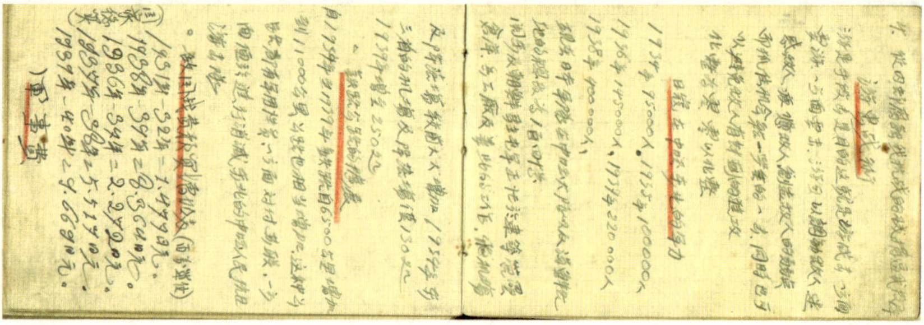

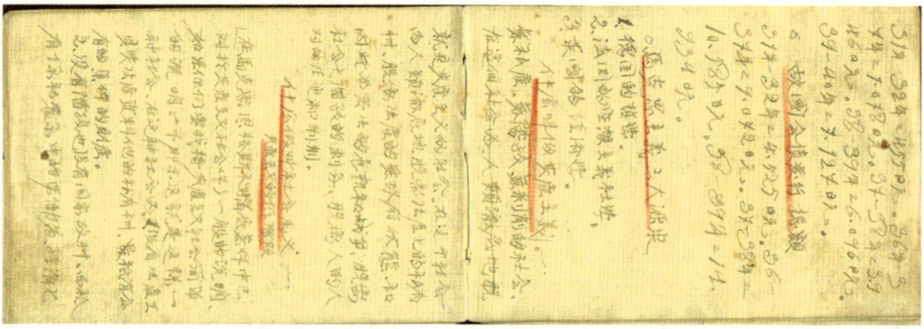

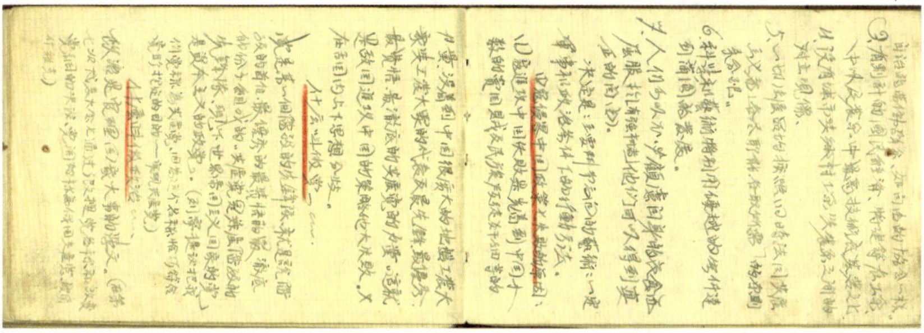

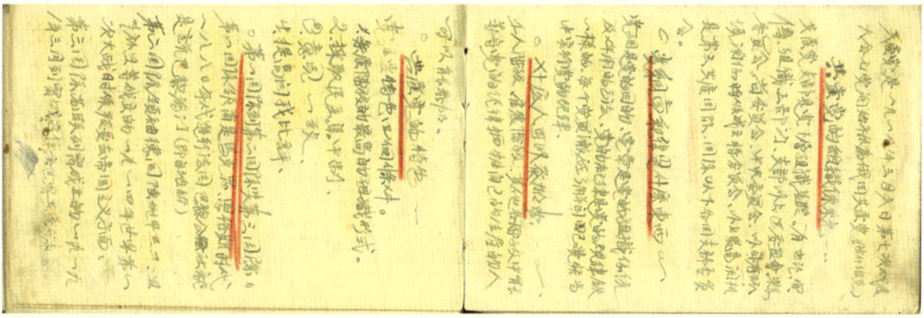

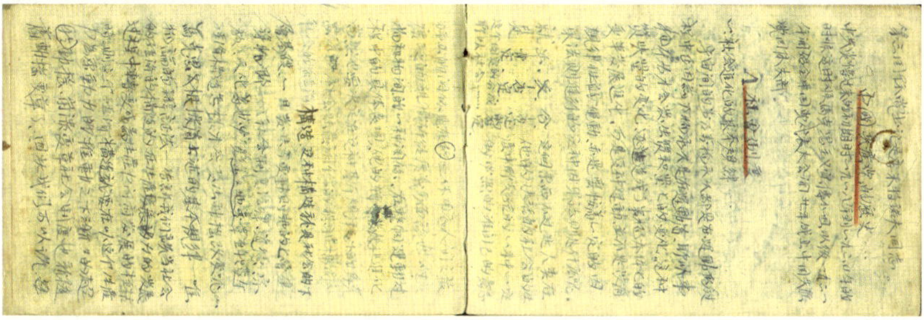

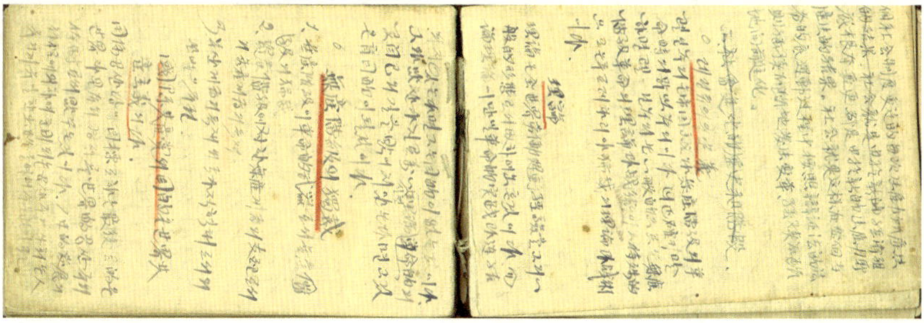

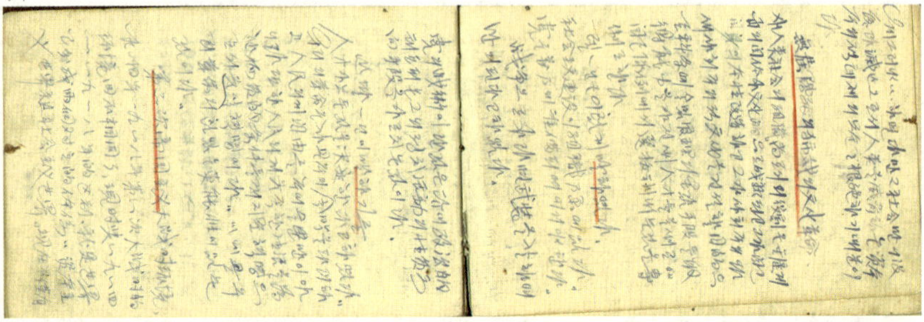

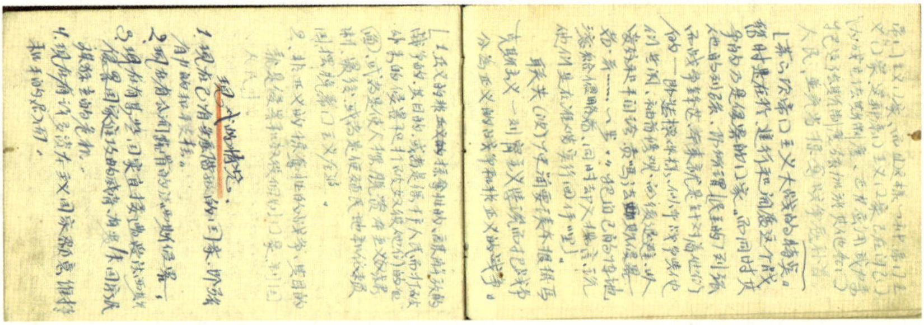

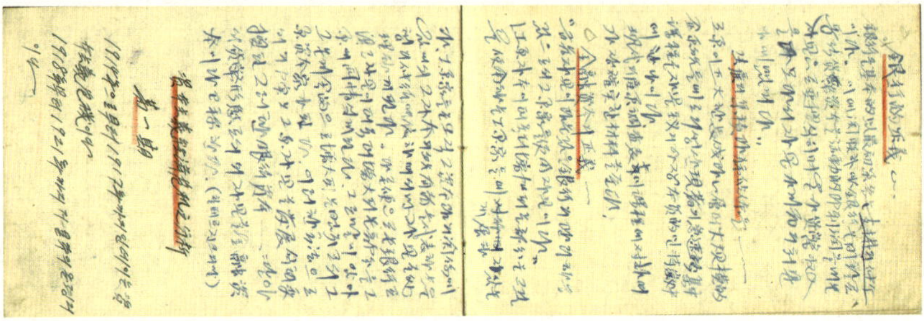

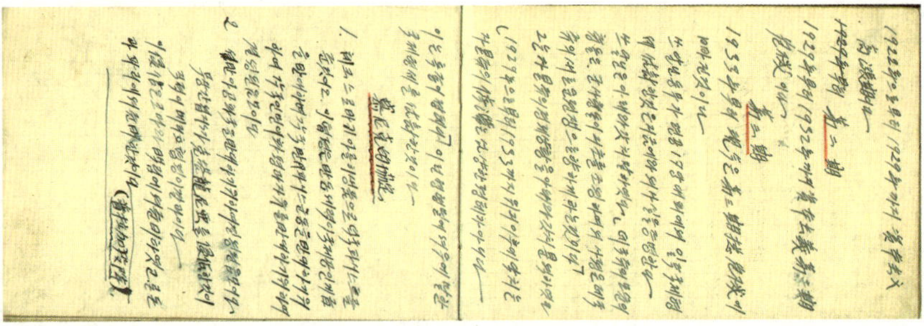

抗联战士学习笔记复印件及内容摘录

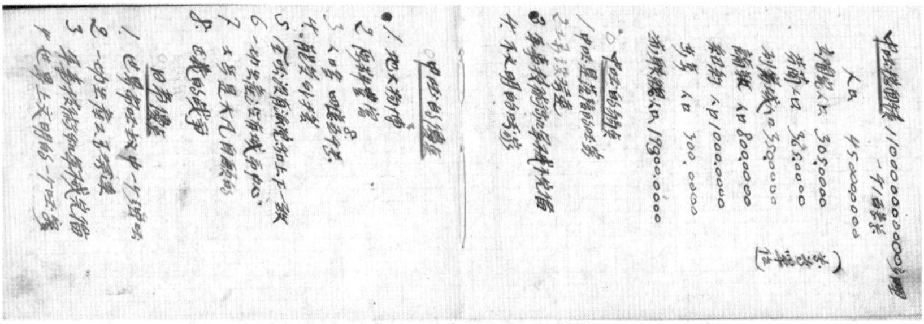

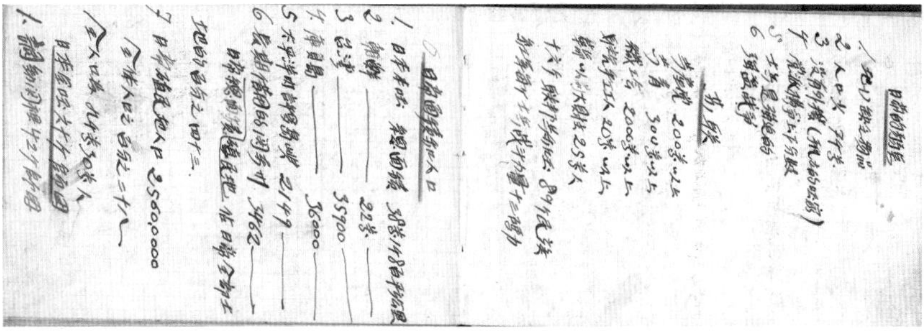

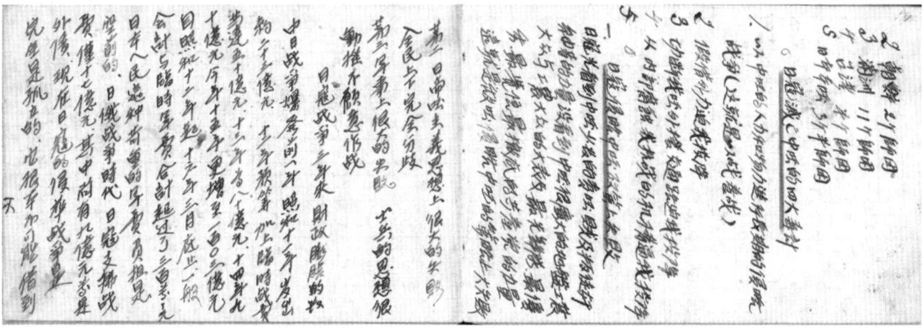

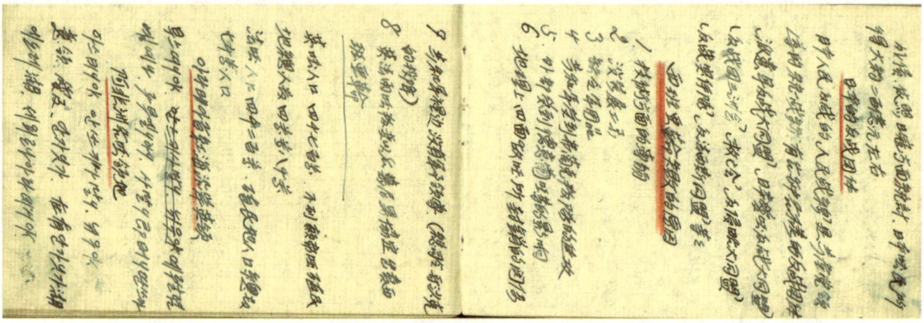

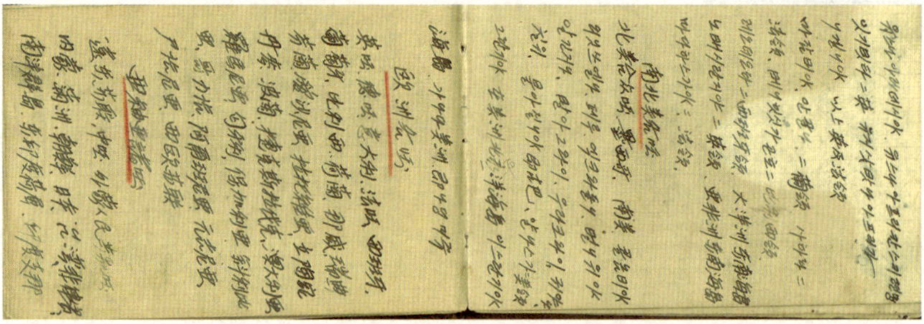

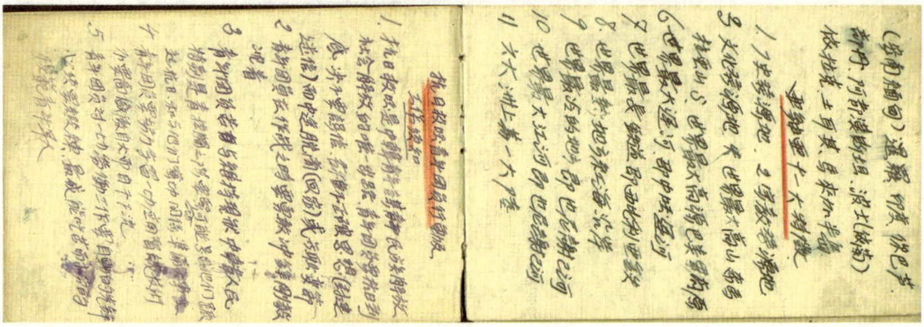

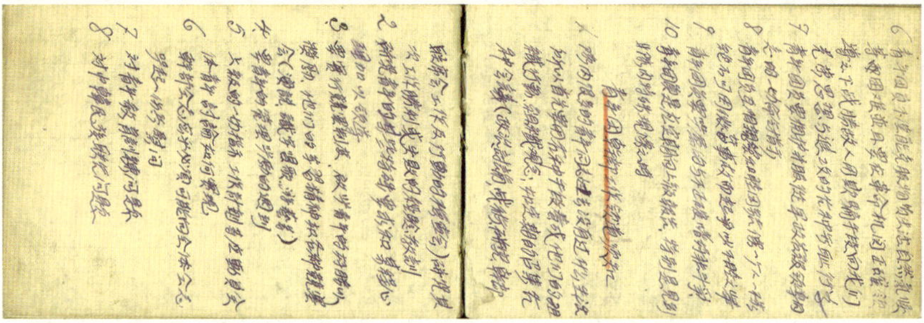

抗联战士学习笔记复印件及内容摘录

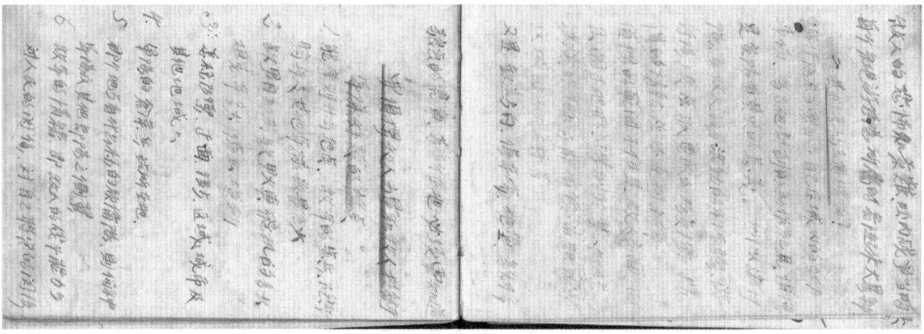

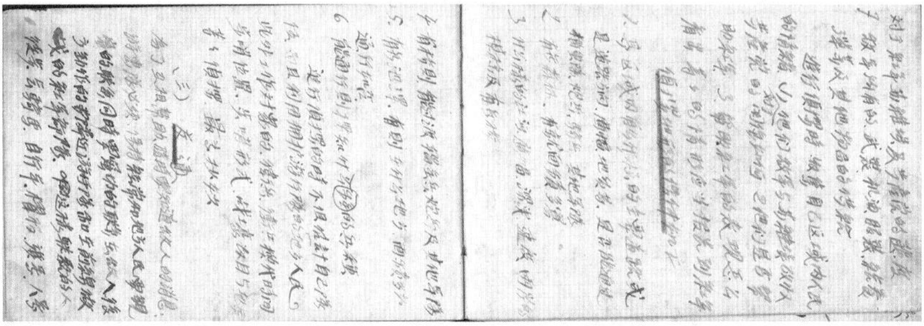

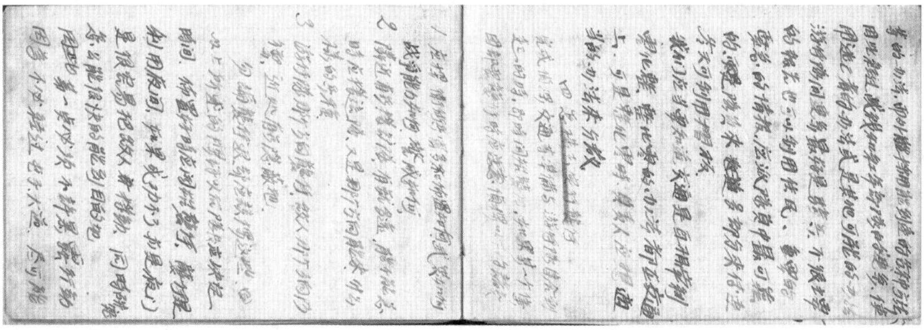

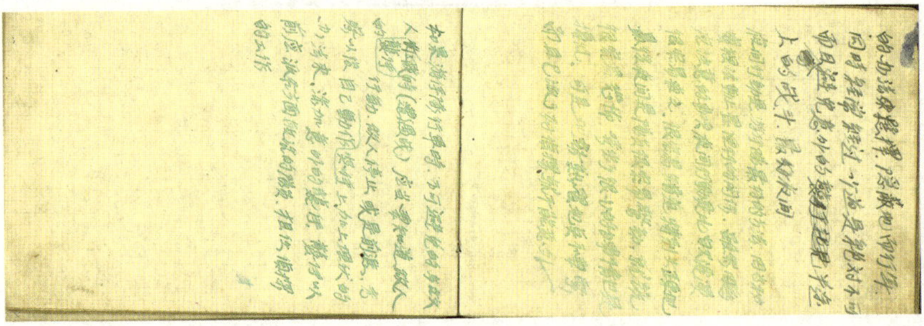

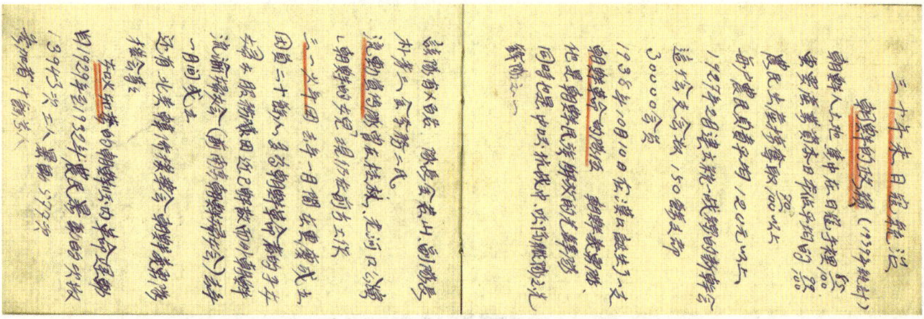

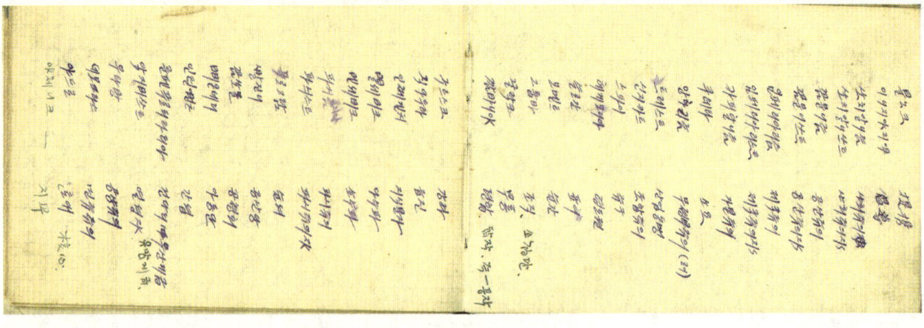

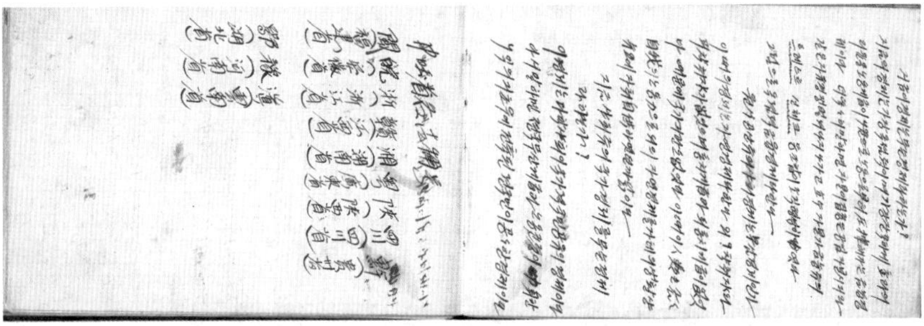

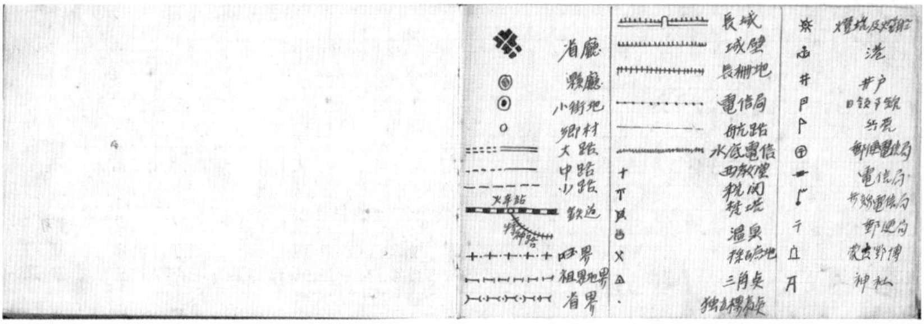

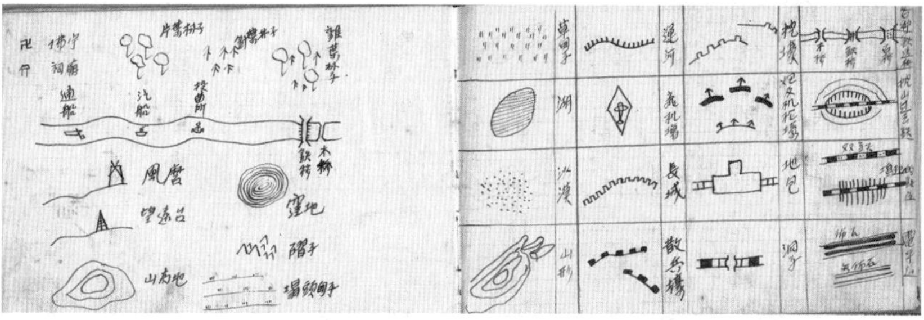

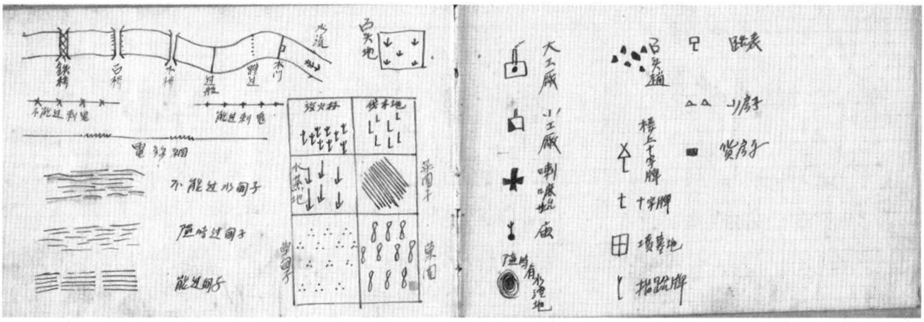

二、抗联战士学习笔记内容摘录[2)]

第五师训练班政治讨论决定案

一、什么叫政客呢？

用政治手段来欺骗或愚弄民众间的齐楚。

二、日帝强制收买土地，滚他以后土地归谁？

1．无条件的分给农民。

2．抗日救国的地主，有限制的分给他。

3．贫民也反革命呢？不给分。

4．中立的地主看他劳动力来给他。

2) 因该笔记的记录者为朝鲜族，所以摘录的笔记内容中个别语句表现出朝鲜语的语法结构特征。为了保持笔记的历史原貌，文中原有的错、漏字和病句，原则上不做修改；确需修改处，加“编者注”；无法辨认的字用符号＊替代。

三、救国军失败的原因

1．抗日动机发财升官，保持因有的地位、财产，依靠关内，不能坚决抗战到底。

2．阶级背景、基础不巩固（上级地主豪绅），不能依靠在农民基础之故，斗争紧张时自行崩溃。

3．领导不集中不统一。

4．战略的错误，不能采用机动游击战术，只有一味防守。

5．没有政治教育，一致[3]军纪堕落，没有战斗能力，并造成民众的隔离。

6．没有强大的先锋队政党做政党。

四、救国军失败时党的责任

1．不能根据新环境决定新策略（九一八事变当时，中共不能根据东北特殊的新环境，总动员全民族力量进行民族革命战争，即全民族统一战线的策略）。因此在事实上：A. 不总动员党的一切力量到救国军里去，而是组织狭隘的赤色游击队及工农义勇军孤立的战争。B. 党不使尽一切办法去巩固、扩大、转变救国军，而且采取了瓦解、哗变的策略，以致脱离群众并遭救国军之反对、镇压。

2．执行统一战线的错误。一月廿六日中共关于统一战线

3）疑为“以致”。

的策略[4]传达到东北以后，我们东北的党机械地理解了这一策略，不是一味上层勾结，便是进行下层的夺取，而一味地反对上层领袖，使上层统一战线与下层统一战线对立起来，而不知上层统一战线是下层统一战线的顺利前提，有特殊作用，而下层是统一战线的基础，能够保证统一战线巩固性、永久性。

五、高力人[5]为什么参加中国革命?

1. 高力民族革命单独取得不了胜利，中国援助之下才能取得胜利。

2. 根据中国革命民族自决权，中国革命成功以后，首先在中国的高力人能得到民族自决权。

3. 日本帝国主义是中高民公同敌人，中国和高力特殊关系，地理接近，中国革命成功以后，能够直接、间接给高力革命相当援助，使其迅速取得最后的胜利。

六、怎样发展东北抗日联军呢?

1. 领导问题。建立东北抗日联军总司令部，统一并集中各军事、政治、经济之领导。

2. 经济条件。适当的解决给养、弹药、服装等物质问题，

4) 即 1933 年 1 月 26 日《中央给满洲各级党部及全体党员的信》，信中提出在东北实行全民族反日统一战线策略。

5)“高力”即“高丽”，是对朝鲜族不准确的提法。当时抗联各军均有朝鲜族人加入，特别是第二军中，中国朝鲜族和朝鲜国籍的官兵占大多数，这个笔记的记录者即是朝鲜族。

保证并改善战斗员之物质生活。

3. 加强内部政治教育和军事训练，以巩固战斗员民族革命决心，并提高其军事技术战争能力。

4. 正确执行反日统一战线，反对过去的“左”“右”倾向，向满军和义勇军用适当的策略进行工作。对地方工作同样努力宣传、组织，以扩大并巩固全民族统一战线。在这一工作进程当中，要注意并揭破日寇之一切欺骗宣传。

5. 在军事上，反对过去的死守策略，要坚决采用进攻，扩大游击区域，配合关里的战争，促成新的事变，使大部队的机动战与小部队的游击战适当配合运用，不要呆板。

七、日帝为什么叫我们“胡子”或“共匪”？

1. 不仅分裂中国人，而且使中国人反对中国人，使我军不能得到群众的拥护。

2.把东北与关里隔离起来,使东北抗日联军站在孤立地位。

3. 不仅反对中国民族反日统一战线，而且反对世界人类进化的新思想，以便顺利进行反共统一战线，更造成日本帝国主义武装占领满洲合理化。

4. 造成国际舆论，麻醉世界弱小民族及殖民地革命运动，以及反帝国主义国家内的革命分子的思想，使其对东北革命运动悲观失望。

5. 无政府主义的胡子根本不可能战胜敌人，并更无管理国家的组织能力，他用这类口号使广大群众从思想上断送了革命的前途。

八、抗日联军和胡子的区别

1. 政治目的不同。抗日联军是为自己民族争生存、求解放、谋利益的，日寇一日不除，抗战一日不休。胡子是为发财回家的，抗日不过是为完成发财目的的一种手段。

2. 军队组织与将来结果不同。抗日联军是有相当自由平等的，是有系统的、强有力的组织，建制完整，丝毫不能紊乱。他有广泛的同胞来拥护，庞大的关里抗日联军作后盾，世界反帝革命作声援，将来必获得最后胜利。胡匪是站在剥削地位、× 乱散漫、各自为政的乌合之众，将来必归于灭亡。

3. 对经济办法不同。抗日联军是没收日帝及走狗财产的，对抵制全国总动员令的人民有限制地处罚，对抗日救国拥护的人民一律保护。胡匪对一切人民的财产完全绑表勒赎、强制没收。抗日联军对经济处理采用集中办法，而胡匪则完全分散、各人享受。

九、把日本帝国主义驱逐出中国以后，怎样对付英美法帝国主义的势力呢？

1. 坚决取消一切不平等条约（如领事裁判权、关税自主、租界、内地航行权、租界驻兵权）。

2. 在经济上站在平等地位，不仅与他们（英美法）保持经济关系通商，而且利用帝国主义的经济以发展本国的工业建设。

理由：A. 按着中国革命政党的斗争纲领，是必须铲除各帝国主义在中国的一切势力的，也就是说，只有把帝国主义对中国的一切不平等条约取消，使站在平等地位上自由贸易，这才是民族革命的彻底成功，在过程当中丝毫不能允许妥协投降。

B. 只有铲除帝国主义在中国的一切势力，中国才能够真正统一，开始新的建设，不然帝国主义利用其特权，实行无限制的经济剥削，不仅金钱出外、建社不能，而且在各帝国主义操纵之下，内战亦势难免（过去二十多年的民国，为最明显的证据）。

根据以上的两个理由，所以说必须坚决取消英美法在中国的一切不平等条约，如有丝毫妥协投降，那便不是彻底的民族革命。

有些右倾机会主义者以为，中国若这样做，一定受到帝国主义的武装进攻，有亡国的危险。这些近视眼的确只有见了帝国主义的力量，而没有看见国际无产阶级革命力量。

1. 把日本帝国主义逐驱后，我们的外交政策当然是讲究和平的，只要战争能够避免，我们尽量要避免，但和平政策不能曲解为投降政策，绝对不能断送我们民族利益的。

2. 我们允许丰富原料出口，允许英美法生产输入，我们坚决要求取消不平等，本有可能，万一他们坚持不允，那么我们主要经济抵制办法（如香港罢工）能取得胜利的。

3. 我们坚决取消不平等条约，英美法帝国主义不一定就联合起来武装进攻。第一，帝国主义本身的矛盾不仅使他们不容易联合起来，而且互相牵制（中国直到现在未被瓜分，原因在此）。第二，帝国主义国内无产阶级革命运动及殖民地革命运动高涨，资本主义发生总危机，如发生战争，后方无保证，未必一定胜利。第三，苏联反帝国主义的武装干涉的胜利，及社会主义的建设胜利，给了帝国主义以严重教训和相当牵制。第四，中国反日战争胜利以后，国际关系比重更起了新变化。

所以他主张把日本逐出后，先和帝国主义妥协，经过一个时期自己力量发展，或世界大战爆发时再来取消，真是大错而特错。

十、苏联出卖中东路的原因

1[6]. 中东路完全营业性质，丝毫没有侵略作用。但九一八事变后，中东路营业不振，不仅无利益，而且有时赔累，况且日本的拉滨县、X佳县先后建筑中东路，在经济上、营业上更受了相当重压，失去独占地位。

2. 为完成二次五年计划而胜利的建设社会主义，这不仅是为了苏联劳苦者的福利，而且能够大大的帮助了世界革命。

6) 此处原文序号标记为 a. b. c. d. 为使层级清楚及格式统一，改为 1. 2. 3. 4.

3. 防止世界二次大战的爆发，并向国际劳苦者表示苏联的和平政策是维持全世界和平、避免战争的工具。

4. 苏联不愿意因中东路小的问题，而在东北与日帝开火，使东北人民生命财产上受到严重损失。

十一、国民党为什么抗日呢？

1. 日本帝国主义加紧进攻，非吞我中国不止，使中国资产阶级、地主利益直接受到威胁。国民党是这些阶级的代表，当然要为保持他们的利益，不能不直接反抗日本帝国主义。

2. 民族危机日益严重，中国民族面前只有两条道路：一个是亡国，一个是抗日。因之抗日救国的思想普遍于国民党、蓝衣社内部爱国分子、将领、兵士、各流学者及广大群众，国民党上层分子则这威力压迫之下不得不抗日，如不抗日，则不能继续维持其统治地位。

3. 共产党、红军的革命力量和威信增长，西安事变，共产党爱国、爱民、爱和平的主张，更得到了全国人民的拥护，更进一步的揭穿了国民党攘外必先安内的无耻谰言。

十二、二军为什么不能得应有的发展？

1. 在少数民族基础上，言语、风俗习惯殊异，不能吸收和推动广大群众。

2. 路线上的错误。九一八事变以后，不能根据新环境用新的策略，反而没收地主、资产阶级的财产，建立苏维埃，组织工农游击队。中央路线传达东北以后，仍曲解路线，抗日反满并提，放弃救国军工作。

3.“民生团”的捣乱及其反“民生团”斗争方法的错误。日本帝国主义奸细“民生团”，在队伍中阴谋捣乱，破坏革命，同时，当时反“民生团”的斗争未根据反革命条件来肃清反革命，混整一齐，使广大群众发生怀疑慌恐。

4. 没有相当接济办法，使队伍发生经济困难，同时影响到队外广大群众，使他们尤感抗日队伍的经济困难。

5. 军略上采取固受地位，不展开新的游击活动，使敌人容易封锁、容易进攻、容易破坏。

*　　　*　　　*　　　*

* 日寇在中国东北的军力

1934 年：95 000 人　　1935 年：100 000 人

1936 年：145 000 人　　1937 年：220 000 人

1938 年：400 000 人

现在日本军队在中国大陆以及满、鲜各地的总数为一百四十万。

关东及朝鲜驻屯军正忙于建筑营垒、仓库、兵工厂及类此的工作。飞机场及降落场较前大大增加，1934 年东三省的机场及降落场仅130处，1939年增至250处。

＊铁路、公路的扩展

自1934年至1939年，铁路自6 500公里增加到11 000公里。公路也相当增加，这种公路都有军用性质，一方面对付苏联，一方面便于进行消灭东北的中国人民抗日游击队。

＊敌国战费预算增加表（百万日元单位）：

（国家总算）

1931年—1932年：1.477　　1936年—1937年：2.272

1937年—1938年：5.517　　1938年—1939年：8.364

1939年—1940年：9.667

军事费

31年—32年：0.455　　36年—37年：1.078

37年—38年：3.946　　38年—39年：6.096

39年—40年：7.127

敌国公债发行总额

31年—32年：4.525　　36年—37年：9.072

37年—38年：10.585　　38年—39年：14.734

＊日帝面积和人口

1. 日本本国，总面积　38万1千8百平方公里。

2. 朝鲜——　　22万——

3. 台湾——　　35900——

4. 库页岛——　　　　　36000——

5. 太平洋内许多岛屿，　2149——

6. 长期借用的关东州，　3462——

日帝殖民地总面积占日帝全部土地的百分之四十三。

7. 日帝殖民地人口25 600 000，全体人口之百分之二十八，全人口数九千万30万人。

* 日本全国六十个师团

1. 调动关里42个师团；

2. 朝鲜2个师团；

3. 满洲11个师团；

4. 台湾半个师团；

5. 日本本国3个半师团。

* 日寇侵略中国政策上失败（的原因）：

1. 日寇进攻中国失败，是光看到中国少数的卖国贼及民族叛徒、奸细等的力量，没有看到中国很广大的地盘上工农大众与工农大众的代表即最先锋、最优秀、最觉悟、最彻底的共产党的力量。这就是敌国侵略中国的策略上的大失败。

2. 日帝国主义思想上很大的失败，全民上下完全分歧。

3. 军事上很大的失败，士兵的思想很动摇，不愿意作战。

日寇战争三年来财政膨胀的数，中日战争爆发前一年，照和十一年，岁出约二十三亿元；十二年预筹加上临时战费共达五十亿元；十三年为八十亿元；十四年九十亿元；今年，十五年更增至一百0三亿元。自昭和十二年起，十六年三月底止，一般会计与临时军费合计超过了三百亿元，日本人民这种苛重的军费负担是空前的。日俄战争时代，日寇支付战费仅十七亿元，其中尚有九亿元是外债。现在日寇的侵华战争完全是孤立的，它根本不可能借到外债。依照日寇方面统计，日本国民所得大约二百亿元左右。

* 日本的反战团体

日本人民反战的“人民战线”，是共产党领导的统一战线，有各种各样的反战团体：“派遣军反战大同盟”“日本爱国反战大同盟”“反战团三洲会”“救亡会”“反侵略大同盟”“反战突击队”“反法西斯同盟”等等。

* 三十年来日寇统治朝鲜的政绩（1939年统计）

朝鲜人土地集中在日寇手里85%，重要产业资本日本占平均的99%，农民生产掠夺取70%以上，每户农民负责[7]平均120元以上。

1927年2月建立统一战线的新干会，这个会支会数150余支部，30000会员。

1938年10月10日，在汉口诞生了一支朝鲜革命的队伍——“朝鲜义勇队”，他是朝鲜民族解放的先锋队，同时也

7) 疑为“负担”之误。

是中国抗战中，国际纵队之先锋队之一。该队有 × 百名，队长金若山，副队长朴孝三、金学务二氏。

“流动宣传队”曾在桂林、老河口公演《朝鲜的女儿》，现仍在前方工作。

“三一少年团”去年一月间在重庆成立，团员二十余人，多为朝鲜革命者的子女。

“妇女服务团”近已解散而外，朝鲜“流渝妇女会”（前“南京朝鲜妇女会”）去年一月间成立。

还有“北美韩侨援华会”“朝鲜义勇队援会”等等。

如火如荼的朝鲜国内革命运动，自 1929 年至 1932 年，农民暴动的次数 13943 次，工人暴动 577 次，参加者十余万人。

有名的元山大罢工、釜山纺织会社工人的总罢工，以及平壤十二个工厂的联合总罢工，都是在这时爆发的。

1938 年 3 月，在开城与平壤发生了三千余民众的反战暴动。10 月 24 至 27，汉城附近的民众与敌人战斗三天三夜。

* 日寇灭亡中国的四大毒计

1. 以中国的人力和物力，进行长期的侵略战争（这就是以战养战）。

2. 假借外力迫我投降。

3. 切断我国外援交通路，迫我投降。

4. 从内部腐蚀我抗战的机构，逼我投降。

* 日帝优点

1. 世界帝国主义中一个强国。

2. 一切生产工业发达。

3. 军事技术和军械完备。

4. 世界上文明的一个国家。

* 日帝的弱点

1. 地小，缺乏物品。

2. 人口少，7000 万。

3. 没有外援（孤立的国家）。

4. 党派横争，上下分歧。

5. 士兵是强迫的。

6. 强盗战争。

* 中国的弱点

1. 中国是落后的国家。

2. 工业没发达。

3. 军事技术和军械不完备。

4. 不文明的国家。

* 中国的优点：

1. 地大物博。

2. 原料丰富。

3. 人口多，四亿五千万。

4. 能受外援。

5. 全国没有派党，和上下一致。

6. 一切生产没有城市中心。

7. 士兵是大凡自愿的。

8. 正义的战争。

* 游击战术

游是手段，击是目的，这就是游击战。一方面要游，一方面要击，游可以调动敌人、迷惑敌人、疲惫敌人，创造敌人的弱点，而抓住机会给一严重的一击，同时也可以避免敌人有计划地进攻，化整为零，零以化整。

*　　*　　*　　*

* 青年团干部工作领道[8]须知：

1. 队内很多的青年同志过去没有过什么生活，所以首先要用各种手段养成他们的组织行动、组织观念，如定期的召集各种会议（政治讨论、战术研究、干部联席会、工作及行动的检查会）研究其次工作胜利或失败的经验教训。

2. 研究青年的某些特殊要求和某程心理加以领导。

3. 要实行竞赛制度，启发青年的好胜，以奖励他们的学

8) 疑为“领导”之误。

习精神，如各种竞赛会（演说、识字、唱歌、游艺等）。

4. 要青年的管理，严厉的周到。

5. 上级的一切指示、工作计划等，应动员全体青年讨论如何实现。

6. 干部同志应乎必须可能向全体同志严起，伤兵慰问。

7. 对青年教育训练问题。

8. 对中韩民族联合问题。

* 抗日救国青年团员行动及工作须知

1. 抗日救国是中韩青年谋民族解放、社会解放的唯一出路。青年团员要抗日到底，决不要误信各种不正确思想（封建迷信）而中途脱离（回家）或无耻变节。

2. 青年团员在作战之时，要勇敢冲锋、刚毅沉着。

3. 青年团员若与维持现状中韩人民、特别是青年接触之际，要尽一切可能号召他们崛起抗日，和与他们密切关系，准备大事变。

4. 青年团员要努力学习一切应用知识技术，不要高傲自大而自干下流。

5. 青年团员对一切劳动工作要自动的先锋，必须要锻炼成最能吃苦耐劳的模范青年军人。

6. 青年团员不仅能克服物质生活、自然气候等困难，并且要在革命机关正确领导之下，战胜敌人用欺骗手段向我们光荣思想与进攻的无耻行为。

7. 青年团员要拥护并服从军政各级领导同志的一切命令指示。

8. 青年团员互相亲爱和睦，团结像一个人一样，绝不可因微许事故而起争吵不睦之举。

9. 青年团员要严肃的与不正确嗜好作斗争。

10. 青年团员是应定期向上级报告，特别是见到队内特殊现象之时。

* * * *

* 苏德定约的主要原因

1. 破坏法西斯反苏联的目的。

2. 使德不要往东进攻（停止德方东征）。

3. 破坏法西斯联盟阵线。这个定约之下，日帝受很大的影响，日帝失望大陆政策。

* 第二次帝国主义大战时环境

一九一四年至一九一八年第一次大战时的环境已不相同了。现时与一九一四至一九一八年的区别就是，世界已分成两个对立的体系：资本主义世界和社会主义世界。现在不仅有帝国主义国家，而且这样一种帝国主义国家已在自己国内成立法西斯制度，正在应用武力来把这法西斯制度强加于其他各国人民，并充当掠夺战争的 ***[9]。

* 第二次帝国主义大战的特点

进行和开展这个战争的乃是侵略的国家，而同时其他的列强，即所谓“民主的”列强，而战争锋芒本来就是针对着他们的，却装模作样，似乎战争与他们无关，袖手旁观，向后退避，以爱好和平自夸，责骂法西斯侵略者，并……一步步把自己的阵地让给侵略者，同时却又杨言说，他们是在准 ******[10]。

联共（波）历史简要读本，根据马克思主义—列宁主义学说，而把战争分为正义的战争和非正义的战争。

1. 正义的、非掠夺性的、谋解放的战争，其目的或者是保护人民而打破外来的侵略和打破奴役他们的企图，或者是使人摆脱资本主义奴吏制，最后，或者是使殖民地和依赖国摆脱帝国主义压迫。

2. 非正义的、掠夺性的战争，其目的就是侵略和奴役别的国家、别国人民。

* 现代的情况

1. 现在已有无产阶级的国家，即强有力的和平支柱。

2. 现在有公开露骨的法西斯侵略。

9) 此处 3 个字无法辨认。

10) 此处 6 个字无法辨认 .

3. 现在有某些国家直接遭受法西斯国家侵略进攻的威胁，有丧失国家民族独立的危机。

4. 现在有许多资本主义国家愿意维持和平的局面。

* 中国革命的现在阶段的性质是资产阶级民主性质

1. 国家没真正统一，并且中国是没解放出来帝国主义铁蹄之下。

2. 没推翻和肃清地主阶级私有土地制度并且一切半封建残余。

3. 现在的政权是地主、军阀、买办民族资产阶级的国家政权，这一切反动联盟是依靠国际帝国主义政治的、经济的威势。

解释：

1. 中国的民族资本从帝国主义资本压迫之下解放出来，能够独立发展（但须在苏维埃政权监督之下）。

2. 中国革命是使小资产阶级的农民取得了自己需要的土地，从地主压迫之下解放出来。

3. 中国革命是把中国从军伐、地主、买办民族资产阶级反动联盟政权解放出来，建立工农政权。

因此以上三项，所以谈到中国革命是资产阶级民主性质。

* * * *

＊ 马克思主义三大源泉

1. 德国的哲学。

2. 法国的空想社会主义学。

3. 英国的经济学。

＊ 什么叫作共产主义？

无私产、无阶级、无剥削的社会，就是共产主义的社会。在这个社会内，人类彻底地脱离生产上的私有权，脱离生产的无政府状态和因此而发生的危机和战争，脱离社会上阶级的划分，脱离人对人的压迫和剥削。

在马克思、恩格斯和列宁的著作中，已对于共产主义社会作了一般的说明。如果你们要我将共产主义社会简单的说明一下，那么这就是这样一种社会，在这种社会内：

1. 没有生产工具与生产资料他的私有权，只有公有的集体的财产。

2. 没有阶级，也没有国家政权，而只有工业和农业中的劳动者，经济上自治的劳动群众，如自由的协会一样。

3. 有计划的国民经济，将建筑在工业中以及农业中最高技术的基础之上。

4. 没有城市与乡村、工业与农业之间的对立现象。

5. 一切生产品均按照旧时法国共产主义者“各尽所能、各取所需”的原则来分配。

6. 科学和艺术将利用优越的条件，达到圆满的发展。

7. 人们可以不必顾虑自身的衣食而屈服于“有强权者”，他们可以得到真正的自由。

* 什么做叫社会主义？

共产主义的底阶段。

* 什么叫作党？

党是某一个阶级的先锋队，就是说，阶级的首位，最优秀的、最觉悟的、最彻底的份子组成的。共产党是无产阶级的先锋队。现下世界帝国主义国家的党是资本主义的政党。列宁提议把我们党称为共产党，因为这个名称恰巧符合党所抱定的目的 -- 实现共产主义。在第七次代表大会上通过了改换党名称和改变党纲的决议，党开始称为俄国共产党波尔什维克，共产党是一九一八年三月六日第七次代表大会上，党开始称为俄国共产党（波尔什维克）。

* 什么叫作政治？

政治是管理国家大事的学问。

* 共产党的组织系统

共产党支部是党下层组织基础，有书记、宣传、组织三部门。支部以上区委员会、县委员会、省委员会、中央委员会。以外有环境关系时候成立特委员会。以上最高机关是第三共产国际，国际以下各国支部委员会。

* 党纲、章、纪律是什么东西？

党纲是党的目的，党章是党的组织系统及作用的方法，党的纪律是党的规律铁一样的，每个党员彻底了解自己，觉悟当中实行党的纪律。

* 什么人可以参加党？

工人阶级、雇农阶级、其他各阶级中能遵守党的纪律、牺牲自己的生命的人可以能参加。

* 社会进化的基本规律 11)

宇宙间的万事万物永久都是在运动的过程中。正因为万物永久是在运动着，所以事物本身才会发生质和量上的变化。这种质与量的变化逐渐造成了事物本体上的变革、发展、进化。可是这种运动并不是没有规律性的运动，亦是要按着一定的因果法则进行的。这种因果法则是什么呢？就是：正——肯定，反——否定，合——否定的否定……这个东西不过是人类在他的生活的社会的生产中所交结的一种一定的、必然的……自己的意志独立的关系，是在……从广义方面是物和物间的一种关系在整个运动过程中的具体表现。他的转和进化当然也要决定在这种基本下的马克思说的社会以……社会的……构造，这种构造就是社会的下层基础。一旦发生了变动，则它的上层建筑，即社会制度、法律、道德、宗教、文化等，也必然……地变革。

11) 此页字迹褪色严重，无法辨认处以符号替代。

至于这个经济构造怎样才会发生动摇、改变呢？马克思又根据……上述的基本规律 -- 唯物论的辩证法 -- 告诉我们说，当社会的经济构造在生产力的发展过程中，转变成为生产力向前发展的桎梏时，则这个经济构造就要在以这个生产力为原动力的推动之下，渐渐地趋于动摇、崩溃、变革，社会制度也就随着动摇、变革了。因此我们可以说，这个社会制度变迁的每次生产力所产生……的根本变更，都是由于新的生产力所产生的结果。社会就是这样在整个……的运动过程中，按着辩证法的法则继续不断地发生变革，继续不断地向前进化。

*　　*　　*　　*

抗联战士们在讨论“苏联出卖中东路的原因”时，为什么会极力维护苏联的形象呢？我们从以下几个方面来探讨。

其一，抗联战士们对沙俄侵华的历史和苏联出卖中东铁路的历史背景了解得还不够深入。清朝光绪二十二年，即 1896 年，清政府与沙俄签署了《中俄御敌互相援助条约》，也称《中俄密约》。依照此条约，沙俄攫取了我国东北中东铁路的修筑权和经营权。中东铁路是中国东方铁路的简称，亦称东清铁路、东省铁路，1897 年 8 月开工，1901 年 11 月部分线路建成并陆续开始运营，是从俄国赤塔经满洲里进入中国，途经哈尔滨，从绥芬河又进入俄国，终达符拉迪沃斯托克。除这一干线外，还修筑了宽城子到旅顺等支线，成为“T”字形铁路动脉，全长 2 500 多公里，中国的资源便开始通过条铁路源源不断地流入俄罗斯。1917 年俄国十月革命胜利之后，苏联仍然把持着管理权和经营权。1931 年“九一八”日寇侵占我国东北后，中东铁路随时都有可能成为苏日爆发战争的导火索。1941 年 6 月至 1945 年 5 月爆发苏德战争，为了避免东西两线受敌，苏联背弃了 1924 年与中国国民党政府达成的中苏双方共管中东铁路的协议，即 1924 年 5 月 31 日签订的《中苏解决悬案大纲协定》《中苏关于暂行管理中东铁路协定》，于 1935 年 3 月单方面在日本东京签署了《苏联和满洲国关于向满洲国转让苏联对中东铁路权利的协定》，以 1.4 亿日元的低价把“所有权”卖给了日本操控的傀儡政权——“满洲国”政府。1945 年日寇投降后，又改为中苏共管。直到中华人民共和国成立后的 1950 年 2 月，中苏签订了《中苏友好同盟互助条约》，才确认从 1952 年 12 月 31 日开始完全由中国收回中东铁路的修筑权和经营权。

其二，抗联战士们把苏联看成是世界工人阶级的第二祖国，对苏联的无产阶级国际主义援助寄予了很高的期待。但苏联出手援助中共抗日力量背后更重要的考量，是他们自己国家的战略利益，苏联不希望在他们国家的南邻存在亲美的政权，于是强推外蒙古独立，肢解了中国；苏联为了避免东、西线同时作战，尽力安抚日本，不惜损害中国的利益，以极低价格向日本出售我国东北的中东铁路。

其三，抗日联军当时正处于十分艰难的时期，抗联战士们正在苏联边境地带集中休整训练，寄人篱下，心存的难言之隐不言自明。

其四，苏联确实给过我们很多宝贵的支援和帮助，如对东北抗日联军的支援，为中国革命培训了大批干部，特别是1945年8月，157.8万苏军出兵东北，横扫80万日本关东军，加速了日本帝国主义的灭亡，有3.2万多苏军官兵为此献出了宝贵的生命，这些我们应该永远铭记。

附录 2

对本书所涉部分历史事件和人物的考证与探讨

历史已经逝去，它不可能以原始状态再生，而是以历代史学家的记载、历史的遗存或是民间的传说呈现在我们的面前。史学家们的记载和民间传说均是人类的主观行为，因立场、观点、方法各不相同，致使主观的视角也各不相同，所以对同一历史事件、同一历史人物的记载、评价就可能大相径庭，正如宋代文学家苏轼在游庐山时所写《题西林壁》一诗中描绘的那样，“横看成岭侧成峰，远近高低各不同。”加之由于不同原因和出于不同的目的，可能造成或误判错记、以讹传讹，或粉饰避讳、陈功诿过，或自诩夸耀、言过其实，或戏说编造、无中生有，甚至故意歪曲、颠倒黑白等等情况。

坚持正确的历史观，客观公正地去记录历史、研究历史，是每一位有良知的史学家的重大责任，我们愿以此为宗旨来研究东北抗日联军历史。为了尽量避免失误，我们对本书相关的部分历史事件和人物进行了查证和探讨，对乔树贵和金善两位老人回忆中需要做出修改和补充的章节予以说明，以期待引起东北抗日联军史研究者和爱好者们的研究和探讨。

一、关于“瓮声砬子事件”

记载一：事件发生在1931年10月8日。

1931年10月8日，日本测量人员十余人，不听从我方哨兵的反复警告，强行到我瓮声砬子防地勘测，我值日班长遂下令开枪，当场击毙日本测量人员七八名，其余各自鼠窜逃命。[1)]

记载二：事件发生在1931年11月间。

1931年11月间，日本急于修筑吉（林）会（朝鲜会宁）铁路，从敦化派测量队到瓮声砬子进行测量。测量队在一队日军保护下进入原东北军营长王德林的防区，并占领了砬子上的哨所，王德林命令值日班长向日军开火，当场击毙日军两名。[2)]

1931年11月间，日本修筑吉会路测量队进入老三营防区，在一队武装日军保护下到瓮声砬子测量，竟然占领了老三营在

1)《中国革命战争纪实·抗日战争·东北抗日联军卷》122页。
2)《东北抗日联军史》上册137页。

砬子顶上的哨所，哨兵鸣枪警告不听，值日班长史忠恒遂下令开火，当场击毙闯入禁区的两名日军。[3)]

1931 年 10 月，急于修筑吉会铁路中段的日本侵略者派‘满铁’总裁，与吉林省伪省长熙洽签订了承包筑造敦图铁路合同及附属文件若干，11 月由吉敦铁路日本工程师田边组织测量队由敦化向延吉进行测量。[4)]

记载三：事件发生在 1931 年 12 月 7 日。

1931 年 12 月 7 日，日本测量队到了明月沟，有两个日本人爬到瓮声砬子（明月沟西南边砬子）上拿望远镜四处瞭望，守卫炮台的两位我方哨兵警告他们，撵他们下去，他们不但不听，还要上炮台测量。日本人的蛮横惹火了哨兵，一人一枪击毙两个日本人。[5)]

根据近些年在日伪档案中的新发现，中共敦化市委党校老师张彦夫曾于 2017 年发博文，在博文中引证日伪档案中的资料称："一是，1931 年 6 月，东北军进行了整编，改用新的番号，原东北陆军步兵第 13 旅改编为东北陆军独立第 27 旅，吉兴担任第 27 旅旅长兼延吉镇守使。在日方档案《东北军最近的情势》记载了第 27 旅各团情况，‘下辖第 676、677、678 三个团。第

3）《抗联史》第 50 页，《东北抗日联军第四军》5 页。

4）这一记载没有注明引文出处。按这一说法，"瓮声砬子事件"发生时间应该不早于 1931 年 11 月。

5）《朝鲜族史论丛（1）》187 页。

676团团长王树棠，团部设在百草沟，第677团团长梁泮，团部设在局子街，第678团团长朱榕，团部设在珲春。王德林任第677团第3营营长，营部驻扎地从铜佛寺移驻到瓮声砬子。’二是，日方档案《关于瓮声砬子满铁社员遇难事件》记载：‘12月7日，满铁测量队从敦化出发，当天午后2时在瓮声砬子，测量队员伊东万次、中村岩藏被打死。’”该博文引用的日方档案印证了“瓮声砬子事件”的史实：1931年12月7日下午2时，两名日本满铁测量队员在瓮声砬子因不听从劝离指令，被东北陆军独立第27旅第677团第3营的值勤哨兵击毙。

记载四：事件中被击毙的日方人数和职业有别。

除以上摘录中各有不同表述外，还有以下一种记载。

“王德林的部下击毙了不听警告肆意侵入该营驻地的日军吉会路测绘队的1名队长和2名队员。”[6]

我们曾到延边朝鲜族自治州档案馆查找关于“瓮声砬子事件”的历史依据，在《东满地区革命历史文献汇编（上册）》[7]第76页查到《中共东满特委为瓮声砬子事件告民众书（1931年12月18日）》，但这份《告民众书》除标题外，通篇未涉及瓮声砬子事件。从对《告民众书》第一段引文的分析来看，是因日寇在瓮声镇向中国民众任意开枪造成伤亡后而发布的《告

6)《东北抗日斗争史论丛》217页。

7) 中共延边州委党史研究室编印，2000年9月出版。

民众书》，因而显得文不对题。因没见到《告民众书》原件，这个标题是原有的，还是后人加上去的，也令人生疑。如果是后人加上去的，那么就可以说这个《告民众书》与“瓮声砬子事件”毫无关联。

2015 年 9 月，我们到安图县明月镇查找瓮声砬子哨所和炮台遗址，请一位年纪较长的向导带我们登上了砬子。砬子是位于明月镇镇区内的突兀高崖，断崖约高 40 米，远处有慢坡道通向砬子顶部，砬子下的周边和慢坡道两侧均为居民区，但砬子顶部的历史遗迹已荡然无存，现为安图县气象局和观测站。询问了驻地的几位年纪较长的居民，均称不知道这一历史事件。八十多年过去了，战火硝烟早已散尽，当年的历史也在悄然消逝。

二、关于王德林起义抗日

“瓮声砬子事件”是王德林起义抗日的导火索，王德林领导的抗日武装曾一度发展到五万多人。这两个事件都曾是轰动东北的重要史实。关于王德林起义抗日时间和经过的记载主要有以下几种。

记载一：1931 年 10 月。

1931 年 10 月，在延吉起义。[8)]

记载二：1931 年 11 月间。

8)《战斗在白山黑水》96 页。当时安图明月镇属吉林省防军王德林的延吉防区。

1931年11月，在敦化火车站起义，回到驻地瓮声砬子，12月8日在汪清县小城子成立了中国国民救国军。[9)]

“王德林毅然率领全营官兵，离开敦化火车站，返回延吉县小城子，宣布起义抗日。”[10)]

王德林拒绝执行调动命令，“不上火车，把部队拉到额穆去抗日。”[11)]

1931年11月，延吉吉林省防军王德林营长率部起义，建立抗日救国军，自任总司令，一时声威大震。[12)]

记载三：1931年11月11日。

1931年11月11日，王德林径直把队伍拉往汪清县小城子兵营，从此举起了抗日义旗。[13)]

记载四：1931年11月23日。

王德林“1931年11月23日率部反正，从敦化转到汪清县小沙滩，并在此地召开全营官兵军事会议，决定率部起义抗日。”[14)]

记载五：1932年1月中旬。

9)《东北抗日联军第五军》6页。

10)《东北抗日联军第四军》6页。

11)《延边人民抗日斗争史》113页；《延边历史事件党史人物录（新民主主义革命时期）》67页。

12)《抗联纪实》65页。

13)《东北抗日斗争史论丛》217页。

14)《中国革命战争纪实·抗日战争·东北抗日联军卷》122页。

1932年1月中旬，王德林把队伍带到延吉县小城子停止前进，宣布全营500多官兵为抗日队伍。[15)]

“1932年1月中旬，原东北军27旅676团3营营长王德林，在中共东满特委派出的共产党员胡泽民等人的鼓动下，宣布全营500名官兵为抗日队伍。”[16)]

记载六：1931年12月7日，日本“三友敦图铁路勘测队”队员强行闯入瓮声砬子炮台防区进行测量，我守兵劝告无效，当场击毙两名日人。王德林对日寇的强硬态度，令已降日的旅长吉兴无奈，立即将老三营移驻安图县古洞河，传令将三营扩编为团，王德林任团长，开赴黑龙江打马占山的抗日队伍。老三营行军至敦化休息时，官兵们高呼“中国人不打中国人”，拒绝前行。王德林毅然改变行军路线，经额穆县城过镜泊湖南湖头，进驻汪清小城子[17)]，1932年2月8日在小城子举旗抗日，成立中国国民救国军，任总司令。[18)]

虽然对王德林起义时间的记载各不相同，但关于救国军1932年2月8日在小城子召开成立誓师大会的记载，各书几乎一致。只有《东北抗日联军第五军》一书中记载为1931年

15）《抗联史》50页。

16）《民族魂——东北抗联》70页。

17）今汪清县春阳镇。

18）《安图县志》611页“王德林传略”，安图县地方志编纂委员会编著，吉林文史出版社，1993年6月第1版。

12月8日。

另外，对王德林的出生时间、籍贯，各书的记载也不尽一致。《东北抗日联军史》第137页记载：王德林（1875-1938），山东沂水人。《中国革命战争纪实·抗日战争·东北抗日联军卷》第122页记载，王德林1875年10月生于山东省沂南县垛庄崖子乡一个世医家庭。但该书第768页却写着："王德林（1874-1938）"，同一本书前后的记载自相矛盾。另外，同一书第278页记载，1932年2月，李延禄会见王德林时问："司令，你今年54岁了，还能再活一个54吗？"如果按第122页的记载是1875年出生的话，1932年应该是虚58岁。编者认为，《东北抗日联军史》的记载应该更准确。

三、关于姚振山、高俊凤等英烈的牺牲

记载一：姚振山部约600余人，1941年春在穆棱九站南沟与日寇作战中全部牺牲。[19)]

记载二：1939年夏，姚部百余人在穆棱九站南沟一带与敌人激战中损失大部，姚壮烈牺牲。[20)]

四、关于孔宪荣夫人和高俊凤是否为同一个人

记载一："参加联军的队伍，还有救国军残余姚振山司令（救

19）《战斗在白山黑水》24-25页，《民族魂——东北抗联》92-93页，《东北抗日联军第五军》126页注释。

20）《抗联史》389页；《中国革命战争纪实·抗日战争·东北抗日联军卷》617-618页。

国军起义首领之一）所部编成游击军，六百余人。其中包括孔夫人、闵宪仁营长，他们从来是同情共产党的。”“1935 至 1936 年接受吉东党的领导。1937 年参加抗联第二路军。1941 年春，孔夫人及姚、闵与日寇作战阵亡，所部大部战死。”[21)]

1941 年春，姚本人和他的营长孔夫人、闵宪仁都在同日军作战中牺牲，所率部队大部分战死。[22)]

记载二：原救国军旅长姚振山联合救国军营长高俊凤、闵宪仁和孔宪荣的夫人等组成一支 600 余人的反日游击队。[23)]

在网上多方查寻，均明确地说高俊凤就是孔夫人。记载二认为孔宪荣的夫人和高俊凤是两个人，编者认为该记载有误。

五、关于 1935 年春节期间发生的战斗的时间

1935 年春节期间的这场战斗，周保中的《战斗在白山黑水》第 46-48 页记载的时间是 1936 年 2 月 28 日，即“四十二烈士”的战斗，还说当年“2 月 20 日前后，正值旧历春节”。《东北抗日联军第五军》第 70-72 页和《中国革命战争纪实·抗日战争·东北抗日联军卷》第 418-420 页，两书中对这次战斗经过的描述与周保中《战斗在白山黑水》一书中的记载几乎一致，甚至连当年“2 月 20 日前后正值旧历春节”的说法也完全照

21）周保中《战斗在白山黑水》24-25 页。

22）《东北抗日联军第五军》126 页注释。

23）《民族魂——东北抗联》92 页。

搬引用。但查核万年历得知，1936年的春节是1月24日，与书中记载的“2月20日”相差近一个月，因而书中所说的杀猪宰羊等情节也就令人生疑。

据乔树贵回忆，这次战斗发生在1935年的春节，即2月4日。乔树贵说，当时自己任排长，此后不久的1935年春夏之交，他调任周保中将军的副官，至1942年2月离任。按乔树贵的说法，“结束了连续七年的周保中将军副官的工作”。从时间上来推算，乔树贵回忆录中所述时间是符合逻辑的。

从查阅到的其他资料来看，抗日联军第五军在对日作战中遇到日本鬼子使用毒气弹，只查到了这一次。那么问题出在哪里呢？到底是谁把这场战斗的时间记错了？抑或这本来就是两场战斗？即日本鬼子曾在这两次战斗中都使用了毒气弹。编者在整理乔树贵回忆录时，对这场战斗发生的时间保持了原貌，未作修改，以期引起大家的研究与探讨。

六、关于乔树贵侦察小分队联络许亨植一事

乔树贵回忆的原始记录中，没有谈及带领侦察小分队联络许亨植一事，按理说，这是周保中将军亲自交代的一项重要任务，不应该不涉及。也许是乔树贵有意回避了这个沉重的话题。之所以说这个话题沉重，是因为他们见面后时隔仅2个月，许亨植就在突围的激战中英勇牺牲。为了不遗漏乔树贵小分队完成的主要任务，编者在整理资料时，依据《东北抗日游击日记》

第835、837、839、840、842、856页，《东北抗日联军史》第975、996、997页，《抗联斗争史》第464、465页的记载，把乔树贵侦察小分队联络许亨植所部这一情节简要地增补进乔树贵的回忆录中，约250字。特此说明。

七、关于许亨植牺牲的时间及随行人员

《东北抗日游击日记》第664页记载，1942年8月10日，“某中校来通知：1. 卞凤祥有电报；2. 许亨植牺牲了。”《抗联史》第473页、《东北抗日联军第三军》第221-222页、《抗联十四年》第119-120页、《东北抗日联军史》下册第996-997页，均记载许亨植于1942年8月3日牺牲。但《中国革命战争纪实·抗日战争·东北抗日联军卷》第721页记载许亨植牺牲时间是1942年8月30日，这显然有误。因为根据《东北抗日游击日记》记载，8月10日已获知许亨植牺牲的消息。

另外，《抗联史》《东北抗日联军第三军》《中国革命战争纪实·抗日战争·东北抗日联军卷》三本书在记载许亨植牺牲一刻的随行人员时，均有疑点。其一，《东北抗日联军第三军》的记载有一处失误，同许亨植一起牺牲的是他的警卫员陈云祥，而不是王兆庆。因为王兆庆1942年3月初受周保中委派，参加乔树贵的侦察小分队到滨北地区执行侦察任务。《东北抗日游击日记》第682页中记载的滨北地区侦察小分队的名单中就有王兆庆的名字。按理说，正在执行侦察任务的王兆庆是不可能再受张瑞麟委派去护送许亨植的。如果王兆庆没有参加护送许亨植的任务，那么就会产生这样的疑问：对许亨植和他的警卫员牺牲经过的描述是否可信？因为再没有其他生还者做见证人。因而可以得出这样的结论：张瑞麟派去护送许亨植的不是王兆庆，而是另有其人。这有待进一步考证。

八、关于李忠义 1942 年是否参加了滨北侦察小分队

1991 年版《抗联斗争史》第 464-465 页、2015 年版《东北抗日联军史》下册第 975 页有这样的记载："1942 年 4 月初乔书贵、李忠义率领的 6 人小部队到达巴彦、绥化、庆城地区，并与在这里坚持斗争的许亨植、张瑞麟小队取得了联系……8 月间，许亨植牺牲后，周保中、张寿篯通知乔书贵，指示该小队除寻找朴吉松小部队外继续执行侦察任务，吸收五六名忠实勇敢的新队员带回来。乔书贵小部队于 12 月下旬返回苏境，因为较好地完成了任务而受到表扬。"两本书的记载文字几乎相同，但是均误将乔树贵写作乔书贵。

作为侦察小分队负责人的乔树贵，在回忆录中谈到小分队组成人员时，并没有提及李忠义。1942 年 11 月，周保中在日记中记录了赴东北各小分队的名单，其中，乔树贵小分队成员为"滨北：队长乔树贵，队副金用贤，电报生刘智远，队员刘锦章、夏凤林、王兆庆"。[24] 其中并没有李忠义的名字，而且

24)《东北抗日游击日记》第 2 版 879 页。

同期派出的另外3个侦察小分队名单中，也没查到李忠义的名字。

九、关于谁是本书收录的抗联学习笔记的记录者

2015年9月，我们到吉林省延边地区收集抗日联军有关资料时，在延边博物馆看到了正在展柜中展出的抗日联军战士金善于20世纪60年代初捐赠给该博物馆的学习笔记，这本笔记是了解当时抗联官兵整训学习的内容和效果的重要资料。经我们多方了解、查证、分析，金善老前辈并不是这本学习笔记的记录者。因为金善自小家境贫寒，没有读过书，虽然在参加革命队伍后学习了一些文化，但朝鲜语的水准只相当于小学毕业水平，汉字只认识一二百个，因而不可能像这本笔记中那样流畅地用汉文、朝鲜文两种文字来书写记录。那么这本学习笔记的记录者究竟是谁呢？编者认为很可能是金善的第一位丈夫黄光林。其理由如下。

一是，根据金善的回忆，1940年11月，黄光林随队进入苏联后，多次返回东北执行侦察任务。1943年在一次执行侦察任务负伤回到苏联后，被苏方内务部人员带走调查，从此音信全无。我们分析，从那时起，这本学习笔记就一直保存在金善的身边，珍藏了20多年后，在20世纪60年代初，金善把这本学习笔记捐赠给了延边博物馆。捐赠时，金善老前辈为了保护个人隐私，把写在笔记本封面上黄光林的名字涂掉后，写

上了自己的名字，因而其署名与笔记本里的字迹有明显不同。如果不是自己前夫的笔记本，金善不会珍藏在身边20多年，更没必要涂改笔记本上的姓名。

二是，我们在1943年2月抗联教导旅统计原抗联第一路军越境进入苏联的172人名单中，查到了黄光林的名字。[25)]

在这本抗联战士1941年1月20日启用的学习笔记中，有“第五师训练班政治讨论决定案”的记载。这里所称的“第五师”，是1936年7月抗日联军第一军、第二军合编为东北抗日联军第一路军后，第二军下辖的第五师的番号。

1939年7月末，抗日联军第二军所辖的第四师、第五师合并整编为抗日联军第一路军第三方面军，下辖第13团、第14团、第15团和1个警卫连。因为抗联战士们对“第五师”的老番号印象深刻，所以在学习笔记的记录中依然沿用了“第五师”的老番号。上述黄光林所在单位的编制变化，印证了黄光林是这本学习笔记的记录者，而金善是抗日联军第一路军第二方面军的战士，在整编前隶属于第二军第六师，不可能参加第五师的学习讨论。

十、关于黄光林的任职情况

《东北抗日联军第二军》第196页记载：1940年“10月5日，根据中共吉东省委关于恢复中共道南特委的决定，季青在

25）见《东北地区革命历史文件汇集》甲65第115-137页。

东宁县片底子主持召开第五军和第一路军第二、三方面军团以上干部会议，重新组建了中共道南特委，书记季青，常委柴世荣、安吉，执行委员崔春国、朴德山，候补执行委员黄光林、崔贤、孙长祥。”《东北抗日联军史》下册第 894 页记载：1940 年“10 月 5 日在片底子召开道南各部队团以上干部会议，即东北抗日联军绥宁区部队联席会议。会上决定组成中共道南特委，书记季青（第五军政委），常委柴世荣（第五军军长）、安吉（第一路军第三方面军参谋长），执委崔春国（第一路军第二方面军第八团政委）、朴德山（第一路军第三方面军第十三团政委），候补委员崔贤（第一路军第三方面军第十三团团长）、孙长祥（第一路军第二方面军第八团团长）、黄光林。特委领导道南所有抗日部队开展冲破敌人冬季‘大讨伐’的斗争。”

两书的记载不同之处在于，前书中候补执行委员黄光林的排序在崔贤、孙长祥两位团长之前，而后书中黄光林的排序在崔贤、孙长祥两位团长之后；后书中对中共道南特委的每位成员都标明了行政职务，都是正团职以上干部，但唯独没有标明黄光林的行政职务。

从以上记载中我们可以推断出，黄光林应是一位正团职以上的干部，但具体在哪个单位任过什么职务，目前尚不清楚。第五军军长柴世荣如此热心地为黄光林张罗亲事，也从侧面印证了黄光林是一位领导干部。详情有待进一步查证。

十一、对本书记载的有关于一寿烈士四兄弟情况的查证

金善老前辈在回忆中说，于一寿兄弟四人，即于一福、于一禄、于一寿、于一喜四人全部参加了抗日联军第七军，于一福、于一禄、于一喜三人相继在对日伪作战中牺牲，他们的父亲被日寇活埋，老三于一寿，即自己的第二任丈夫，在 1948 年解放四平的血战中英勇牺牲。现已查证核实了以下资料：

《东北抗日联军第七军》第 153 页记载：1940 年 4 月，抗日联军第七军改编为抗日联军第二路军第 2 支队，4 月 3 日召开了中共抗日联军第二路军第 2 支队第一次代表大会，“出席会议的有王效明、崔石泉……于一禄等，共 38 名同志。”第 206-207 页记载：1940 年“5 月 21 日，王汝起率一大队主力部队在秃山头东南 20 里处伏击大岱河村警察 30 多名，击毙敌 5 人，打伤 3 人，俘虏 9 人，缴获轻机枪 1 挺、步枪 17 支、子弹 700 粒。我军王汝起支队长、牟长泰中队长及战士宫起双、魏长发、孙凤岐、于一禄等 6 名同志不幸牺牲，郝洪发受重伤。”

彭施鲁[26]撰写的抗战回忆录《我的回顾》第 524 页记载：“大家一齐动手去准备木柴，师部的两个副官一个姓杨、一个姓朴，都是朝鲜族人，加上警卫员金阳春、于一寿、于一喜、姜海军等人，还有缝衣队的几个女同志，一共有十几个人准备共用一

26) 1938 年 12 月从抗日联军第四军调入第七军第一师任政治部主任，王汝起时任第一师师长。

个大火堆。”第527页记载：“饭好后，王师长（即王汝起）总是叫通信员于一寿把饭先送给向导吃。”第529页记载：“我在战斗中右臂受了轻伤，王汝起同志发现后赶快叫警卫员于一寿搀扶着我回到小山上去。”

《周保中将军和他的抗联战友（大型画册）》第94页第209幅照片说明中记载：“于一寿，原东北抗日联军第七军第一师师部警卫员，进驻林口。1948年3月牺牲。”

关于于一福的资料有待进一步查证。

附录 3

乔树贵、金善夫妇收存的老照片暨照片人物简介

乔树贵、金善夫妇曾保存了很多老照片，但是“文革”初期被“造反派”搜走，“文革”后期虽然大部分被归还，但仍有不少珍贵照片，特别是与周保中将军相关的照片被遗失，非常可惜。另外，令人遗憾的是，父母健在时，乔树贵、金善夫妇的子女们没有询问过这些照片的详细情况，以致现在对不少照片的来历一无所知。他们曾带着这些照片请父母战友们的后代辨认，还走访了延边朝鲜族自治州档案馆、延边博物馆，请教了几位抗联史专家，大部分照片人物得以确认，但仍有不少照片人物无法辨识。

乔树贵、金善夫妇收存的这些老照片可以让我们快速、直观地回顾东北抗日联军的历史，更能让我们深切地感受抗联战友之间的深情厚谊。其中还有不少其他抗日联军战士子女们的照片，更是承载了抗日联军战士们对革命后代的厚爱和对祖国未来的憧憬。现从中选择部分老照片发表出来，供抗联史专家和爱好者们一起研究、考证。

与周保中将军及其家人相关的照片

（以拍摄时间为序）

1946 年 8 月，时任吉林军区司令员的周保中在迁至延吉市的吉林军区司令部门前留影

1946 年，抗联战士、周保中夫人王一知和女儿周伟在延吉市合影

1947 年 3 月，周保中将军（右二）与曾跟随他出生入死的两位副官陶雨峰（左三）、乔树贵（右一）在吉林省延吉市相聚，周保中将军和夫人王一知、女儿周伟一家人与两位副官合影留念

1947 年，周伟，于延吉市

1948 年，周伟，于吉林市

1948 年 3 月 9 日，吉林市重获解放，周保中率部回到吉林市

1948 年冬，周保中一家人和身边工作人员合影于吉林市

1946年初夏，王一知（中）、李在德（左）与朴洛权烈士的遗孀李玉洙（右）合影于延吉

1964年2月23日，在京的抗联老战友向周保中将军遗体告别。左起依次为苏广东、金伯文、钟子云、赵树珍、王一知、周伟、冯仲云、朱肖良、李在德、彭施鲁、伊俊山、苏菲；右起依次为田孟君、朱光、刘达、于保合、夏礼亭、田仲樵、刘瑛。这张照片背面写着："一九六四年二月廿三日在北京医院，周保中同志生前老战友在遗体旁守护。乔树贵同志（存）"

1980年2月23日是杨靖宇将军殉国40周年纪念日，吉林省暨靖宇县在杨靖宇将军殉国地举行万人大会，为杨靖宇烈士纪念塔和殉国地纪念碑举行揭幕仪式。出席大会的抗日联军老战士在杨靖宇殉国地纪念碑前合影。左起依次为黄生发、王明、王一知、乔树贵、张瑞麟、吕英俊、薛雯、王传圣、庄凤、单立志、李敏、郝凤武、孙平、刘福泰

1980年3月，时任中共延边朝鲜族自治州州委书记的赵南起到延边宾馆看望到访延吉的王一知、王明，并和抗日联军老同志合影。右起依次为赵南起、金善、乔树贵、王一知、王明

1980年3月，王一知（左二）、乔树贵（左一）、王明（左三）等抗联老同志与延边博物馆的同志座谈

1980 年 3 月，抗联战友王一知（右）和金善（左）在延吉市革命烈士陵园祭奠抗联老战士朴洛权烈士

1982 年 9 月，抗联战友在延吉市为抗联老战士朴洛权扫墓。左起依次为季青、乔树贵、李范五、王一知、黎侠、张吕英俊、蒋泽民

1982 年 9 月，抗联老战友在延吉市查阅资料。左起依次为乔树贵、王一知、张英

1982 年 9 月，抗联老战士在延吉市延边博参观延边抗战史展览。右二为王一知

已辨识的照片

（大体以拍摄时间为序）

魏拯民，1934 年秋摄于哈尔滨。这是 20 世纪 60 年代初经延边博物馆复制后赠送给乔树贵夫妇的

朴洛权，摄于 1945 年

东北抗日联军教导旅部分军官 1945 年 7 月合影。第一排左起依次为沈泰山、金京石、徐哲、朴洛权、崔明锡、张光迪；第二排左起依次为瓦什科维茨（苏籍，抗联教导旅 2 营营部参谋）、崔春国、金策、姜信泰、杨清海、陶雨峰、周岩峰；第三排左起依次为张锡昌、刘铁石、范德林、高万有、乔树贵、刘雁来、陈德山

张锡昌，摄于 1945 年

乔树贵，摄于 1945 年

1945 年，乔树贵（中）任宁安县城防司令部司令员时摄于宁安

1945 年 11 月，两对抗联夫妇摄于牡丹江市。左起依次为庄凤、刘铁石、陶雨峰、邢德范

于一寿，摄于 1945 年

1945 年 11 月，四位抗联女战士相聚牡丹江市。左起依次为邢德范、庄凤、宋桂珍、柳明玉

左起依次为赵海涛、于一寿、张锡昌、X X X，摄于 1945 年

胡贞一与两个儿子合影，约摄于 1946 年

1947 年，于一寿（二排左三）在东北民主联军第一纵队第一师第一团任连长时与同连战友合影

1946 年，抗联战友摄于牡丹江市，左起依次为柳明玉、金善、胡贞一

1946 年，抗联战友摄于牡丹江市，左起依次为金明淑、冯淑艳、胡贞一、邢德范

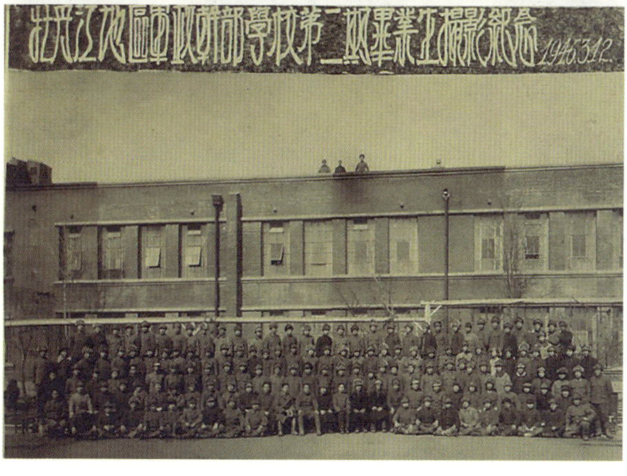

照片上方写着：“牡丹江地区军政干部学校第二期毕业生摄影纪念，1946. 3. 12”。二排左一为金善

1946 年末，陶雨峰、邢德范夫妇与儿子陶瑞合影，照片背面有陶雨峰手迹，写着："送给于、金（即于一寿、金善）二位同志纪念。1947.1.1"

陶雨峰、邢德范夫妇，约摄于 1953 年

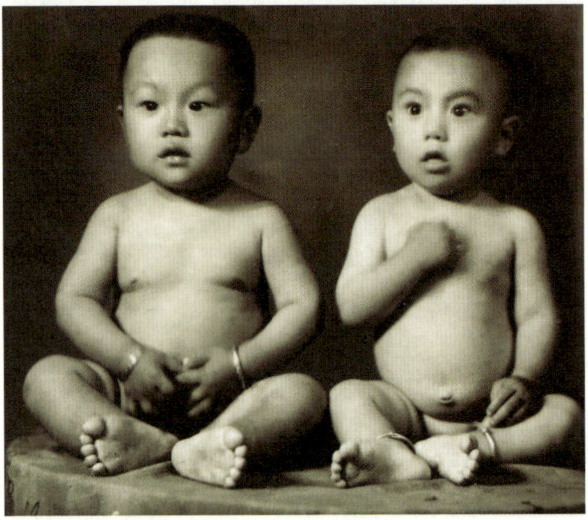

1947 年 8 月下旬，陶雨峰之子陶瑞（左）和于一寿之子于金（右）合影。照片背面写着："于金与陶团长小孩摄于一九四七年八月下旬"

1947 年，东北抗联将领王效明，摄于延吉市

照片上方写着：“十四陆军医院四、五队六届庆功大会主席团、来宾暨模范大功合影。1951. 8. 16 于延吉。”二排左二为乔树贵，时任延边专员公署民政科科长。当时正值抗美援朝期间，十四陆军医院收治了大量志愿军伤员

1951 年，刘建平、朴英善夫妇与儿子刘国仁合影于延吉市

1961 年，刘建平、朴英善一家合影于长春市。照片背面有刘建平手迹，写着："乔、金两位同志：寄去我们全家像片一张作为纪念。 刘建平"

1951 年 9 月，在吉林省工作的部分抗联老战士参加老根据地访问团，在访问原东满抗日游击根据地时摄于延吉市。前排右起依次为乔树贵、刘建平、石东洙、黄生发、吕英俊、X X X 、姜渭龙；后排右二为祁连升，右四为金明柱

1951 年 9 月，抗联老战友摄于延吉市，左起依次为乔树贵、黄生发、姜渭龙、金明柱

1951 年 9 月，抗联老战友摄于延吉市，左起依次为祁连升、刘建平、乔树贵

约 1961 年夏，吕英俊一家人在延吉市合影

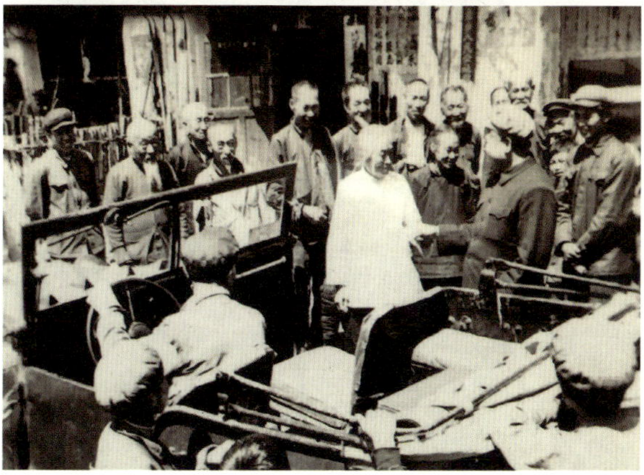

1963 年，乔树贵到敦化县敬老院探望陈翰章烈士的母亲陈丛云

照片上用朝鲜文书写“65.3.5 金明淑、权仁善欢送记念。”1965年3月5日摄于延吉市。前排左一为权仁善，右一为金明淑，后排左起依次为徐顺玉、金善。此后金明淑、权仁善移居朝鲜

1975年，于保合、李在德夫妇一家人在京合影

1975年11月，乔树贵、金善夫妇嘱托长子乔志平探亲归队途经北京时代表父母探望于保合、李在德夫妇。此照为乔志平（左三）同于保合（左二）、李在德（右一）两位老前辈及他们的子女在京合影

1982年夏，抗日联军将领冯仲云的夫人薛雯到访延吉市，延吉市的抗联老战友前往宾馆看望薛雯并合影留念。前排左起依次为朴春日、乔树贵、薛雯、金善、吕英俊

1982年夏，薛雯到访延吉市，时任中共延边朝鲜族自治州委员会第二书记兼延边朝鲜族自治州政协主席的田仁永到延边宾馆看望薛雯，并与抗联老同志们亲切交谈。左起依次为吕英俊、金善、薛雯、田仁永、乔树贵

1983年8月，部分抗联女战士参加东北三省妇女运动史协作会议时在哈尔滨市合影。左起依次为金善、邢德范、田仲樵、田孟君、王一知、李在德、孙平、李敏、庄凤、金伯文

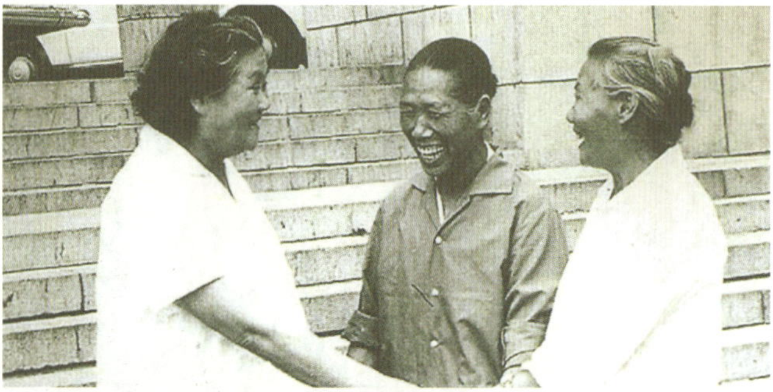

1983 年 8 月，金伯文（左）、金善（中）、李在德（右）三位朝鲜族抗联女战士在哈尔滨参加东北三省妇女运动史协作会议时相逢，格外高兴

1995 年秋，朴洛权烈士的遗孀李玉洙专程从朝鲜来到中国，在延吉市北山烈士陵园祭奠丈夫，延吉的抗联老战友们一起前往扫墓。左起依次为蔡光春、金善、李玉洙、吕英俊

1997 年 11 月于延吉市，抗联老战士徐顺玉（左）到金善家中探望老战友，两人把手交谈

尚未辨识的照片 1)

约摄于 1946 年

照片背面写着："一寿同志留念，X X 杨家国，1946. 11. 29 于牡市"

照片背面写着："于连长留念，一九四七年二月八日，闫根怀"

1）本章节中的个人照片是东北民主联军的战友们赠送给于一寿烈士的部分照片。

照片背面写着："于连长留念，一九四七年二月八日，杨元生"

照片背面写着："于一寿同志留念，1947.2.18 何兴义赠"

照片背面写着："一寿同志留念，刘凤文敬送，一九四七.九.二"

尚未辨识照片人物

尚未辨识照片人物

照片背面写着："于嫩江省齐齐哈尔市合影，一九四七年十月十二日"

尚未辨识照片人物

于一寿，1947年摄。臂章上写着"东北民主联军"

照片人物简介

（以照片人物出现顺序为序）

1. 周保中（1902—1964）：著名的抗日民族英雄，中国共产党的优秀党员，东北抗日联军主要创始人和杰出领导者之一，东北解放区和东北民主联军的创建者之一。吉林省政府首任主席和省军区首任司令员。原名奚李元，字绍黄，白族，云南省大理县人，1922 年就读于云南陆军讲武堂，1926 年加入国民革命军，参加北伐战争，曾任少将副师长。1927 年 7 月加入中国共产党。1928 年 5 月抵上海，在中共中央军委工作，同年赴苏联学习军事，1931 年 9 月回国，不久被派往东北，历任中共满洲省委军委书记，吉林救国军总部总参议，绥宁反日同盟军联合办事处主任、军事委员会主席，东北反日联合军第五军军长，东北抗日联军第五军军长，东北抗日联军第二路军总指挥兼政委，中共吉东省委执行部主席、书记，抗联教导旅旅长，中共东北党组织特别支部局（亦称中共东北党委）执行委员、书记。1945 年苏军攻入东北后，率领抗日联军官兵先于国民党军队抢占东北 57 个战略要地城市，组织革命武装，建立人民政权，为赢得东北地区解放战争的胜利做出了重大贡献。率部进驻长春后，先后任长春卫戍司令部副司令，中共长春地委书记、东北人民自卫军总司令、东北民主联军副司令兼东满军区司令，吉林省政府主席，东北军区副司令兼吉林军区司令。中华人民共和国成立后，历任云南省军政委员会副主任、省政府副主席、省政协主席，西南行政委员会政法委员会主任兼民政部部长，国家国防委员会委员，第一、二届全国人大代表，中共第八次全国代表大会中央候补委员，全国政协常委。1955年9月被授予一级八一勋章、一级独立自由勋章、一级解放勋章。在抗联教导旅期间荣获苏联政府颁发的红旗勋章。周保中将军的亲密战友和夫人是抗日联军第五军老战士王一知。

2. 王一知（1917—1987）：女，吉林省依兰县（现属黑龙江省）人，毕业于佳木斯师范学校。原名郭维轩，参加革命后，为避免牵涉家庭，把出生时间改为1918年，姓名改为王一知。1934年加入共青团，1935年加入中国共产党，曾任中共吉东省委秘书处秘书，抗日联军第五军妇女团指导员，抗日联军第二路军总指挥部秘书，抗联教导旅无线电营政治副营长，中共东北党委候补委员。1939年10月与周保中将军成婚。1942年，在抗联教导旅女战士跳伞队的训练中任指导员，带领20名抗联女战士出色完成伞降训练任务，成为我军历史上第一代女跳伞队员。1945年东北解放时，随周保中部抢占长春，担任接管伪满中央放送局苏联军方代表。中华人民共和国成立后，曾任云南省妇联主任、省侨务处长、西南大区妇联秘书长、国家侨委四司司长、北京市工商局副局长、中共北京市顾问委员会委员，曾当选第三、第四届全国政协委员。在抗联教导旅期间，曾荣获苏联政府颁发的红星勋章。

3. 周　伟（1941—　　）：周保中和王一知夫妇的独生女儿，1941 年 8 月 8 日出生于中苏边境的抗日联军集训地北野营。1962 年考入解放军第二军医大学，1973 年到北京军区总医院工作，专工麻醉医学、高压氧医学专业。退休后，主要精力投入到抗日联军资料的整理和出版工作，为真实记录和宣传东北抗日联军的历史功绩做出了重要贡献。

4. 李在德（1917—2019）：女，朝鲜族，1917 年出生在朝鲜平安南道介川郡，1928 年迁入我国黑龙江省汤原县，1932 年冬加入共青团，曾任团区委委员，1934 年 1 月参加汤原反日游击队，1936 年 7 月转为中共党员，曾在抗日联军第三军留守处、第三军第四师被服厂工作，1938 年 12 月到苏联学习无线电技术，曾在抗日联军第 3 支队参加小部队活动。中华人民共和国成立后，任国家政务院机要秘书，负责保管机要文件、国家政务院公章和周恩来总理名章，此后任全国人大常委会办公厅秘书、副科长、图书馆主任、秘书局副局长，曾当选第三届全国人大代表，1982 年 9 月离休。2019 年 8 月 22 日在京逝世，享年 102 岁。

5. 苏广东（1913—2002）：别名苏光东，出生于山东省章邱县普集镇苏家庄贫苦农家，曾流浪到大兴安岭林区当伐木工人。1940 年 11 月，在牙克石加入东北抗日联军第三路军第 3 支队。1942 年初，第 3 支队的 170 多位将士经过几次突围激战，幸存的 11 位官兵王明贵、陈雷、任德福、王长海、王金贵、汪成、史玉魁、李长德、苏广东、李国钧、金国祥于 1942 年 2 月 26 日越境进入苏联，到达抗日联军北野营，苏广东因负伤休养治疗，伤愈后于 1942 年 8 月被编入抗日联军教导旅第 4 营。1945 年 8 月加入中国共产党。9 月苏军攻入东北后，随王明贵部抢占齐齐哈尔地区，任司令部供应处处长。此后历任朱家坎司令部所属烧锅酒厂主任、被服厂厂长、齐齐哈尔独立九师一团供应处长、第四野战军运输部粮管科科长、总务科科长，海军司令部招待科科长(准团级)。1955 年转业到地方工作，先后任水利部管理科科长、招待所书记，国务院管理局招待处巡视员。1970 年因病退休，1982 年改为离休。

6. 金伯文（1918—2005）：女，朝鲜族，原名金贞顺，吉林省汪清县人，1930 年参加抗日儿童团，1932 年加入共青团，曾参加汪清县大红崴抗日游击队、东北人民革命军第二军，1936 年加入中国共产党。1937 年 7 月与张寿篯结婚。曾参加组建抗日联军第五军被服厂，任抗日联军第三军被服厂厂长，又先后在抗日联军第六军被服厂、中共北满省委秘书处、抗日联军第三路军第 9 支队工作。1942 年在抗联教导旅期间，为参加女战士跳伞队训练，隐瞒自己怀有身孕的实情，出色完成伞降训练任务，成为我军史上第一代女跳伞队员。在大运动量的训练中导致大出血，险些造成严重后果。1945 年之后，曾任黑河军分区后勤部指导员、北安县区委书记、黑龙江省政府秘书处副处长、黑龙江省政协委员、广东省文委办公室副主任、广东省政协委员、广东省体委党组副书记、广东民族学院党委副书记兼副院长、中国民航总局科研处副处长、全国妇联妇女运动史编审委员会委员，1983 年离休。

7. 张寿篯（1910—1946）：东北抗日联军著名将领，曾用名李兆麟、李超兰、李烈生，辽宁省辽阳县人。1931 年 7 月加入中国共产党，1931 年九一八事变后赴北平参加东北民众抗日救国会，1932 年在义勇军中从事抗日活动，历任中共满洲省委军委负责人，东北反日游击队哈东支队政委，东北人民革命军第三军第一团、第二团政治部主任，东北抗日联军第六军代理政治部主任、第三军政治部主任、第六军政委，中共北满省委组织部长，抗日联军第三路军总指挥兼第六军军长，抗联教导旅政治副旅长，中共东北党委执行委员。1945 年抗战胜利后率部抢占哈尔滨，任哈尔滨卫戍司令部副司令、滨江省副省长、中共松江地委书记。1946 年 3 月 9 日被国民党特务暗杀，哈尔滨各界 10 万人为其送葬，并将道里公园更名为兆麟公园，修建了兆麟纪念碑。

8. 钟子云（1911—1999）：原名苏宗泉，曾用名王友，河北省东光县人。1934 年加入中国共产党，曾任共青团哈尔滨市道里区委书记，中共吉东局委员，穆棱县团委书记，共青团满洲省委东满特派员，中共汪清县大甸子工委书记。1935 年赴莫斯科东方大学学习，1938 年回国，任中共冀热辽区委社会部长、中共滨江地区工委书记、中共哈尔滨市委书记、中共松江省委副书记、松江省军区副政委、中共省政府党组书记、中共阜新市委书记等职。中华人民共和国成立后，任北京矿业学院副院长，燃料工业部、煤炭工业部部长助理、副部长、党组成员、副书记。1975 年恢复工作后，任煤炭工业部党组副书记、副部长，中央顾问委员会委员。

9. 赵树珍（1919—1985）：女，曾用名许玉文，出生于辽宁省沈阳市。1938 年 9 月参加东北抗日联军第七军，任补充团班长。1941 年 3 月进入苏联，1942 年被编入抗联教导旅 2 营，期间出色完成女战士伞降队训练。1945 年 10 月加入中国共产党。苏军攻入东北后，随同抗日联军分队抢占东北战略要地城市，进驻沈阳，曾任怀德县立医院政委兼院长。1946 年转业到地方工作，先后在牙克石林业局、松江省林务局、牡丹江森工局、牡丹江森工医院、牡丹江林业局医院、林业部林产工业设计院等单位任秘书、股长、院长、副科长、科长、副主任等职，1982 年 12 月离休。

10. 冯仲云（1908—1968）：东北抗日联军著名将领，抗日民族英雄。江苏省武进县人，1926 年考入清华大学数学系，1927 年加入中国共产党，曾任中共清华大学党支部书记。1930 年到哈尔滨东北商船学校任教授并秘密从事革命活动，1933 年后历任中共满洲省委秘书长，东北反日游击队哈东支队政治部主任，东北人民革命军第三军政治部主任，中共北满临时省委书记、宣传部长、秘书长，中共北满省委常委，东北抗日联军第三路军总政委兼第六军政治部主任，抗联教导旅情报科科长，中共东北委员会委员。1945 年东北解放后率部抢占沈阳，历任沈阳卫戍司令部副司令，松江省政府主席。中华人民共和国成立后，先后任北京图书馆馆长，水利部副部长兼华东水利学院院长，水利电力部副部长，当选第一、二、三届全国人大代表，中共第八次全国代表大会代表。荣获一级八一勋章、一级独立自由勋章。1968 年 3 月 17 日去世。

11. 彭施鲁（1915—2009）：原名王国梁、王鹏华，河南省武陟县人。1934 年加入共青团，1935 年 12 月加入中国共产党，1936 年被派到东北参加抗日联军，历任东北抗日联军第四军军部秘书、第二师第四团政委、第四军下江留守处主任，东北抗日联军第七军第一师政治部主任，第二路军第 2 支队教导大队政委、第 2 支队政治部代理主任，抗联教导旅 2 营 3 连连长、参谋，中共东北党委执行委员。1945 年苏军攻入东北后，率部抢占佳木斯，任佳木斯卫戍司令部副司令，中共佳木斯地委书记，东北军区军政学校副校长等职。中华人民共和国成立后，历任总参谋部军事院校部副部长，解放军体育学院院长，国防科工委副参谋长、司令部顾问。1961 年被授予少将军衔，曾荣获三级八一勋章、二级独立自由勋章、二级解放勋章、苏联红星勋章。

12. 伊俊山（1908—1964）：满族，原名伊绍宗，出生于黑龙江省五常县一个地主家庭，1928 年考入北平大学商学院，期间曾留学日本 2 年。1931 年九一八事变后加入反帝大同盟，是北大商学院学生自治会领导成员，积极参加反日游行和反日宣传。1933 年冬返回东北，1934 年 5 月调入反日同盟军印刷所，1934 年 9 月加入中国共产党，1935 年 2 月起历任东北反日联合第五军第一师第三团政委，抗日联军第二军独立旅政委，先后任第一路军第一方面军、第二方面军政治部主任。抗战胜利后，历任牡丹江军区政治部民运科科长、绥阳县县长、专员公署秘书室主任、牡丹江省建设厅秘书室主任、哈尔滨铁纵部队政治部秘书处处长、沈阳桥梁厂厂长。1953 年被调入北京，任冶金部黑色冶金设计公司副经理。

13. 苏　菲（1914—1989）：女，黑龙江省宾县人，原名曹荣恩。1932 年参加抗日活动，1936 年加入中国共产党，1937 年赴延安抗大学习。后与朱理治结婚。曾任中共豫鄂边区妇委副书记、东北军区后勤部机关分总支书记。中华人民共和国成立后，历任燃料工业部人事处处长，农业部技术合作处处长、对外联络处处长、种子处处长等职。

14. 朱理治（1907—1978）：别名朱铭勋，江苏南通人。1926 年考入清华大学，1927 年加入中国共产党，曾任中共北平西郊区委书记、清华大学党支部书记，共青团江苏省委组织部长、书记，中共河北省委组织部长、代理书记，中共陕甘省委书记。抗战时期曾任中共河南省委书记，中共中央中原局代理书记，新四军豫鄂挺进纵队政委，豫鄂边区军政委员会书记。1940 年 3 月到延安，任陕甘宁边区银行行长，西北财经办事处副主任兼计委主任。解放战争时期任中共洮南地委书记，中央北满分局秘书长，东北野战军后勤部副部长，东北银行总经理。中华人民共和国成立后，历任东北人民政府计委主任，全国核资委员会副主任，交通部副部长，中央财经小组成员兼国家计委副主任，中央华北局书记处候补书记，河北省革委会副主任，第五届全国政协常委等职。

15. 田孟君（1913—？）：女，原名田淑兰，化名女张、卡加、林丽等，出生于黑龙江省穆棱县八面通高丽营村，毕业于八面通高级小学。1933 年 4 月参加反帝大同盟，任穆棱妇女救国会主任，在八面通女子学校任教员。期间与李范五结婚，同年 5 月加入中国共产党，当选为中共穆棱县委委员，此后调任宁安县委秘书，妇救会主任，中共吉东特委委员、妇女部部长。1936 年 4 月到莫斯科东方大学学习，1937 年在苏联红军参谋部军事工程学校学习情报工作，后在共产国际任职。期间为了便于工作，组织决定田孟君与单殿元以夫妻名义组成家庭开展情报工作，田孟君与李范五分手。1940 年初回国，在华东、延安等地任情报组副组长，1949 年任哈尔滨市立保育院副院长、党支部书记，1950 年调入北京中央调查部，1951 年到中国人民大学外文系学习，1955 年任北京经济学院讲师、人事处副处长、政治部办公室副主任、图书馆馆长、纪律检查委员会副书记等职，1982 年离休。

16. 朱　光（1914—2001）：原名赵金城，山东省聊城县人，7 岁随父母逃荒到黑龙江省宁安县。1932 年 4 月加入共青团，并参加抗日活动，1934 年加入东北反日联合军第五军，曾任第一师第三团副团长。1935 年被派往莫斯科东方大学学习，1936 年转为中共党员。1938 年回国到延安，曾任八路军总部炮兵团副营长，炮兵学校总务处长，东北民主联军炮第四团团长，东北野战军炮第二师副师长，中国人民志愿军炮第二师师长，旅大警备区炮兵司令，解放军炮兵司令部参谋长，国务院兵器管理总局局长，第三机械工业部、第五机械工业部副部长等职。1955 年被授予少将军衔，荣获二级独立自由勋章、二级解放勋章。1978 年恢复工作后，任解放军基建工程兵副主任、党委第一书记，曾是第六届、第七届全国政协委员。

17. 刘　达（1911—1994）：著名教育家，黑龙江省肇源县人，北平辅仁大学肄业，参加过一二九运动。1936年加入中国共产党，1937年入延安中央党校学习，1945年11月起任中共北满分局书记陈云的秘书，此后曾任哈尔滨市市长，创办了东北农学院、林学院，后又任黑龙江大学校长、党委书记，林业部副部长，中国科技大学党委书记，清华大学校长兼党委书记等职。

18. 于保合（1914—1985）：曾用名王富俊、万内，满族，吉林省伊通县人。1930年在中学读书时接受革命思想，1933年加入共青团，曾任共青团吉林区委书记。他利用在伪满外交部就职的叔父的关系，为党做了很多秘密工作。1933年末被派往苏联学习无线电技术，1936年1月转为中共党员，到抗日联军第三军组建的电信学校任校长兼教员，1937年后任抗日联军第三军留守团政治部主任，1937年7月，经冯仲云、赵尚志介绍，与抗日联军第三军朝鲜族老战士李在德成婚。1938年被派到抗日联军第三军第四师接替金策任政治部代理主任，1940年8月任第二路军第2支队宣传科科长兼电台报务主任。1945年东北解放时随周保中部抢占长春，担任东北人民自卫军总司令部电台负责人。1948年辽沈战役后随第47军南下攻占宜昌，任宜昌电信局军代表兼局长。抗美援朝时期任志愿军空联司通讯处副处长，此后曾任华北空军通讯处长、解放军通讯工程学院有线系主任、国防部第六研究院器材部副部长、军委军械部雷达局副局长，第三机械工业部供应局副局长等职。

19. 夏礼亭（1910—1996）：别名夏余敬，山东省牟平县人，1931 年移居黑龙江省饶河县。1934 年参加反日会，因散发反日传单被判入狱 20 个月，1936 年参加东北人民革命军第四军，在第二师警卫连当战士，整编后被调入抗日联军第七军第一师第一团警卫连，1937 年加入中国共产党，后任连指导员、第三团政委，抗联教导旅期间在无线电连学习报务。1945 年 7 月乘苏联飞机空降敌后执行侦察任务。1945 年东北解放后，任东北民主联军司令部电台队长，东北军工部东安一厂股长，东北电工局八厂副厂长、秘书处副处长。中华人民共和国成立后，曾任一机部电工局行政处处长，国家机械设备成套总局财务处处长等职。1982 年 12 月离休。

20. 田仲樵（1908—2005）：女，田孟君的姐姐，别名苏维民、李维君、赵树文、姜维彦等，出生于黑龙江省穆棱县，读过两年私塾。1933 年 4 月在黑龙江省穆棱县参加革命活动，1935 年 3 月在东北抗日同盟军第四军第二团当宣传员，同年 7 月加入中国共产党，调到中共密山县委任妇女主任，1937 年 1 月任中共宁安县委书记，1938 年 6 月调到中共吉东省委秘书处执行部工作，1941年2月在牡丹江被捕，受尽酷刑，1945年东北解放后出狱。1946年3月在合江军区后勤部被服厂任指导员，恢复了党籍，同年6月任穆棱县妇联主任，1948年在绥东工作团工作，1949年9月任东北烈士纪念馆馆员。

21. 黄生发（1920—1993）：满族，原名黄生金，辽宁新宾县人。幼年父母早逝，饱尝人世艰辛。1935年8月加入东北人民革命军第一军第一师第四团，1938年调任东北抗日联军第一路军总司令杨靖宇的警卫员兼少年铁血队队长，为保护首长曾多次负伤。杨靖宇牺牲后，黄生发担任抗日联军第一路军副总司令魏拯民的警卫员，1942年8月加入中国共产党。抗联教导旅组建后，被编入1营1排5班任班长，1945年东北解放后，化名常景春，随部抢占蛟河，任苏军驻蛟河卫戍司令部副司令、县城防司令、县公安局局长、保安大队长，蛟河县保安团团长，吉林军区独立二团副团长。1949年转业到地方，任吉林市公安大队长、治安行政科科长，吉林省公安总队政治部主任，省劳改局副局长，吉林市建设局局长，吉林省建设厅副厅长，省第二轻工业厅副厅长等职。1974年恢复工作后，曾任吉林省第四届政协委员，吉林省第五届、第六届人大常委会委员，1986年7月离休。

22. 王　明（1922—2015）：山东省黄县人，1927年随家人逃荒到东北。1936年加入抗日联军第五军，当时的支队长王效明嫌他太小，不让他参加，他就连续几天跟着部队跑，后来留下来当了王效明的警卫员。在1940年一次对日战斗中负伤，1941年进入苏联后多次返回东北执行侦察任务，1942年被编入抗联教导旅，1945年苏军攻入东北后随张寿篯部抢占哈尔滨。解放战争期间曾参加解放长春、四平、吉林等战役，随后又参加了云贵川剿匪、抗美援朝战争，此后历任吉林省延吉县龙井保安大队长，延边军分区警备1旅副营长，第四野战军第10纵队工兵团副营长、营长，东北军区工兵器材仓库副主任、主任，工程兵驻抚顺474厂军代表，离休后进入长春市省军区第一干休所。

23. 乔树贵（1909—1984）：出生于山东省泗水县贫苦农家，在辽宁本溪和鞍山当过5年的铁矿苦工。1931年12月参加王德林领导的吉林救国军，1932年被编入吉东游击大队，1934年2月被编入共产党领导的绥宁反日同盟军，1935年2月被编入东北反日联合军第五军任排长，1936年2月又被整编为东北抗日联军第五军，1935年6月开始连续7年担任周保中将军的副官，1938年4月经周保中介绍加入中国共产党。1942年2月在中苏边境的北野营整训期间，奉命带领一支侦察小分队到哈尔滨北部地区执行近一年的侦察任务，因完成任务出色，荣获苏联政府颁发的红星勋章。此后任抗联教导旅4营排长，1945年苏军攻入东北时，随金光侠部抢占牡丹江地区，任宁安县卫戍司令部副司令员兼城防司令员。1945 年 9 月遭敌特枪击受重伤，1949 年 1 月转业到地方工作，被评为二等甲级伤残军人，历任吉林省延边专员公署武装科长、民政科长、延边朝鲜族自治州中级人民法院院长、副州长、州人大常委会副主任等职，1983 年 1 月离休。

24. 张瑞麟（1911—1999）：别名张志恒，化名刘明久，辽宁省锦州人。1933 年 2 月加入中国共产党，曾任中共哈尔滨特委组织部长兼哈尔滨市委书记，东北抗日联军第三路军第 12 支队政治部副主任。撤进苏联境内后被编入抗联教导旅，1945 年 9 月苏军攻入东北后，随同王明贵率领的分队乘飞机先于国民党军队抢占齐齐哈尔。此后任嫩江军区政治部副主任，齐齐哈尔民主大同盟主任委员，中共齐齐哈尔市委秘书长、副书记、书记，黑龙江省财经委员会副主任。中华人民共和国成立后，任中共黑龙江省委统战部副部长、部长，黑龙江省政协副主席，黑龙江省人大常委会副主任。

25. 吕英俊（1916—2006）：朝鲜族，出生于朝鲜咸境北道城津郡[27]一个佃农家庭，1925 年全家移居中国吉林省和龙县东南岔。1930 年参加革命，1935 年 5 月任车厂子反日自卫队中队长，1936 年加入中国共产党，曾任东北抗日联军第二军教导团班长、第 4 师师部通讯员、第二方面军指挥部通讯员、

27）现金策市。

第8团连长。1940年进入苏联参加整训，多次被派回东北敌占区东宁、牡丹江等地，出色完成日军要塞侦察任务。中华人民共和国成立后，曾任吉林省延边专员公署民政科副科长，中共延吉县委组织部部长，延边朝鲜族自治州中级人民法院院长、州监察处处长、州政府副州长、州革委会副主任、州人大常委会副主任等职，1983年离休。

26. 薛　雯（1914—2003）：女，江苏省武进县人。1931年5月赴哈尔滨与冯仲云结婚，受其影响参加革命，同年加入中国共产党，成为中共满洲省委交通员。中华人民共和国成立后，曾任松江省政府秘书科副科长，东北烈士纪念馆馆长，中国革命历史博物馆保管部主任等职。

27. 王传圣（1918—1995）：出生于辽宁省恒仁县，1935年1月参加东北人民革命军第一军，历任杨靖宇将军的警卫员、东北抗日联军第一路军少年铁血队指导员、青年团干事，曾在苏联边防军做武装侦察工作。1945年10月加入中国共产党，曾任哈尔滨保安纵队第1团2营教导员、6纵队干事。1949年开始历任辽宁省煤建公司经理，松江省煤建公司副经理，哈尔滨煤建公司代理副经理、副经理，哈尔滨木材公司副经理，1982年8月离休。

28. 庄　凤（1919—2011）：女，曾用名庄凤仙、郭素三，山东省胶县人。1936年参加东北抗日联军第七军，曾任妇女排长、宣传员。1942 年在抗联教导旅期间，出色完成女战士伞降队训练。1945 年苏军攻入东北后，随队抢占沈阳。解放战争期间任合江军区第二师第 5 旅 15 团政治部副主任，中共勃利县委妇委书记。中华人民共和国成立后，任沈阳市委教育部副部长，长春市卫生局局长、长春市委宣传部副部长等职，1983 年离休。

29. 单立志（1912—2012）：原名单升宽，辽宁东沟县人。1935 年加入人民救国反日会，同年参加共青团，1936 年转为中共党员，1937 年参加东北抗日联军第七军第三师第七团，历任排长、连指导员、交通队队长，抗联教导旅 4 营 1 连排长等职。1945 年苏军攻入东北后，随队抢占巴彦县，任县卫戍司令部副司令，其后任巴彦县治安总队政委，松江省军区第五团团长，第四野战军 39 军 152 师卫生部政委。1958 年转业到地方工作，曾任军垦农场党委书记，佳木斯造纸厂党委书记，辽宁省烟草总公司经理兼党委书记、省第一轻工业厅厅长。2012 年 5 月在沈阳去世，享年 100 岁。

30. 李　敏（1924—2018）：女，原名李明顺，朝鲜族，出生在黑龙江省萝北县梧桐河村。1936 年加入东北抗日联军第六军，在第四师被服厂为抗联官兵制作被服，1937 年加入共青团，1939 年转为中共党员，历任护理员、政治教员、抗联教导旅广播员、报务员。1942 年在抗联教导旅期间出色完成伞降训练任务，成为我军史上第一代女跳伞队员。1945 年苏军攻入东北后，随队抢占绥化，曾任北安县团委副书记。中华人民共和国成立后，任黑龙江省文教办副主任、副处长，哈尔滨第一工具厂党委书记。1973 年后任黑龙江省总工会副主席、党组副书记，省民委主任、党组书记，省政协副主席兼省民族事务委员会主任，第四届全国政协委员，1993 年离休。

31. 陈　雷（1917—2006）：黑龙江省桦川县人，原名姜士元，别名陈雨田。1935 年参加革命工作，1936 年 2 月加入中国共产党，曾任中共佳木斯市委宣传部部长、市委书记，东北抗日联军第六军政治部组织科科长、北满联军西北临时指挥部第 1 支队政委，抗联教导旅副连长、营政治教员。1945 年苏军攻入东北后，率队抢占绥化，任绥化卫戍司令部副司令、中共绥化中心县委书记、军分区政委、龙南专署专员、西满第三地委副书记、西满军区副政委。1947 年 7 月任中共黑龙江省委秘书长。中华人民共和国成立后，历任黑龙江省政府副主席、主席、省委常委、基建部部长、工业部部长、副省长、省委书记处候补书记、书记。1977 年后历任黑龙江省建委主任及党委书记、省委书记、省长、省顾问委员会主任等职。中共第十二届中共中央委员会委员，第十三届中央顾问委员会委员，1988 年离休。

32. 郝凤武（1922— ？）：原名郝凤才，出生于黑龙江省依兰县贫苦家庭。1937 年 5 月在依兰县参加东北抗日联军第九军第二师师教导队当战士，第三路军第 9 支队司务长，参加对敌作战 40 余次，负伤 3 次。曾任抗联教导旅副排长，1945 年 7 月加入中国共产党。苏军攻入东北后，率队抢占佳木斯市，任佳木斯卫戍司令部副司令。此后曾任合江省军区第 5 支队电台台长，汽车学校副队长、副科长。中华人民共和国成立后，转业到地方工作，曾任沈阳煤田地质局总务科长，田管局科长、处长，抚顺煤矿 11 厂副厂长，革委会副主任、厂长，1984 年离休。

33. 孙　平（1918—2013）：女，黑龙江省宁安县人。13 岁加入抗日儿童团，1936 年 1 月加入中国共产党，随即参加东北抗联第五军，在军部当战士。1936 年 10 月被选派去苏联学习，1937 年 10 月与同在莫斯科学习的富振生结婚。1938 年 10 月在延安中央社会部任机要员。1945 年 9 月日寇投降后返回东北，任宁安县妇联副主任，1949 年 1 月任黑龙江省妇联组织部部长，沈阳市妇联秘书长，中共吉林省机关党委副书记、省人事厅副厅长、民政厅副厅长，1982 年离休。1964 年 2 月，曾与丈夫富振声一起赴京参加周保中将军的公祭活动。

34. 富振生（1912—1985）：出生于辽宁省西丰县爱辛沟村满族农民家庭，幼年移居黑龙江省勃利县古城堡马鹿沟[28)]。

28）现属林口县。

1932 年参加王德林的救国军，1933 年 7 月加入共青团，11 月转为中共党员，曾任共青团勃利县委书记，东北抗日联军独立师政治部主任、代政委。1936 年赴苏联学习，1938 年回国在延安中央党校任教，曾先后担任班主任、党建教研室副主任、组织科长、校务部长、办公室主任，机关总支委员、陕北分校处长等职。1945 年日寇投降后，被调回东北任中共宁安县委书记、勃利地委书记、合江省委秘书长兼宣传部长、黑龙江省委宣传部长。中华人民共和国成立后，历任中共东北局宣传部处长、吉林省委副书记、书记处书记兼省委党校校长，中科院吉林分院院长，第四届省政协副主席，中共八大代表，第五届全国政协常委。

35. 刘福泰（　？—　？）：东北抗日联军第一路军军部司务长。1940 年 2 月，杨靖宇将军为打破敌人“围剿”，将所部化整为零分散活动时，被敌人包围，杨靖宇让已负伤的警卫员黄生发、司务长刘福泰和另外两名伤员突围转移，自己则带着两名战士继续向前突围。最终，杨靖宇和他带的两名战士在突围中英勇牺牲，而刘福泰、黄生发等安全脱险。1940 年，刘福泰随第一路军人员退入中苏边境地区休整，后被编入抗联教导旅第 1 营，1945 年返回东北。中华人民共和国成立后转业到地方工作，曾在长春汽车厂工作。

36. 金　善（1919—2000）：女，原名金顺玉，朝鲜族，出生于吉林省和龙县的佃农家庭，成长在具有三代抗日斗争传统的家族，有8位家族成员在抗日斗争中先后牺牲。1930年参加抗日儿童团，1935年参加和龙县农民赤卫队，1936年参加东北抗日联军，曾在第二军第六师第八团、第七团、师部直属少年连任司务长。1946年3月加入中国共产党，1948年3月被调入东北民主联军第一纵队第一师第二团2营6连任排长。1949年转业到地方工作，曾在吉林省珲春县城关区政府、延吉市大华烟厂、延边专员公署供销处、延吉市针织厂等单位工作，1957年因抗战时期留下的伤痛病休。1983年1月被批准离休，享受副地级待遇，第五届延边朝鲜族自治州政协委员。1995年8月，作为吉林省抗联日军老战士三位代表之一，赴京参加中组部组织的抗战胜利50周年庆祝活动，受到党和国家领导人胡锦涛的亲切接见并合影留念。

37. 季　青（1911—1988）：原名李德配，祖籍山东海阳县，出生在黑龙江省依兰县[29]土龙山镇四合村。1930年秋在中学时开始参加社会活动，1931年考入北平朝阳大学，九一八事变后积极参加学生反日运动，参加了反帝大同盟，1932年9月加入中国共产党，从事党的地下工作。1933年春返回家乡组织了反帝大同盟土龙山支部，任书记，开展抗日斗争。1935年8月，中共依兰县委成立，季青任宣传部长。1937年2月

29）现桦南县。

开始历任东北抗日联军第五军军部秘书长、第二师第五团政委、第二师和第三师政治部主任，第四军、第五军、第七军下江临时党团(中共吉东省委下江三人团)书记，抗日联军第五军政委，第二路军第5支队政委，中共道南特委书记，抗联教导旅第4营政治副营长，中共东北党委执行委员。1944年9月被苏边防军防谍机关逮捕，服苦役。经过当时的抗联教导旅及中华人民共和国成立后的外交部等与苏方几经交涉，1955年7月返回祖国，在黑龙江省隔离审查两年后被无罪释放，历任黑龙江省民政厅老革命根据地办公室主任、省人大常委会副秘书长等职，享受副部级待遇，1985年9月离休。

38. 李范五（1912—1986）：原名李福德，曾用名张松，出生于黑龙江省穆棱县的地主家庭。1929年读中学时参加反对日本在东北修筑铁路的学生运动，1930年考入北平大学俄文法政学院，1932年加入中国共产党，12月受党派遣到东北从事抗日救亡活动，组建了穆棱县反帝大同盟，1933年5月开始先后担任中共穆棱县委书记、宁安县委书记、吉东特委组织部长、代理书记。1936年赴莫斯科东方大学学习，1938年6月回到延安工作，历任中组部地方党务科科员、抗日军政大学东北干部训练队指导员、中共中央东北工作委员会秘书长、中央情报处总务处处长，1945年当选中共七大代表。1945年东北解放时返回东北，历任中共合江省工作委员会书记、合江省委副书记兼省政府副主席、省军区政委，松江省政府副主席，1949 年 10 月任国家林垦部副部长、林业部第一副部长、党组副书记、书记，1958 年 1 月被调任黑龙江省委第二书记、省长、省军区第二政委。1983 年当选第六届全国政协委员，1985 年离休，1986 年 5 月在京病逝。

39. 黎　侠（1919—2001）：女，黑龙江省宁安县人，原名黄晓英。1933 年参加革命，1934 年加入共青团，1936 年转为中共党员，曾任宁安县抗日儿童团指导员，共青团宁安县委妇女部长。1936 年夏，在参加东北抗日联军第五军半年后被送入苏联莫斯科东方大学学习，1939 年回国后曾在延安工作，1945 年后历任中共东北工作委员会机关政治指导员、合江省委组织部秘书，合江省企业局办公室主任、人事科长，林业部人事司干部处处长，中共哈尔滨市南岗区委副书记，河北省人事厅顾问等职，1984 年离休。

40. 张　英（1917—2007）：女，原名柴金英，是东北抗日联军第五军军长柴世荣与前妻的女儿，出生于吉林省和龙县。1931 年 11 月参加柴世荣的抗日军队，后随反日联合军第五军、抗日联军第五军活动，1934 年 12 月加入共青团，1935 年 7 月任汪清县团支部书记、妇联主任。1936 年 3 月赴苏联学习，1938 年 7 月回国，转为中共党员，1939 年在延安任统战部收发科长，1941 年 1 月在延安女子大学学习，此后任延安新华纺织厂会计、出纳、保管员，1946 年之后任辽西军区纺织厂科长、工会主席，辽北纺织厂厂长。中华人民共和国成立后，历任解放军驻武汉第一纱厂军代表，震寰纱厂军代表、经理、党支部书记，中南纺织管理局副处长，武汉市工业部副处长，机电局监察室主任、公司经理、纪委副书记，中南机械局处长，中南局留守处处长、党支部书记，广东省电子工业局处长，1983 年离休。

41. 蒋泽民（1913—2012）：满族，原名蒋向福，别名蒋兴武，出生于辽宁省黑山县西小将家屯。1924 年起就给地主家当长工，后来参加伪军 26 旅 35 团 1 营 1 连当兵。1934 年 2 月，在珲春县参加伪军哗变，加入东北人民革命军第二军第四团当战士。1936 年赴莫斯科东方大学学习，1937 年末回到延安，在中国人民红军抗日军政大学任区队长，1938 年 2 月加入中国共产党，同年 7 月起先后任八路军驻武汉、长沙、桂林、重庆办事处副官，毛泽东的警卫参谋、副官，周恩来的副官。解放战争时期任吉林军区坦克队队长、东北局驻图们办事处副主任、第四野战军后勤运输部副部长，志愿军运输部部长。中华人民共和国成立后，任沈阳军区后勤运输部、生产部部长，总后车船部副部长（正军职）。1955 年被授予技术上校军衔、1959 年被授予大校军衔，荣获三级八一勋章、二级独立勋章、三级解放勋章、朝鲜二级国旗勋章、二级红星荣誉奖章，1983

年离休。2012 年 6 月 17 日在沈阳去世，享年 100 岁。

42. 魏拯民（1909—1941）：东北抗日联军著名将领、杰出领导人之一，抗日英雄。原名关有维，后更名从母姓，山西省屯留县人。1925 年考入山西省立第一中学，开始接受进步思想，积极参加学生运动，1926 年加入共青团，1927 年加入中国共产党。1928 年考入北平私立宏达学院，1932 年受党派遣参加东北抗日斗争，曾任中共哈尔滨市道外区委书记、哈尔滨市委书记。1935 年 1 月受中共满洲省委派遣到东满工作，任中共东满特委书记，期间，下大力纠正了原东满特委在“反‘民生团’斗争”中的严重错误，这是魏拯民为东满抗日斗争做出的重大贡献。1935 年夏，作为东北抗日武装唯一的党代表，赴莫斯科参加了共产国际第七次代表大会。历任东北人民革命军第二军政委、东北抗日联军第二军政委、第一路军政治部主任、副总司令，中共南满省委书记。1940 年 2 月杨靖宇牺牲后，抗日联军第一路军的领导责任明显加重，魏拯民带病指挥部队征战，1941 年 1 月因病情加重又无条件医治而去世，时年仅 32 岁。2014 年被列入民政部公布的第一批 300 名著名抗日英烈和英雄群体名录。

43. 沈泰山（1921—1949）：朝鲜籍，出生于朝鲜咸镜北道吉明郡。1935 年在宝清参加东北抗日联军第七军第三师，任警卫连班长，1937 年 1 月加入中国共产党，后被调入抗日联军第五军第三师第九团任排长、第二路军总部传达长。1941年进入苏联，任抗联教导旅2营3连排长，期间被选为中共东北党委候补委员，和彭施鲁一起负责宣传工作。1945年苏军出兵攻入东北和朝鲜时，随金日成部返回朝鲜。

44. 金京石（1910—1962）：朝鲜籍，出生于朝鲜咸镜北道城洋郡。1930年7月加入共青团，1931年8月加入中国共产党，曾在中共汪清县委、吉东省委秘书处任职，1938年1月参加东北抗日联军第二路军，曾任第二路军警卫队秘书兼党支部书记、第二路军总指挥部秘书、抗联教导旅1营2连政治副连长，期间被选为中共东北党委执行委员。1945年苏军出兵攻入东北和朝鲜时，随金日成部返回朝鲜。

45. 徐　哲（1907—1992）：朝鲜籍，出生于朝鲜咸镜北道。早年毕业于哈尔滨医学院，1932年11月参加南满抗日游击队，曾任东北抗日联军第一军军医处处长、抗联教导旅2营3连中尉排长，并担任政治教员。1945年苏军攻入东北和朝鲜时，随金日成部返回朝鲜。

46. 朴洛权（1917—1946）：朝鲜族，出生于朝鲜咸镜北道。1919年其父参加朝鲜“三一”反日爱国运动后，为躲避日寇缉捕，带领全家逃亡到吉林省汪清县，继续从事抗日活动，在其6岁时父亲被敌人杀害。1931年参加抗日儿童团，1934年加入共青团，同年参加汪清抗日游击队，1935年参加东北反日联合军第五军，1936 年加入中国共产党，先后任抗日联军第五军第二师第五团二连连长、第二路军总指挥部警卫大队队长。1942 年任抗联教导旅 4 营 7 连排长，期间 3 次带领小分队回东北执行侦察、联络任务。1945 年苏军攻入东北后，随队抢占延吉，曾任延边警备司令部警卫营营长、延边警备旅 1 团团长、吉辽军区第 24 旅 70 团团长。1946 年 4 月，攻打长春时负重伤，不幸英勇牺牲，时任东北民主联军东南纵队 75 团团长。其遗体被运回家乡后，安葬在延吉市北山烈士陵园，墓碑上刻着“千秋正气”四个大字。

47. 崔明锡（1918—1997）：别名崔光，朝鲜籍，祖籍朝鲜咸镜北道吉川郡，出生于吉林省安图县。少年时参加抗日儿童团，1934 年参加青年义勇军任班长，1935 年加入东北人民革命军第二军第五师任分队长，1937 年 6 月加入中国共产党。之后任抗日联军第二路军总指挥部警卫队第 2 分队队长，抗联教导旅 4 营 7 连排长。在抗联教导旅期间，与原抗日联军第三军朝鲜籍女战士金玉顺成婚。1945 年苏军攻入东北后，随队抢占延吉，任延边警备旅 2 团团长、中共汪清县委书记。1946 年秋返回朝鲜。

48. 金玉顺（ ？ — ？ ）：女，朝鲜籍，中共党员，曾参加东北抗日联军第二军，后被调入东北抗日联军第三军，战士。1940 年撤入苏联境内，抗联教导旅成立后任救护排班长，

1942年在抗联教导旅女战士跳伞队的训练中，出色完成伞降训练任务。《东北抗日游击日记》870页1942年10月的日记中，周保中将军记载了抗联教导旅女战士跳伞队20位队员的姓名，其中第6位就是“金玉顺（高丽人）”。1945年9月苏军攻入东北后，随姜信泰部和丈夫崔明锡一起进驻延吉，1946年秋同丈夫崔明锡一起返回朝鲜。

49. 张光迪（1906—1986）：别名张凤山，报号“忠义侠”，河北省广宗县人。1933年参加珠河抗日游击队，1934年加入中国共产党，历任东北人民革命军第三军第六师师长，东北抗日联军第三军第六师师长兼73团团长，龙北临时指挥部第1支队支队长，第三路军第三军第三师师长，第6支队支队长，抗联教导旅3营5连连长，曾荣获苏联红旗勋章。1945年苏军攻入东北后，率队抢占海伦，任海伦卫戍司令部副司令，此后任黑龙江省军区第2支队支队长，合江军区军事部副部长，内蒙古骑兵师副师长，天津军分区副司令员、邯郸军分区司令员。1955年9月被授予大校军衔，荣获二级独立自由勋章、二级解放勋章。

50. 崔春国（1914—1950）：朝鲜籍，出生于朝鲜咸镜北道稳城郡，铁路工人出身。1930年由金日成介绍加入中国共产党。1932年起先后担任汪清反日游击队2中队指导员，抗日联军第二军连指导员，第二军独立旅1团团长，抗联教导旅

4营7连排长。1945年苏军攻入东北和朝鲜时，随金日成部返回朝鲜，任朝鲜人民军第12步兵师少将师长。1950年7月在指挥安东战役最后攻击时身负重伤，不幸牺牲。

51. 金　策（1902—1951）：原名金乐，曾用名金洪山、金城、金印、金印植、罗东贤，朝鲜籍，出生于朝鲜咸镜北道城津郡农民家庭，1910年举家迁居吉林省延吉县务农。1925年加入延吉县龙井朝鲜“东满青年总同盟”，从事抗日活动。1926年5月成为朝鲜共产党满洲总局最早一批党员，主持革命互济会工作。1927年9月被龙井日本领事馆警察所逮捕，与40余人一起被押送至朝鲜汉城西大门监狱关押一年半。刑满后返回龙井，积极参加“红五月”斗争，1930年7月加入中国共产党，曾任中共宁安县东京城区委书记、县苏维埃政府主席。11月又被逮捕，从吉林被押送到奉天监狱，刑期7年，1931年11月经中共满洲省委营救出狱。1932年1月起历任中共宾县特支书记，珠河中心县委秘书长，东北反日游击队哈东支队3大队政治指导员、哈东支队司令部军需处处长，东北人民革命军第三军第一师第二团、第一团、第四团政治部主任、抗日联军第三军第四师政治部主任，中共北满临时省委执委会委员，抗日联军第三军政治部主任，中共北满临时省委宣传部长，中共北满省委书记，抗日联军第三路军总政委。1944年初到抗联教导旅后任3营政治副营长，期间被选为中共东北党委执行委员。1945 年苏军攻入东北和朝鲜时，随金日成部返回朝鲜，1951 年去世。朝鲜为纪念这位抗日英雄，将平壤工业大学命名为金策工业大学，将其出生地城津市更名为金策市。

52. 姜信泰（1918—1950）：原名姜键，朝鲜籍，出生于朝鲜庆尚北道尚州邑的贫苦农家，1928 年随父母迁居我国宁安县八道河子。14 岁加入共青团，15 岁参加农民赤卫队，16 岁任八道河子农民赤卫队队长。1934 年 5 月任宁安县反日游击队分队长，东北反日联合军第五军军部警卫连指导员，1936 年 6 月刚满 18 岁就加入了中国共产党，此后历任抗日联军第五军第三师第九团政委、第二路军总指挥部警卫大队政委，1940 年 4 月抗日联军第七军改编为第二路军第 2 支队后任支队政委，抗联教导旅 2 营政治副营长。1942 年末接替柴世荣任 4 营营长，曾荣获苏联政府颁发的红旗勋章。1945 年苏军攻入东北后，率队抢占延吉，任延吉卫戍司令部副司令，中共延边地区工作委员会书记，东北人民自治军延边军分区司令员，东北民主联军吉东军区司令员。1946 年 7 月奉命返回朝鲜。1950 年 6 月朝鲜战争爆发后，任朝鲜人民军总参谋长，1950 年 9 月在沙里院前线指挥作战时遭敌机空袭牺牲，时年 32 岁，朝鲜最高人民会议授予其“共和国英雄”称号。

53. 杨清海（1916—1951）：吉林省长春市人，化名姜超。1940 年率伪军骑兵 35 团部分人员起义投诚加入抗日联军，任抗日联军第二路军第2支队2大队大队长。在抗联教导旅期间任2营3连排长、4连连长，1943年加入中国共产党。1945年苏军攻入东北后，率队抢占依兰，任依兰县卫戍司令部副司令，三江自治军依兰总队队长、第19团团长、合江省军区第5支队副司令。1946年10月率150余人发动叛乱，投向国民党，后被我军围剿消灭，杨清海孤身逃往沈阳，1951年被沈阳市公安局逮捕处决。

54. 陶雨峰（1917—1965）：满族，吉林省永吉县人。1935年10月参加东北反日联合军第五军，1936年5月加入中国共产党，曾任东北抗日联军第五军第一师第二团排长、军部副官、第二路军总指挥部副官、警卫队指导员、抗联教导旅4营8连连长。1945年苏军攻入东北后，率部抢占牡丹江地区，任牡丹江卫戍司令部副司令员、牡丹江城防司令员。1958年转业地方工作，先后任哈尔滨市林业建设局党委书记兼局长，黑龙江省林业厅调查设计局、基本建设局局长，正阳河木材厂副厂长、党委书记等职。

55. 周岩峰（1918—2002）：生于辽宁省朝阳县王家村周台子屯，1940年参加伪靖安军2年10个月，1942年7月，和祁连升、国如阜等带领伪靖安军2团2营6连士兵起义抗日，率71人渡过乌苏里江进入苏境，加入东北抗联教导旅，任抗联教导旅3营5连排长。1945年苏军攻入东北后，率队抢占九台，任九台卫戍司令部副司令员。转业到地方工作后，曾任中共阜新市建筑工程公司党委书记，阜新市视察室组长，后被调入沈阳。

56. 张锡昌（1918—1999）：别名刘浓洲，河北黄骅县人。1937 年 11 月在桦川县聚宝盆伪警察署做收发员时，秘密组织伪警察起义，参加东北抗日联军第五军，1938 年加入中国共产党，历任第五军第连长、抗日联军第二路军总指挥部警卫大队副大队长。1939 年 5 月去苏联学习，同年 12 月回国任抗日联军第五军军部副官，负责无线电报务，1942 年 10 月任抗联教导旅无线电营 2 连排长。1945 年 9 月苏军攻入东北后，率部抢占林口，任林口卫戍司令部副司令，此后任绥宁军区司令部保卫科科长。中华人民共和国成立后，历任黑河、绥棱林业局副局长，绥化森工局公安处副处长，牡丹江森工局干校副校长、公安处处长，嫩江地区林业管理局局长、行署顾问，1983 年离休。

57. 刘铁石（1904—1992）：原名刘显，祖籍山东省诸城县，出生于吉林省怀德县南崴子乡大榆树村贫农家庭，1911 年逃荒到黑龙江省汤原县太平川胡家窝堡定居。1924 年考入吉林第五师范学校，毕业后在汤原县任教员、校长、县教育局长。1931 年九一八事变后从事抗日活动，1934 年参加党领导的汤原抗日游击队，任军需官，1935 年加入中国共产党，任东北抗日联军第六军留守处主任，抗日联军第三路军总指挥部秘书。1939年11月，到苏联伯力的海军驻地学习半年无线电业务，之后随小分队回东北执行军事侦察任务。1944年1月撤入苏联境内，任抗联教导旅无线电营排长、教官。在抗联教导旅期间，与原抗日联军第七军女战士庄凤成婚。1945年9月苏军攻入东北后，随队抢占沈阳，任沈阳卫戍司令部副司令助理兼市政府秘书长、市广播电台台长，汤原县县长、勃利县县长。中华人民共和国成立后，历任东北地质局副局长，辽宁省地质局副局长，吉林省地质局副局长。1980年11月任吉林省地质局顾问，1981年当选为吉林省人大常委会委员，1982年离休。

58. 范德林（1915—1972）：吉林省敦化县人，农民出身，家境贫寒。1933年加入共青团，同年转为中共党员。1931年九一八事变后参加汪清县抗日游击队，1934年被编入东北人民革命军第二军，任第一师第三团2连通讯员、排长、连长，1937年任抗日联军第一路军警卫旅1团1连连长，1940年起任抗日联军第一路军第3支队支队长、抗联教导旅1营1连1排中尉排长 。1942年至1945年期间多次被派回东北执行敌情侦察任务，为苏联红军进攻东北提供了准确、重要的情报。1945年苏军进军东北时，随周保中部抢占长春，担任接管伪满首都警察厅苏军代表，九台县独立团团长，东北第一纵队第二师第六团团长、第二师参谋处处长，东北民主联军办事处处长，10纵89团团长，黑龙江省独立15团团长、省警卫团团长。中华人民共和国成立后，先后任东北空军梅河口、四平、周水子、登沙河场站的站长，沈阳军区空军司令部管理处副处长、副参谋长。1955年被授予三级八一勋章、独立自由勋章、解放勋章。在抗联教导旅期间曾荣获苏联红星勋章、斯大林奖章。

59. 高万有（？—？）：即李青山，曾任东北抗日联军第七军第一师第二团连长，抗联教导旅2营3连排长。1941年夏，高万有率领5人小分队从抗日联军驻扎在中苏边境的北野营出发，到北黑铁路两侧原抗日联军第三路军活动区域执行过侦察任务。1942年编入抗联教导旅2营3连，任排长，1945年苏军攻入东北后，随李兆麟部抢占哈尔滨地区，任阿城县卫戍司令部副司令员。

60. 刘雁来（1902—1967）：出生于山东省平阴县的贫苦工人家庭，17岁移居哈尔滨当工人。1932年5月与李广山等组织了一支抗日山林队，任副连长。1933年参加由高玉山领导的“东北国民救国军”，1934年2月高玉山的救国军败退苏境后，刘雁来在饶河县按抗日游击大队长李学福的指示，以开小店作掩护，建立了一个游击队联络站。1935年9月，游击大队改编为东北抗日同盟军第四军第四团，刘雁来任机枪连连长。1936年10月加入中国共产党，此后历任抗日联军第七军第二师第四团副团长、第五团团长、第一师副师长，抗日联军第二路军第2支队副支队长，抗联教导旅2营3连政治副连长。1945年苏军进军东北时，率部抢占富锦县，任富锦县卫戍司令部副司令员。此后历任合江省轮船公司经理、东北内河航务局副局长，黑龙江省航运局副局长等职。

61. 陈德山（1898—1967）：出生于吉林省双阳县，1937年参加东北抗日联军第七军，曾任第3师7团1连连长、副团长。1939年12月进入苏联，1940年率武装小分队返回东北宁安、东宁执行小部队活动任务，1942年被编入抗联教导旅1营劳动排任排长。1945年9月苏军攻入东北后，奉命率队抢占松江省木兰县，任木兰县卫戍司令部副司令、人民自卫队队长。1946年转业到地方工作，曾在佳木斯酱菜厂、饶河渔业公司、双鸭山市建筑公司矿务局工作，1961年2月退休。

62. 邢德范（1917—1993）：女，出生于山东省莱阳县。1935年2月在方正县加入反帝同盟，从事秘密侦察工作，1936年10月参加东北抗联第三军，任战士、班长、第一师后方医院护理班班长、被服厂厂长，第三路军第9支队机枪班班长，1939年10月加入中国共产党。1942年在抗联教导旅期间学习无线电报务，并出色完成女战士伞降队训练任务。1945年苏军攻入东北后，奉命随部队抢占牡丹江，在牡丹江军分区任报务员、股长、指导员。中华人民共和国成立后，曾任水利部干部学校科长、黑龙江省农机厅人事处科长、中共哈尔滨市电车公司党委副书记、黑龙江省化工研究所副所长。1979 年后任黑龙江省石化厅纪检组副组长，1982 年 7 月离休，享受副厅级待遇。

63. 宋桂贞（ ？— ？ ）：女，也称宋桂珍，东北抗日联军第七军战士，撤入苏联境内后被安排在集体农庄工作，1941 年 3 月被调入抗日联军北野营救护排，1942 年 8 月被编入抗联教导旅 2 营。1940 年与第二路军第 2 支队 2 大队副队长谢中山成婚。

64. 柳明玉（ ？— ？ ）：女，朝鲜籍，中共党员，原东北抗日联军第七军战士，1941 年 4 月越境进入苏联，1942 年在东北抗联教导旅 3 营，任看护妇、下士，并出色完成女战士伞降队训练任务，此后与金光侠成婚。苏军攻入东北后随部队回到东北，曾在黑龙江省牡丹江市、吉林省延吉市工作。1948 年初，与丈夫金光侠一起返回朝鲜。

65. 金光侠（1915—1970）：朝鲜籍，朝鲜咸镜北道会宁郡人，毕业于黄埔军校。早年参加中共领导的东北抗日游击队，之后参加东北抗日联军第五军，1935 年加入中国共产党，曾任抗日联军第二路军总指挥部警卫队班长、排长、指导员，第五军第二师第四团政治委员，第二路军总指挥部警卫队政委，第 2 支队 1 大队政委。在抗联教导旅期间任 3 营 5 连连长，进入苏联后曾多次率队到东北敌占区完成侦察任务。1945 年苏军攻入东北后，奉命率部抢占牡丹江，先后任牡丹江卫戍司令部副司令员，中共牡丹江地委书记，牡丹江军分区政治委员，东北民主联军吉东军分区司令员兼警备1旅旅长，延边军分区司令员。1948年初返回朝鲜，任朝鲜人民军第三师团长、总参谋部作战局局长。1950年朝鲜战争爆发后任东部战线第二军团长、前线司令官。

66. 于一寿（1922—1948）：祖籍山东省栖霞县南斗崖子村，11岁随父母逃荒到黑龙江省饶河县定居，“福、禄、寿、喜”兄弟四人在抗日战争时期陆续参加了抗日联军第七军。其父亲因为是抗日联军家属，又支援过抗日联军，被日寇在“扫荡”时活埋。四兄弟中的老大于一福、老四于一喜相继在对日伪作战中牺牲。老二于一禄在1940年5月21日抗日联军第二路军第2支队支队长王汝起率部伏击伪警察的战斗中不幸光荣牺牲。老三于一寿，1935年在饶河县参加抗日联军第七军，任第七军第一师师部警卫员，1941年随部进入苏联，被编入抗联教导旅参加整训。1945年苏军攻入东北后，随张锡昌部抢占林口。解放战争时期被编入东北民主联军第1纵队1师任连长，1948年3月在四平街战役中牺牲，年仅26岁。

67. 赵海涛（1919—　？　）：生于辽宁省本溪市小梨树村河子屯，读过8年书，在黑龙江省富锦县毕业后加入伪靖安军。1942年7月，周岩峰等带领伪靖安军2团2营6连士兵在黑龙江省饶河县东安镇起义抗日，率赵海涛等71人渡江越境到苏联加入东北抗联教导旅，赵海涛被编入4营任班长。1945年苏军攻入东北后，随张锡昌部抢占林口。中华人民共和国成立后，曾在北京轻工学院、上海海关等单位工作。

68. 胡贞一（1920—2008）：也称胡真一，女，出生于辽宁丹东凤凰城一农家，1927年移居黑龙江省林口县刁翎镇。1937年4月参加东北抗日联军第五军，是教导团、妇女团、被服厂队员，1938年2月加入中国共产党，多次参加对日伪的战斗。1938年5月与东北抗日联军第五军军长柴世荣结婚，育有两子。1945年东北解放后，在牡丹江军区任指导员，1948年初，被调到哈尔滨军事委员会从事政治工作，1949年被调往沈阳，8月随刘邓大军参加解放大西南的战斗。1952年起任重庆市渝中区副区长等职，1980年3月任四川省重庆市人大常委会副主任，1983年2月离休。

69. 柴世荣（1895—1943）：东北抗日联军著名将领，原名柴兆升，出生在山东胶州一户贫苦农家，5岁时迁居吉林省和龙县。1931年九一八事变后，率自己所在的二道沟公安分局第一分驻所的警察拉起一支抗日队伍，仅仅几个月的时间，这支抗日队伍就迅速发展到3 000多人。不久，他率队加入王德林领导的中国国民救国军，任救国军第4旅旅长，1934年参加绥宁反日同盟军，任同盟军军事委员会委员，同年加入中国共产党。此后历任东北反日联合军第五军副军长、抗日联军第五军副军长、军长，中共道南特委委员，抗日联军第二路军第5支队支队长兼哈绥道南游击司令。在多年抗战中曾七次负伤，仍坚持和部队一起行军打仗。在抗联教导旅期间任第4营营长，曾率抗日联军小部队回东北执行任务。1943年秋，苏联远东军防谍部以其带领回国执行任务的小部队内发现一名日本特务为由，将其带走审查后下落不明。中华人民共和国成立后，被定为革命烈士。其与前妻所生儿女中仅幸存一位女儿张英，原名柴金英，1931年参加柴世荣的抗日队伍。柴世荣于1938年5月与抗日联军第五军战士胡贞一再婚，两人婚后育有两子。

70. 金明淑（1914—1976）：女，朝鲜籍，中共党员，原东北抗日联军第一路军第二军战士，1941年10月撤入苏联境内，1942年8月被编入东北抗日联军教导旅1营，战士。中华人民共和国成立后，曾居住在吉林省延吉市，1965年移居朝鲜。其丈夫是抗日烈士曹元奎，金明淑逝世后与丈夫合葬。

71. 冯淑艳（1906—2008）：女，出生于辽宁省沈阳市的贫苦家庭，为求生路，1916年全家人移居黑龙江省穆棱县泉眼河屯，为地主打工。1930年与王亚东成婚，1933年成为中共穆棱区委的地下交通员。1937年，根据周保中将军的指示，和丈夫王亚东一起策反宁安县三道河子伪森林警察大队，成功使伪森林警察大队近400人举起抗日义旗，加入东北抗日联军第五军。义军首领、伪森林警察大队大队长李文彬加入抗日联军第五军后，成长为抗日英雄，任至第五军第三师师长，1939年9月在对敌作战中英勇牺牲。冯淑艳曾在抗日联军第五军任过战士、被服厂厂长，1938年加入中国共产党，1941年冬退入苏联治疗伤病，曾参加抗日联军南野营整训。1943年春，按周保中将军的指示，与丈夫王亚东一起到穆棱县执行潜伏、侦察任务，期间曾被敌人抓捕入狱，受尽酷刑，但始终不暴露身份，后被营救出狱。1945年苏联对日宣战后，夫妻两人立即组织武装游击队与苏军会合。此后曾任牡丹江军分区被服厂主任，牡丹江航校保管员，1956年转业到地方工作，1983年离休，2008年去世，享年102岁。

72. 王亚东（1899—1958）：原名王杰臣，出生于哈尔滨市，铁路警官学校毕业，1935年在宁安县三道河子伪森林警察大队任副大队长，1937年和妻子一起成功策反伪森林警察大队大队长李文彬带领全大队举旗抗日。王亚东曾任抗日联军第五军警卫旅副官长、第三师副官长，1938年加入中国共产党。1939年退入苏联，参加抗日联军南野营整训。1943年按周保中将军的指示，和妻子冯淑艳一起到穆棱县执行潜伏、侦察任务。1945年苏联对日宣战后，夫妻两人立即组建了泉眼河武装游击队，王亚东任大队长，与苏军配合作战。此后曾在牡丹江军分区、牡丹江航校任科长、处长。1958年病逝。

73. 徐云卿（1917—1984）：女，满族，别名徐云，辽宁省西安县人，1929年随父母逃荒到黑龙江省林口县。1936年5月参加东北抗日联军第五军妇女团，任班长，1937年加入中国共产党。1939年被派往苏联学习野战特训医务，1942年在抗联教导旅期间任野战医院护士长，并出色完成女战士伞降队训练任务，成为我军第一代女跳伞队员。1945年苏军攻入东北后，随周保中部抢占长春市，曾任吉辽军区司令部战地卫生所外科医生。1948年转业到地方工作，任珲春县妇联主任。中华人民共和国成立后，曾任沈阳军需三厂副厂长、中共长春制药厂总支书记、国家水电部电力科学研究院工会主席、武汉高压研究所政治处副主任等职，1981年离休。徐云卿和“八女投江”中的八位女战士曾是抗日联军第五军妇女团的亲密战友，1960年出版回忆录《英雄的姐妹》，翔实记录了“八女投江”的英雄事迹。

74. 白生太（1920—1993）：辽宁省昌图县人，1937年5月参加东北抗日联军第七军第二师，先后任第七军军长李学福、代军长崔石泉的警卫员、第二路军第2支队教导大队机枪班班长，1939年加入中国共产党。东北抗联教导旅成立后，任无线电营2连少尉副排长。1945年苏军攻入东北后，随周保中部抢占长春市，负责接管伪满新京电报电话局，此后任吉辽军区专用电台台长，1950 年随公安 18 师参加抗美援朝，1953 年起任公安第三司令部作战科参谋，吉林省军区通信处副处长等职。1964 年转业到地方后，任水电部北京电力科学研究院热工二室书记、主任，湖北省电力试验研究所副所长等职。曾荣获三级独立自由勋章、解放勋章，1983 年离休。

75. 王效明（1909—1991）：东北抗日联军著名将领，曾用名王冠英，生于辽宁省昌图县七家子乡二河村一个普通农家。1932 年参加抗日活动，1935 年参加东北反日联合军第五军，同年 8 月加入中国共产党。曾任东北反日联合军第五军军部参谋、东北抗日联军第五军教导队队长、第二师参谋长、第三师政治部主任，第二路军总指挥部参谋处处长，第七军政治部主任、参谋长、政委、中共第七军特委书记，第二路军第 2 支队政委兼支队长，抗联教导旅 2 营营长。在抗联教导旅期间，被选为中共东北党委执行委员，曾荣获苏联红旗勋章。1945 年苏军攻入东北后，率部抢占吉林市，任吉林市卫戍司令部副司令、中共吉林地委书记，永吉军分区司令员，吉林市警备司令，吉南军分区司令员兼 24 旅旅长，东北野战军独立第 11 师师长，东北军区步兵第 164 师师长兼长春市卫戍司令部司令员，炮兵第 6 师师长。中华人民共和国成立后，率海军炮兵第 6 师赴青岛创建海军海岸炮兵学校并任第一任校长，此后历任海军炮兵部副部长、岸防兵部部长，军委武装力量监察部监察主任，旅顺基地副司令员，中央监察委员会驻第五机械工业部监察组组长、第五机械工业部监察委员会副书记。1955 年被授予少将军衔。1978 年 2 月被选为第五届全国政协委员，并任第五机械工业部顾问、兵工学会副理事长。

76. 刘建平（1903—1987）：原名隋长青，出生于吉林省海龙县一个贫苦农家。1922 年 6 月参加东北军，1935 年 8 月参加东北人民革命军第四军，为第二师第四团 3 连战士，1935 年 12 月加入中国共产党，此后历任东北抗日联军第七军第三师第七团副团长、团长，第三师副师长、代师长，抗日联军第二路军第 2 支队 2 大队大队长。1940 年 11 月赴苏联治疗伤病，东北抗联教导旅成立后任 3 营 6 连连长，1945 年 4 月荣获苏联政府颁发的红星勋章。1945 年苏军攻入东北后，率部抢占吉林省敦化县，这时隋长青改名为刘建平，先后任敦化卫戍司令部副司令，敦化县保安司令部司令员、吉东军分区副司令员，延边军分区司令员。中华人民共和国成立后，历任吉林省军区副参谋长，延边军分区司令员，1955 年被授予大校军衔，1957 年当选为中共延边朝鲜族自治州委员会常委，1958 年 6 月任延边朝鲜族自治州副州长，1964 年按军分区司令员身份离休。

77. 朴英善（1907—1962）：女，朝鲜族，出生于朝鲜咸兴北道贫农之家，7 岁随父母流亡到吉林省汪清县。1932 年参加抗日活动，1935 年加入中国共产党，1937 年被调入抗日联军第六军第一师后勤处被服厂，曾任代理厂长，1940 年 2 月在黑龙江省逊克县占河的一次战斗中负伤。在抗联教导旅期间任过炊事员、保育员，并经崔庸健介绍，与刘建平相识、成婚。1945 年苏军攻入东北后，随丈夫刘建平部抢占敦化县。此后曾在吉林军区司令部工作，1955 年转业到地方工作，1962 年 7 月 10 日因突发脑溢血在长春去世。

78. 石东洙（1901— ？）：朝鲜籍，曾用名石允弼，出生于吉林省延吉县八区一个贫农家庭。1930 年参加反帝同盟，1931 年 5 月加入中国共产党，1932 年 5 月参加珲春抗日游击队，此后被编入东北抗日联军第二军，任副连长。1941 年进入苏联参加军政训练，1945 年返回东北，任珲春县保安团中队长、团部政治指导员，和龙县县大队特派员，延吉军分区组织干事。1948 年 12 月转业到地方工作，历任中共延边地委组织科长、干部科长，中共延边大学党总支书记，延边朝鲜族自治州副州长，州政协副主席等职，20 世纪 60 年代初举家迁居朝鲜。

79. 姜渭龙（1914—2001）：朝鲜籍，中共党员，1933 年参加吉林省和龙县抗日游击队，后被编入抗日联军第二军第六师任警卫排长。在抗联教导旅期间学习无线电报务，三次被派往东北日占区执行侦察任务。中华人民共和国成立后，曾任吉林省延边朝鲜族自治州公安处长，20世纪60年代初举家迁居朝鲜。

80. 祁连升（1917—2004 ）：别名祁连山，出生于辽宁省新宾县，1938年加入伪靖安军，任伪靖安军步兵2团2营6连班长。1942年7月，祁连升与同连班长国如阜、周岩峰、孙学义等人杀死日本连长，组织了所在6连的哗变，共有71名伪靖安军战士从饶河县东安镇划船渡过乌苏里江，进入苏联加入东北抗联教导旅。祁连升被编入3营5连任排长，1945年3月加入中国共产党。1945年苏军攻入东北后，随周保中部抢占长春，此后负责组建东北人民自治军独立2团(驻伊通)，并任团长兼伊通县警备司令，之后任吉林军区独立71团、18团团长，九台县县大队大队长，独立5团团长，吉林省农业厅渔政科科长、副处长，省公安总队参谋长，公安1团团长，省公安厅处长，省公安总队副总队长，省军区独立2师副师长，1978年5月离休。

81. 金明柱（1912—1969）：朝鲜族，曾用名金明珠、金京万、金京洙。出生于朝鲜咸镜北道明川郡，因家境贫寒，幼年随父母从朝鲜迁居吉林省延吉县。1930年5月加入农民协会，不久加入共青团，1930年11月因纵火焚烧亲日恶霸地主的房屋和草垛被民国保安队逮捕，被判刑入狱6年，关押在延吉监狱。他在狱中秘密串联，成立越狱敢死队，并于1935年6月成功组织近百人越狱，脱逃后到安图县车厂子加入东北人民革命军第二军，任班长、排长等职，“监狱”的绰号也在抗日联军第二军中广为流传，曾在战斗中七次负伤。1937 年 7 月加入中国共产党。1940 年 9 月随抗日联军部队进入苏联，曾两次被派回延边地区侦察敌情。1945 年苏军攻入东北后，奉命随队抢占延吉，曾任吉东军区警备队连长、第 10 纵队 30 师营长、独立 4 师作战参谋。1949 年转业到地方工作，历任延边专员公署武装科副科长、企业科科长、延边朝鲜族自治州民政处副处长。

82. 陈翰章（1913—1940）：满族，吉林省敦化县人，东北抗日联军著名将领。1927 年在敦化县敖东中学读书时就成为学生自治会的负责人，主办校刊《敖中》，初中毕业后被聘任为县立第一小学教师。1932 年 10 月加入吉林救国军，同年加入中国共产党，曾任救国军前敌司令部秘书、总部秘书长。1934 年 3 月以东北国民救国军总司令部特派代表身份赴天津、北平等地进行抗日宣传和募捐活动。6 月被中共党组织派往宁安工农义务队任政治指导员，此后任东北反日联合军第五军第一师政治部主任、第二师参谋长，东北人民革命军第二军第二师参谋长、代理师长，东北抗日联军第二军第五师师长兼师党委书记，中共南满省委委员、东北抗日联军第一路军第三方面军指挥。1940 年 12 月 8 日在安图县小湾湾沟遭敌任包围，在突围激战中壮烈牺牲，年仅27岁。残暴的日寇将陈翰章烈士的头颅割下示众，后又送到长春邀功。抗战胜利后，家乡政府和民众为陈翰章烈士建起了纪念碑，其出生地更名为翰章村、翰章乡。为纪念陈翰章烈士100周年诞辰，中共敦化市委、市政府在翰章乡翰章村修建了陈翰章烈士陵园，2013年5月31日竣工开园。2013年6月13日，中共吉林省委、省政府在陈翰章烈士陵园举行陈翰章烈士身首合葬暨公祭仪式。

83. 权仁善（？—？）：女，朝鲜籍，东北抗日联军第二军战士，曾参加抗日联军教导旅整训，东北解放后曾在吉林省延吉市工作，1965年3月移居朝鲜。

84. 徐顺玉（1920—2009）：女，朝鲜族，1934年离家随金正淑参加抗日少年儿童团，后加入东北抗日联军第二军第六师，战士。1940年年末撤入苏联境内，1941年3月调到苏联集体农庄工作，1945年年末从苏联返回吉林省延吉市，1983年离休。。

85. 朴春日（1916—1995）：朝鲜族，吉林省龙井市太阳乡永昌洞村人。1931年参加少先队，同年加入共青团，1933年参加抗日游击队，曾任东北人民革命军第二军第一师第一团通讯员、第4师师部交通员，1937年加入中国共产党，此后任东北抗日联军第二军第四师第一团1连党支部书记、抗日联军第一路军司令部交通员，因在战斗中负伤，1940年进入苏联治疗，曾参加抗日联军野营整训。1955 年回国后，任吉林省珲春县副县长，延边朝鲜族自治州林业处副处长、州视察室视察员，1982 年离休，享受副地级待遇。

86. 蔡光春（1921—1990）：朝鲜族，出生在吉林省珲春县烟筒砬子西沟的一个贫农家庭。1929 年参加少年儿童团，1934 年 10 月加入共青团，1944 年 9 月加入中国共产党。1933 年 11 月加入珲春县抗日游击队，之后被编入东北抗日联军第二军，任通信员。1937 年 9 月进入苏联培训学习，1938 年 9 月至 1945 年 8 月受派遣回东北做秘密情报工作。1945 年至 1953 年任东北民主联军 303 部队团长、抗美援朝第二军独立团团长。此后转业到地方工作，先后任吉林省行政干部学校组织科长，和龙县荣军院院长，延边龙井果树农场场长，延边朝鲜族自治州交通处副处长、州视察室视察员等职。

照片人物简介参考资料

（以出版时间先后为序）

[1] 中共延边州委党史工作委员会党史研究所．延边历史事件党史人物录，内部资料，1988.

[2] 中共吉林省委党史工作委员会．回忆周保中 [M]. 长春：吉林人民出版社，1989.

[3] 延边历史研究所．中国朝鲜族人物传 [M]. 延吉：延边人民出版社，1990.

[4] 江涛．吉林党史人物（第 1 卷）[M]. 长春：吉林教育出版社，1991.

[5] 刘万邦，王平，杨长杰．延边人物大辞典 [M]. 延吉：延边人民出版社，1997.

[6] 元仁山．东北抗日联军军史丛书——东北抗日联军第七军 [M]. 哈尔滨：黑龙江人民出版社，2005.

[7] 徐云卿．英雄的姐妹 [M]. 长春：吉林人民出版社，2005.

[8] 中共黑龙江省委党史研究室．东北抗日联军名录，内部资料，2005.

[9] 冯仲云．东北抗日联军十四年苦斗简史 [M]. 北京：

中央文献出版社，2008.

[10] 贾少林．陈翰章将军传 [M]．长春：吉林人民出版社，2013.

[11] 周保中．东北抗日游击日记 [M]．北京：解放军出版社，2015.

[12]《东北抗日联军史》编写组．东北抗日联军史．[M]．北京：中共党史出版社，2015.

[13] 郭红婴、宋晓宏．周保中将军和他的抗联战友（大型历史图片册）[M]．北京：中共党史出版社，2017.

编后语

经过多年的不懈努力，乔树贵和金善两位老前辈的抗战回忆录终于整理完成。其间，编者得到许多亲友及家人的热情帮助和全力支持。他们帮助收集、整理资料，购买、邮寄相关书籍，提出修改意见，帮助翻译、编辑、打印文稿及修复老照片，等等。为此，特向于为洋、于光、于雷、马新英、王庆国、王丽、李玉花、李颖超、刘娜、刘锁林、朴哲龙、乔于月琪、乔宇成、乔宇博、全信子、汤惠、朱颜军、佘源、邹双进、金惠淑、郝俊杰、姜涛、郭孝忠、高婉婷、徐如军、曹凤云、崔爱民、薛守仁等以上亲友致以崇高敬意和衷心感谢。

延边，承载着乔树贵和金善刻骨铭心的岁月。在抗战的烽火硝烟中，他们在此地浴血奋战，挥洒热血；战争结束后，他们又转业到此地，继续奉献青春。这片土地见证了他们的奋斗与坚守，也见证了他们组建起幸福、和睦家庭的温暖历程。

这份深沉的延边情愫，让我们在决定出版本部图书时，毫不犹豫地将它托付给延边人民出版社。看过社内的审改意见后，内心满是感慨：每一条意见都细致入微，字里行间彰显着专业素养。这种对作者负责、对读者负责的职业精神，实在令人肃然起敬。

在此，我们要向本书的审读人员、编校人员以及设计人员，致以诚挚感谢：感谢你们在图书出版过程中，投入大量时间与精力，不辞辛劳，使这本书得以顺利出版。

囿于编者水平和资料有限，再次恳请专家和读者对本书差误之处进行批评、指正。